Dietmar Kamper   Zur Soziologie der Imagination

Dietmar Kamper

# Zur Soziologie der Imagination

Carl Hanser Verlag

ISBN 3-446-14655-5

Umschlag: Klaus Detjen unter
Verwendung eines Gemäldes von Hieronymus Bosch
Satz: Janß, Pfungstadt
Druck und Bindung: Mühlberger, Augsburg
Printed in Germany

Wem sonst als dir.

(Hölderlin, Hyperion, zweiter Band, Widmung)

# Inhalt

Vorwort . . . . . . . . . . . . . . . . . . . . . . . . . . . 10

Einleitung
Spindel und Spiegel.
Die Enden der Parabel 11

Der schräggestellte Spiegel und die Spindel der Notwendigkeit 12
Cervikale Matrizen . . . . . . . . . . . . . . . . . . . . . . 17

1.
Die Transparenz der Verstrickung.
Zur Kritik der Moderne 21

1.1 Plädoyer für eine progressive Kritik der Moderne . . . . . 22
1.2 Das umstrittene Modernitätskonzept der »Kritischen Theorie« 24
1.3 »Anthropodizee« (Blumenberg) oder »Denken des Außen« (Foucault) . . . . . . . . . . . . . . . . . . . . . . . . 33
1.4 Das Paradox des todbringenden Verstehens . . . . . . . . 40

2.
Dissens als Dissens.
Vom Ende der Unbescheidenheit 44

2.1 Die verlorene Unschuld des Denkens. Eine Anspielung Umberto Ecos . . . . . . . . . . . . . . . . . . . . 45
2.2 Das Elend der Aufklärung. Diskursanalytische Reflexionen 50
2.3 Agonie des Agonalen . . . . . . . . . . . . . . . . . . 56
2.4 Die kupierte Apokalypse: Katastrophe oder Posthistoire . . 59
2.5 Ciorans Spuren . . . . . . . . . . . . . . . . . . . . . 66

3.
Je tiefer im Imaginären, desto näher am Realen.
Über Kunst als Erkenntnis 71

3.1 Ausdruck und Begriff . . . . . . . . . . . . . . . . . . 72
3.2 Ästhetik des Verschwindens . . . . . . . . . . . . . . . 73

3.3 Hegels These vom Ende der Kunst und Adornos Einspruch 77
3.4 Implosiver Narzißmus. Die Konzeption Lacans . . . . . . 83
3.5 Mimesis des imaginären Todes . . . . . . . . . . . . . . 87
3.6 Die Schonung der Dinge . . . . . . . . . . . . . . . . . 90

4.
Das autistische Neutrum.
Soziale Kontrolle und menschliche Depression 92

4.1 Schwierigkeiten der Sozialwissenschaften mit der sozialen Wirklichkeit . . . . . . . . . . . . . . . . . . . . . . . . 93
4.2 Die Spaltung der Phantasie durch die Macht . . . . . . . . 96
4.3 Autismus-Verdacht. Befunde aus der Geschichte des Subjekts 100
4.4 Die Kette der Verschiebungen, von der Kontrolle zur Depression . . . . . . . . . . . . . . . . . . . . . . . . 103
4.5 Subjektivität als Selbstkontrolle . . . . . . . . . . . . 106
4.6 Parzellierter Raum, zerstückelte Zeit . . . . . . . . . . 109
4.7 Eine Logik des Unscharfen (Serres) . . . . . . . . . . . 111

Die Höllen Boschs.
Raumvisionen eines Zeitgenossen 113

Zur Aktualität der Hölle . . . . . . . . . . . . . . . . . 113
Fraenger und die Rehabilitierung des Visionären . . . . . . . . 115
Höllische Strukturen einer raumfixierten Imagination . . . . . 119
Zur Reversibilität der Geschichte . . . . . . . . . . . . . 123

5.
Das Reale als das Unmögliche.
Zur Topographie des Subjekts 125

5.1 Lacan als Soziologe und Anthropologe . . . . . . . . . . 126
5.2 Rückblick auf die Anthropologie . . . . . . . . . . . . . 128
5.3 Noch einmal: die anthropologische Differenz . . . . . . . 132
5.4 Zwischen imaginärer Knechtschaft und symbolischer Bindung . . . . . . . . . . . . . . . . . . . . . . . . . . 134
5.5 Am Kreuz der Partialtriebe . . . . . . . . . . . . . . . 136
5.6 Zeit als Topographie des Subjekts . . . . . . . . . . . . 140
5.7 Der Tod Gottes in der Sprache des Menschen . . . . . . . 143

## 6.
## Zeichen als Narben.
## Der Graphismus des Schmerzes 147


6.1 Jenseits der Moderne. Diesseits des Mythos . . . . . . . . 148
6.2 Die Emanzipation der Zeichen vom Sinn . . . . . . . . . . 150
6.3 Körpergedächtnis. Zeichen machende Phantasie . . . . . 153
6.4 Wunden und Wunder. Die schlagenden Beweise der zeremoniellen Ordnung . . . . . . . . . . . . . . . . . . 157
6.5 Materien der Signifikation: die Pünktlichkeit der Opfer . . 160
6.6 Zeit-Zeichen: Male, Kerben, Einschnitte einer anderen Schrift 163


## 7.
## Zwischen Häresie und Wahnsinn.
## Eine andere Geschichte der Liebe 166


7.1 Die unendliche Geschichte der Rückkehr . . . . . . . . . . 167
7.2 Eine Strategie des Lichts . . . . . . . . . . . . . . . 170
7.3 Einsprüche gegen den Abschied . . . . . . . . . . . . . 172
7.4 Einbildungskraft als Schwerkraft: Hölderlin, Nerval, Nietzsche, Artaud . . . . . . . . . . . . . . . . . . . . 175
7.5 Der gebrochene Bogen . . . . . . . . . . . . . . . . . 182


## 8.
## Zeitgenossenschaft.
## Die Einbildungskraft und das Flechtwerk der Leere 185


8.1 Die Distanz durch das Auge. Kunstzwang für das Drama der Existenz . . . . . . . . . . . . . . . . . . . . . . 186
8.2 Der Untergang des Zuschauers. Eine Revision der Szene . . 189
8.3 Der Abglanz der Ideen. Versuch über das Mimetische . . . 192
8.4 Die Leere der Zeit und die Einbildungskraft . . . . . . . . 198

Anmerkungen . . . . . . . . . . . . . . . . . . . . . . . 205
Nachweise . . . . . . . . . . . . . . . . . . . . . . . . 215
Danksagung . . . . . . . . . . . . . . . . . . . . . . . 216

# Vorwort

»Dieses Säkulum hat entschieden über unsere beiden vorzeitlichen Räume: den ersten, den inneren Raum, in dem unsere Einbildungskraft und unsere Empfindungen spielten; den zweiten, den kreisförmigen Raum, jenen der Konkretwelt. Die beiden waren untrennbar. Den einen umstürzen, hieß, den anderen ins Schwanken zu bringen. Die ersten Auswirkungen dieses Gewaltaktes können klar erfaßt werden. Doch welches sind die Gesetze, die dem, was jene Gesetze, die verheeren und ruinieren, übrig gelassen haben, aufhelfen könnten? Und sind es Gesetze? Gibt es Verstöße? Wie greift das Signal ein? Ist ein dritter Raum auf dem Weg, außerhalb des Netzes der beiden altbekannten? Revolution des wieder unter uns aufgetauchten Orion.«

(René Char: Rückkehr stromauf, München 1984, S. 149)

# Einleitung
# Spindel und Spiegel. Die Enden der Parabel

»Sich den wirklichen Zustand der Welt vor Augen zu halten, ist . . . unerträglich«

(Christa Wolf)

In Fortsetzung der »Geschichte der Einbildungskraft« (1981), die sich als eine archäologische Arbeit an verschütteten Fundamenten der Gegenwart verstand, und in Anlehnung an die Texte vom »gefangenen Einhorn« (1983), die eine Kritik der weltweit raumfixierten Imagination unternahmen, geht es jetzt (1986) darum, einer rätselhaften Spaltung der Phantasie in der gesellschaftlichen Realität auf die Spur zu kommen. Die Fragen lauten: Wie entspannt man die längst unfruchtbare Dialektik einer exklusiven Vernunft? Wie entgeht man dem dummen Zwang einer Alternative von Rationalität und Irrationalität? Wie kommt man über die Moderne hinaus und vor den Mythos zurück? Wie bricht man das Gefängnis des Imaginären auf, ohne das, was real ist, zu zerstören?

Um mit einer Antwort auf solche Fragen beginnen zu können, mußten zwei bisher getrennte Argumentationsstränge verknotet werden: die These vom Kontinuum der Imagination, das von den archaischen Verwundungen der Menschheit bis zur »Ästhetik des Posthistoire«[1] reicht, und die Annahme, daß die Grenzen des Imaginären in Gehirn und Geschlecht für eine »jenseitige« Einbildungskraft porös geworden sind. Was nottat, war ein transitorisches Nachdenken über Kopf und Schoß, über »Cervix« und »Matrix«, das zunächst eine Verbindung schaffte zwischen dem Geist als »Spiegel des Universums« und der Materie als »Spindel der Notwendigkeit« und dann über sie hinausging.

Es hat den Anschein, als ob eine Sprengung des Rahmens, der einerseits durch die »Reflexion«, andererseits durch den »Stoff«, durch Gegenstände, Sachverhalte, Probleme etc. definiert ist, nicht ohne die heftigste Gegenwehr möglich ist. Das ist um so erstaunlicher, als nach Erkenntnissen der neueren Anthropologie die Menschenart im Vergleich zu ihren tierischen Verwandten *nur* an zwei Stellen einen Komplexitätsvorsprung hat, im Gehirn (des Mannes) und im Geschlecht (der Frau). [2] Warum sollten also diese bisherigen Enden der Parabel nicht transzendierbar sein?

Dabei geht es um eine Logik des Imaginären, wie es in den sozialen Beziehungen der Menschen immer wichtiger wurde. Dieses Imaginäre ist nach wie vor kein Thema der Soziologie. Vielmehr versucht diese, sich dagegenzustemmen und in einer Art Abwehrhaltung ihre Realitätskonstrukte zu retten, sei es um den Preis einer Blockade der Wahrnehmung. Durch solche Selbstblockierungen aber droht die Hölle der Immanenz, die das Imaginäre heute gesellschaftlich darstellt, endgültig zu werden. In der Konsequenz aber verkäme die wissenschaftliche Reflexion zu einem bloßen Exempel angstabwehrender Selbstverteidigung.

Es ist die erklärte Absicht der folgenden Anstrengungen, weder den naiven Hoffnungen einer Remythisierung der Erfahrung, noch den regressiven Tendenzen einer Einmauerung der Vernunft nachzugeben, sondern durch eine entschiedene Darstellung der Macht der Bilder die Ohnmacht des Denkens zu überwinden. Erst eine Kritik der Abstraktion, die als Legende der aktuellen Verstrickung sich ans genaue Buchstabieren macht, ist in der Lage, eine Logik des Imaginären überhaupt zu markieren. Das läuft auf eine doppelte Bemühung hinaus. Das Thema muß reflexiv in einer Form zur Sprache gebracht werden, die es auch sozialwissenschaftlich annehmbar macht, und bei der Behandlung des Stoffs ist sprachlich eine Differenz zu eröffnen, die den Zusammenhang von Angst und Methode auch in der Soziologie endlich transparent werden läßt.

## Der schräggestellte Spiegel und die Spindel der Notwendigkeit

Die Figur ist immer noch riskant, aber konsequent: daß nur aus dem Verworfenen die Bausteine der Zukunft stammen können. In jeder anderen Hinsicht geht Geschichte heute zwangsläufig und wie von selbst in einen geschichtslosen Zustand über. Gesetzt, man unterstellt sich einer derartigen Gegenlogik, dann gilt es zunächst, einen neuen, anderen Unterschied von Relevanz zu treffen. Nicht mehr ist es der zwischen religiöser Einbildungskraft und aufgeklärter Vernunft, der die Wirklichkeit der letzten Jahrhunderte mitkonstituiert hat, sondern der zwischen dem Imaginären, das die Aufklärung eingeholt hat, und der

Einbildungskraft, die den Bildern vorausgeht. Um diese gespaltene Imagination wird sich das Nachdenken weiterhin drehen müssen.

Es war sehr mühsam, dergleichen herauszuarbeiten. Fast alle eingeübten Verfahren einer Kritik der Realität mußten revidiert werden. Die gängigen Strategien der Subversion, der Alternative, der Verdrehung halfen ebensowenig weiter wie die forsche Anpassung, die übertriebene Zustimmung, die ironische Dementierung, sei es die »nicht-positive Affirmation« (Foucault). Selbst die Vermutungen, die der »Geschichte der Einbildungskraft« noch zugrunde lagen, sind dem Verfasser in den letzten Jahren Stück um Stück entzogen worden. Noch ist es unmöglich, daraus alle wichtigen Konsequenzen zu ziehen. Noch drängt sich der Anblick innerer Ruinen vor. Das vierfach versäulte Gedanken-Gebäude ist, weil der Untergrund nicht gehalten hat, schon da und dort eingebrochen und zusammengefallen. Aber einiges von den Tendenzen der Unsicherheit läßt sich zusammenfassen. Denn weit davon entfernt, wieder ins Chaotische und Amorphe zu entgleiten, zeigen die restlichen Bruchstücke einen »anderen« Bauplan.

Zunächst, daß die Einbildungskraft nicht ohne das Imaginäre zu haben ist, daß die notwendige Unterscheidung nicht mehr als Schnitt angelegt werden kann, sondern eher wie eine Entknüpfung verfahren muß: sorgsam und schonend, um den entscheidenden Punkt der Verzweiflung nicht zu verletzen. Das Imaginäre in der Geschichte hängt mit der Einbildungskraft vor dem Fall über vergessene Wurzeln zusammen. Die historischen Obsessionen, die auf Dauer gestellt sind, und die Chance, immer wieder anfangen zu können, lassen sich nicht völlig trennen. Ausgegangen werden muß aber von der Spaltung und von einer Fremdheit, die unwiderruflich scheint.

Die Imagination verzweigt sich – wahrscheinlich unter dem Druck eines Ereignisses der Erdgeschichte – und läßt bei Wirksamkeit der Stammleitungen eine gegenteilige Wucherung entstehen: das Imaginäre, das von den Menschen als Schutzschild gegen das Reale gebraucht wird, als Panzer der Angst. [3] Aus diesem Vorbau können Mythos *und* Aufklärung *und* ihre verhängnisvolle Dialektik abgeleitet werden. Denn das abgespaltene Gegenteil hat eine verteufelt relevante Geschichte, während die verworfene Kraft als »verbotener Wunsch«, als »verfemtes Ding«, als »sakraler Abfall« immer wieder untergegangen ist, ohne daß das Gedächtnis daran hätte vollends getilgt werden können.

Baum des Lebens, Baum der Erkenntnis – im Wurzelstamm sind sie identisch. Doch sehr früh – noch vor dem Fall, noch vor dem »Retrospekt« des Paradieses – schlug ein Blitz ein, der die Verzweigung nach sich zog: eine doppelte Fulguration. [4] Auf der einen Seite die vom Brandmal des Einschlags nicht betroffene Einbildungskraft, von der die Menschen in der Geschichte, obwohl sie sie nährt, nichts »wissen können« – auf der anderen Seite die von der Schlange prophezeite, erfolgreiche Strategie der Erkenntnis: Eritis sicut Deus! Erkenntnis in Gehirn und Geschlecht, verbündet mit dem abgezweigten Imaginären, d. h. mit dem Tod. Denn dies – der Tod – ist der Preis, der für das Projekt der Menschwerdung gezahlt werden muß.

Die historischen Obsessionen sind gleichsam die Grundmuster, in denen die Bahnen einer Thanatokratie der Erkenntnis verlaufen. Angstbesessen, feindlich gegenüber dem, was ist, zum Krieg gerüstet, nutzen die Menschen die Erkenntniskräfte ihres Kopfes und ihres Körpers letztendlich zur Vernichtung. Mittels waffenstarrender Überlebenskonzepte läuft alles auf den Tod hinaus, den geheimen Meister im Reich des Imaginären. In dieser Hinsicht unterscheiden sich mythische Konstellationen, philosophische Begriffe, wissenschaftliche Konstrukte, gesellschaftliche Konventionen *nicht*. Indem sie als Richtkräfte kurzschlüssig gegen die Angst gewendet werden, schließen sie bald den Kreis und befestigen sie die Immanenz der parzellierten Räume und der zerstückelten Zeit. Gehirn und Geschlecht werden obsessiv zu absoluten Schranken, zwischen denen sich – uneinsichtig für die jeweils andere Seite – eine Art Scheinpolemik abspielt. Insgesamt jedoch herrscht eine einzige Logik, die mimetisch den Tod verdoppelt.

Die Grundregel der Zauberei ist bekannt: jeder Bannfluch, der zu Verhaltenszwängen führt, kann nur im Äußersten seiner Wirksamkeit und durch Rückwärtsbuchstabieren gelöst werden. Von daher stammt die Bedeutung der Übertreibung, die gegen das Übertriebene Partei nimmt: Löschen durch Rekonstruieren. Bei den genannten welthistorischen Dimensionen geht das durch den größten Schrecken und keineswegs an der Angst vorbei. Die Mythen der Weltschöpfung und die Apokalypsen des Weltendes sind buchstäblich zugrunde zu denken. Man muß dem Südenfall zuvor- und über das Jüngste Gericht hinauskommen. Das sind immer zwei Schritte, rückwärts und vorwärts. Ganz im Gegenteil zu den begleitenden Gerüchten deckt das Imaginäre die wirkliche Katastrophe nämlich nicht auf, sondern zu, sowohl die des Beginns wie die des Endes. Deshalb muß man es möglichst genau bezeichnen und beschreiben, sonst verpaßt man das Durchscheinende der Textur, die Webart des Schleiers, das Muster der Verhüllung. Keinen anderen Sinn als den einer Lösung des Knotens, den die Heilsgeschichte in jeder Form bildet, hat die nun schon mehrjährige Beschäftigung mit der Atlantis-Sage, mit jener pointiert vor-paradiesischen Obsession, die das Imaginäre zur Immanenz verschnürt. [5] Diese Traumatisierung der Weltseele durch eine untergegangene Herrlichkeit mit dem »Ondit« des Vollkommenen macht deutlicher noch als der Verlust des Paradieses, daß ein ungeheures Kontinuum das Abendland (und seine Nachfolgeeinrichtungen: die Machtblöcke in West und Ost) bis zum bitteren Ende strukturiert – ein Kontinuum, das durch keine Säkularisation bis heute gebrochen werden konnte, das die Theokratie wie die Technokratie in Schwung hält, das den Willen zum Überleben mittels retrospektiver Träume (»Utopien«) zur entscheidenden Triebkraft der Geschichte macht, sie zugleich aber mit der Macht des Todes impft.

Weil sie unerträglich war, die Katastrophe, wird sie zwanghaft wiederholt. Insofern ist das Imaginäre die Bombe, weil die Verstrickung ins Phantastische die Explosion des Realen vorbereitet. Und deshalb muß man es umgekehrt anfangen: dem Imaginären nachstellen, bis es sich auftut und das Reich der Einbildungskraft freigibt. Das neue Land wäre die Erde ohne Grenzen und ohne die Obsessionen der Geschichte, z. B. daß es einen Verlust gegeben hat, daß es einen Mangel gibt und daß es einen Gewinn nur um den Preis des Todes geben wird. – Wer an den Verzerrungen solch vor-läufiger Bestimmungen Anstoß nimmt, sollte bedenken, daß der »Spiegel«, der ohnehin parabolisch konstruiert ist, zum Zwecke seiner Überwindung auch noch schräggestellt wurde. Man sieht darin weder das Konterfei des Verfassers, noch das des Lesers, sondern – vielleicht – eine Struktur im Werden, eine Verschiebung von Vordergrund und Hintergrund, ein anderes Gesicht. Darin manifestiert sich ein Geflecht von unbeliebigen Metaphern und Metonymien, die nach und nach sich zusammenfügen und vielleicht jenes schreckliche Antlitz wiederholen, das der Maler Hieronymus Bosch der rückblickenden Menschheit verpaßt hat.

Unendlich langsam ergibt sich so ein durchschlagendes Muster von fließenden Gedanken, stehenden Redewendungen und Kennworten, die wie musikalische bzw. filmische Motive hin und her spielen. Wenn dann noch die verschiedenen Ton- oder Schnittarten abgestimmt und in die Zwischenräume Grundlinien eingezeichnet sind, kann eine neue Spekulation erfolgen: Wie verbindet sich die Körperform der Spindel mit der Reflexionsgestalt des Spiegels, des schräggestellten? – Es ist erst in zweiter Linie wichtig, durch die Übung des Schreibens Sicherheiten zu gewinnen. Zunächst braucht der komplizierteste Sachverhalt eine adäquate Konstruktion, um überhaupt aufscheinen zu können. Deshalb darf man sich nicht scheuen, im Medium des Zwanges die Chancen jener Freiheit zu testen, welche das Denken immer noch verspricht.

Solange die Dialektik von Paradies, Sündenfall einerseits und Jüngstem Gericht, Ewigem Leben andererseits nicht entklammert ist, währt der theokratisch-technokratische Kontext, währt auch das komplexe Kontinuum von Sakralem und Profanem, von Heilsgeschichte und Säkularisation, von Mythos und Moderne. Es zu entdecken, zu entziffern, zu buchstabieren, wäre also die Voraussetzung seiner Auflösung. – Solange die Polemik von Geist und Körper, von männlichem Kopf und weiblichem Schoß ihre verwirrenden Scheingefechte inszenieren kann und die Konkurrenz um die Fruchtbarkeit dauern muß, bleibt die Immanenz des Imaginären Sieger über die Menschen. Erst der Überstieg in labyrinthische, d. h. hyperkomplexe Strukturen würde die Offenheit bringen, die längst fällig ist. Es handelt sich nur um eine Nuance, um eine geringfügig andere Farbe in Filmschnitt und Tonfall, von der alles ausgeht. Vielleicht kann man dieser Minimal-Differenz dadurch gerecht werden, daß die körperliche Ordnung der Spindel (Innen – Außen) mit einer Reflexion der Vertikalen (Oben – Unten) überzogen wird.

Die äußerst komplexe Schilderung der »Spindel der Notwendigkeit« lautet in Platons *Politeia* folgendermaßen:

»Die Gestalt . . . sei so, als wenn in einer großen und durchweg ausgehöhlten Wulst eine andere ebensolche kleinere eingepaßt wäre, wie man Schachteln hat, die so ineinander passen und ebenso eine andere dritte und eine vierte und noch vier andere. Denn acht Wülste seien es insgesamt, welche ineinander liegend ihre Ränder von oben her als Kreise zeigen, um die Stange her aber nur eine zusammenhängende Oberfläche einer Wulst bilden; diese aber sei durch die achte mitten durchgetrieben. Die erste und äußerste Wulst nun habe auch den breitesten Kreis des Randes, der zweite sei der der sechsten, der dritte der der vierten, der vierte der der achten, der fünfte der der siebenten, der sechste der der fünften, der siebente der der dritten, der achte der der zweiten. Und der der größten sei bunt, der der siebenten der glänzendste, der der achten erhalte seine Farbe von der Beleuchtung der siebenten, der der zweiten und fünften seien einander sehr ähnlich, gelblicher als jene, der dritte habe die weißeste Farbe, der vierte sei rötlich, der zweite aber übertreffe an Weiße den sechsten. Indem nun die Spindel gedreht werde, so kreise sie zwar ganz immer in demselben Schwunge, in dem ganzen Umschwingenden aber bewegten sich die sieben inneren Kreise langsam in einem dem ganzen entgegengesetzten Schwung. Von diesen gehe der achte am schnellsten; auf ihn folgen der Schnelle nach zugleich miteinander der siebente, sechste und fünfte; als der dritte seinem Schwunge nach kreise, wie es ihnen geschienen, der vierte, als vierter aber der dritte und als fünfter der zweite. Gedreht aber werde die Spindel im Schoße der Notwendigkeit. Auf den Kreisen derselben aber säßen oben auf jeglichem eine mit umschwingende Sirene, eine Stimme von sich gebend, jede immer den nämlichen Ton, aus allen achten aber insgesamt klänge dann ein Wohllaut zusammen. Drei andere aber, in gleicher Entfernung ringsumher jede auf einem Sessel sitzend, die weiß bekleideten, am Haupte bekränzten Töchter der Notwendigkeit, die Moiren Lachesis, Klotho und Atropos, sängen zu der Harmonie der Sirenen, und zwar Lachesis das Geschehene, Klotho das Gegenwärtige, Atropos aber das Bevorstehende.« [6]

## Cervikale Matrizen

Was Platon hier nach Größe, Farbe, Richtung, Geschwindigkeit, Stimmung und Bewegtheit beschreibt, ist ein kosmologisches Modell der Kräfte, in denen die Erde hängt. Das gebrochene Licht des Himmels, auf nahe Planeten achtfach bezogen, ergibt ein wunderbares Astrolabium, das ebenso als Stadt, als Menschenkörper, als Uhr figurieren kann. Daß es Fäden sind, Verwickeltes, Gesponnenes, Verknotetes, deutet den Stellenwert an: im Bild der tanzenden Spindel begegnet die Einbildungskraft sich selbst, ihrem Bewegungsspiel, ihrer Produktivität. Damit diese Begegnung nicht stumm und spurlos geschieht, muß als Reflexionsmedium die Sprache und die Schrift eingeschaltet werden. Bei Platon ist es die sorgsame Bezeichnung der Struktur. Im Folgenden soll der Spiegel so eingestellt werden, daß er – gedreht – vom Spindelkörper einmal den oberen und einmal den unteren Teil abbildet: cervikale Matrizen, die aus der Spiegelfläche selbst zu erwachsen scheinen. Unbeschadet der schon gegebenen Komplexität potenziert sich dadurch das Verhältnis der Teile noch einmal. In der Lotrechten wäre immer die Spaltung der Imagination das Thema, in der Waagerechten würde der Spiegel die Achtfachverwicklung verdoppeln. An der Fläche treffen sich – unentscheidbar, ob projiziert oder nicht – das vierte mit dem fünften, das dritte mit dem sechsten, das zweite mit dem siebenten und das erste mit dem achten Kapitel. Die ersten vier bilden eine »Raum-Achse«, die letzten vier Kapitel eine »Zeit-Achse«.

Jeder Text ist für sich genommen lesbar und deshalb nach dem Modell des Ganzen gebaut, spindelförmig. Aber jedes folgende Kapitel »trübt« die Klarheit des vorangegangenen, da Bewegung, Tonfall, Richtung, Farbe, Größe und Zuschnitt immer anders ausfallen. Es gibt keinen gemeinsamen Nenner, es sei denn das Kipp-Bild des Hieronymus.

Die Parabel[7] ist nicht ausgezeichnet worden, sondern sternförmig besetzt. Die acht Kapitel verhalten sich in gleicher Distanz zu einem Mittelpunkt, der unter den Bedingungen kontingenter Erkenntnis nicht erörtert werden kann. Dieser Punkt hat mit der Spiegelfläche der Hölle zu tun, als die das Tafelbild Boschs mit dem Ungeheuer der Nemesis dient. Auch die »Spindel der Notwendigkeit« ist ein Modell, das nach Platons Angaben nur im Tod gesehen werden kann. Jenseits des Flusses Lethe – so berichtet ein Mann sumerischer Herkunft namens ER – geht es um die Verteilung der Lose für die Wiedergeburt. Auch hier dominiert ein »grauenvolles Gesicht« das Geschehen, das erst nachträglich seinen »Sinn« preisgibt: Maske des vielfältigen Lebens zu sein.[8]

Gewiß gibt es auch durchgehende Gedanken. Die neuartige Logik des Imaginären hat ihre Spuren überall eingedrückt. Das mag an einer Reihung der Sachthesen deutlich werden, um welche die acht cervikalen Matrizen gruppiert sind.

1. Eine progressive Kritik der Moderne ist möglich, wenn sie die Transparenz der Verstrickung erreicht. Dann ist es nur noch ein winziger Schritt zur Thematisierung von Angst und Methode im philosophischen Diskurs, wie er heute den Human- und Sozialwissenschaften eine prekäre Fassung gibt. Das Netz aller Zwänge wird von einer Erkenntnis gebildet, in der Vernunft noch immer als Herrschaft fungiert. Doch diese exklusive Vernunft ist längst ein Fall des Imaginären. Gegen seine Immanenz richtet sich ein Denken des Außen.
2. Nicht mehr der Minimalkonsens ist das Ziel der Verständigung, sondern der »Dissens als Dissens«. Darin gipfelt die »zweite« Aufklärung, die Aufklärung über Aufklärung. Sie löst eine Identitätsphilosophie ab und bevorzugt ein Differenz-Denken, das die Agonie des Agonalen, die Auflösung des Gerichtshofs der Vernunft überstehen kann. Zu ertragen wäre immerhin ein unaufhaltsames Fremdwerden der Welt und eine sinnlos gewordene Geschichte. Das geht nur mittels eines neuen Sprachspiels.
3. Wissenschaftliche Reflexion kann derzeit noch lernen von der

Kunst. Dabei ist die Überkreuzung von Realität und Fiktion das zentrale Problem. Die These vom Ende der Kunst kann nicht mehr begriffen werden, sondern nur noch Ausdruck finden. Wieder erweist sich, daß die erlittene Verwicklung die Bedingung für Klarheit ist. Denken generiert hier Bilder statt abzubilden. Mimetische Erkenntnis kommt so – entgegen der Metaphorisierung des Materiellen – in die Lage, über die Herrschaft des Begriffs hinausgehen zu können bis zur Schonung der Dinge.

4. Der implosive Narzißmus der Kunst bietet den Horizont dafür, ein rätselhaftes gesellschaftliches Geschehen besser zu verstehen: die moderne Vereinzelung des menschlichen Individuums, das unter einer forcierten zivilisationstheoretischen Zurichtung neuerdings verkommt. Die soziale Isolation mit all ihren aktuellen Begleiterscheinungen geht auf eine überhandnehmende Kontrolle zurück, die als gesellschaftliches Allgemeines den menschlichen Raum auf Sarggröße eingeengt hat.
5. Bei einer aktuellen Topographie des Subjekts muß deshalb das »autistische Neutrum« als Tendenz und Gefahr immer berücksichtigt werden. Als Gegenlager wird noch einmal die »anthropologische Differenz« bemüht, die Wahrnehmung des tragischen Grundes der Subjektivität und eine wegen der Unabschließbarkeit der Spaltung mögliche Intervention der Zeit. Das zweite Futur als Zeit des Subjekts findet seine Erläuterung am Beispiel des Todes Gottes in der Sprache der Menschen.
6. Mit der Zeit ist eine Ordnung bezeichnet, die ebenso nach-modern wie vor-mythisch ist. Um den Ort dieser Ordnung zu finden, ist ein Gedankengang nötig, der den Verführungen der Hermeneutik widersteht und dem Körpergedächtnis in seiner sinnlosen Buchstäblichkeit auf die Spur kommt: Genealogie der Zeichen als Narben gegen die Hermeneutik des Sinns. Die Reise in eine andere Schrift endet noch immer bei der Pünktlichkeit der Opfer.
7. Verspannt zwischen entgegengesetzten Strategien, die dennoch auf dasselbe hinauslaufen: auf eine »Lösung« des menschlichen Begehrens, erweist sich gegenwärtig die Unmöglichkeit der Liebe. Weder häretische Verlichtung noch radikale Diesseitigkeit und bejahte Erdenschwere können den Bogen noch zusammenhalten, den der geschichtliche Held bei seiner Rückkehr gegangen ist. Die Weigerung, den Zug in die Entmaterialisierung mitzumachen, endet im Verlust der Normalität.

8. Mit der Geschichte, die nicht mehr erzählt werden kann, entfällt aber auch die Triftigkeit des Dramas und der Szene. Nach dem Untergang des Zuschauers, der gegenwärtig geprobt wird, ergibt sich eine Zeitgenossenschaft auf Zeit, in der das Mimetische als Sensibilität für die Leere fungiert. Was bleibt, ist das Ereignis, das ausbleibt.

Strenggenommen sind es nur vier Probleme, die die Stoffmassen und die Reflexionsbögen miteinander verbinden: Erstens die gesellschaftliche Einsperrung des modernen Menschen in sich selbst, unter seiner Mitwirkung; zweitens die Errichtung eines Imaginären, das dafür als Gefängnis dient; drittens die Funktion einer kritischen Vernunft, die entgegen ihrem Selbstverständnis nur ein weiteres Hauptexempel internalisierter Zwänge abgibt; viertens die Anspielung einer »negativ« gefaßten Einbildungskraft, die unter bestimmten historischen Umständen für das Finden des Ausgangs hilfreich sein könnte.

Der ausgezeichnete Stellenwert einer Reflexion über Kunst, die Ansätze zu einer Ästhetik oder zu einer ästhetischen Theorie im 3. und 6. Kapitel sollen auch dem wissenschaftlichen Denken den Weg bahnen. Sie stellen den Schritt vom »Bewußtsein des Selben« zum »Unbewußten des Anderen« als einen Abschied von Hegel, von der Dialektik des Widerspruchs, von der Metaphysik der Präsenz dar. [9] Die Schwierigkeit dieses Abschieds besteht darin, die Erkenntnismittel, Denkverfahren und Grundperspektiven zu vermeiden, welche die Identitätsphilosophien (und ihre sehr populär gewordenen Varianten) bereitstellen. Der Diskurs über das Unbewußte als das Andere des Bewußtseins ist selbst ein anderer Diskurs. Er stellt keine Logik des Widerspruchs mehr dar, sondern eine des Paradoxons. Er geht daneben ... in der schillernden Bedeutung des Wortes (para=neben). Aus dieser Bestimmung ergeben sich alle Probleme eines anderen Denkens des Anderen: seine Kollision mit dem Selbstverständlichen, seine Entsetzung der Normalität, seine Rehabilitierung der Metapher und der Metonymie, seine differente Zeitstruktur, seine optative, experimentelle Sprachform.

# 1.
# Die Transparenz der Verstrickung.
# Zur Kritik der Moderne

»Die Hölle wäre ... der Ort, wo man begreift, wo man zu gut begreift.«

(Cioran)

Wenn neuerdings der Eindruck erweckt wird, man könne die mißlichen Folgen der Aufklärung mit den Mitteln der Aufklärung selbst beheben, dann ist das nur halb wahr. Um die angesagte Kreisfigur einer Unüberbietbarkeit der Vernunft nicht zum Teufelskreis werden zu lassen, in dem die Therapie die diagnostizierten Symptome verstärkt – statt sie zu mildern, ist es vielmehr erforderlich, in den Fundamenten der Moderne die Zwietracht zu entdecken, die eine offene Zukunft ermöglicht. Habermas' Weigerung, sich an der paradoxalen Rede, wie sie die »Dialektik der Aufklärung« seit Horkheimers und Adornos Fragmenten ausmacht, zu beteiligen, stellt das Moment der Unruhe still und führt zwangsläufig zu einer »Kritischen Theorie«, die sich um ihr Entscheidendes bringt: um die Kritik. Insofern ist es nicht verwunderlich, daß mit der dritten Generation »kritischer Theoretiker« nun ein Graben sich aufgetan hat, der die Väter der »Kritischen Theorie« auf die Seite des »Neostrukturalismus«, gar des »Poststrukturalismus« versetzt. Seit der Erinnerung an den »philosophischen Diskurs der Moderne« (Habermas) ist dieser Graben sichtbar ausgeworfen. Er markiert die Trennlinie eines »Innen« von einem »Außen«, einer identitätsphilosophisch generierten mehr oder weniger hegelianischen »Innenwelt« der Wissenschaft, in der es licht ist und der Widerspruch Dienst am Ganzen tut, und einer finsteren »Außenwelt« hybrider Texte, die immer noch der »Hölle« assoziiert werden und das Stigma einer falschen, weil widersprüchlichen Erkenntnis tragen. Damit aber ist ein Mißverständnis installiert, das dem »Differenz-Denken« Gewalt antut und jene Logik der exklusiven Vernunft nur zeitgemäß fortzusetzen erlaubt, die einmal der »Hauptgegner« der »Kritischen Theorie« gewesen ist.

Um die Linie des Grabens, immer noch, zwischen Innen und Außen so deutlich wie möglich auszuzeichnen, empfiehlt es sich aber, eine andere theoretische Landschaft zu betreten. Die Debatte um Moderne und Postmoderne, um Geschichte und Posthistoire ist inzwischen zu verwinkelt und gekrümmt, um den genuinen Unterschied einer Hermeneutik des Innen und eines Denkens des Außen klarmachen zu können. Dagegen verspricht die implizit spannende Kontroverse von Blumenberg und Foucault (die nie stattgefunden hat) besseren Aufschluß. Blumenbergs Anthropodizee und Foucaults Archäologie könnten gegeneinander verspannt, Identität und Differenz zwischen der Identitätsphilosophie und dem Differenz-Denken zeigen. Daß der Akzent auf der Unterscheidung liegt, hat mit der Tendenz eines einheitlichen Zwangszusammenhangs zu tun, die gegenwärtig alle Verhältnisse, aber auch alle Theorien von Verhältnissen durchzieht. Es geht also keineswegs um eine Versöhnung am Ende. Differenzen sind heute wichtiger als Gleichungen. Insofern kommt schließlich alles auf die härteste theoretische Unversöhnlichkeit an: auf ein Konzept von Fremdheit, das in der Lage ist, das »todbringende Verstehen« zu stornieren, das in den Kompetenzen der Kommunikation vorherrscht. Es ist der Sinn der genannten Tendenz, den Graben bis zu jeglichem Horizont hinauszuschieben und sich alles Gegebene einzuverleiben. Im Widerstand dagegen müßte – wenigstens probeweise – die irreduzible Fremdheit, das Andere des Anderen postuliert werden, oder, wenn man will: das Nicht-Identische, das gegen den Identitätswahn der transzendentalen Subjektivität auch nach Adorno, unter der Maske des Objekts überwintert.

### 1.1. Plädoyer für eine progressive Kritik der Moderne

Eine Reihe von Umständen legt eine solche Kritik nahe: die schleichende Auflösung der Ich-Identität, das Obsoletwerden des historischen Fortschritts, die sogenannten Grenzen des Wachstums, katastrophale Konsequenzen der Naturausbeutung, das aufhörende Schweigen des Körpers, eine radikal gewordene Ambivalenz des Zeitgeistes, die Unentscheidbarkeit wahrheitstriftiger Diskurse, eine Krise des »Allgemeinen«, d. h. das Verschwinden jeglicher sozialen »Einheit« bzw. »Ganzheit« bei gleichzeitiger, allgemeiner Zerstückelung des gesellschaftlichen Lebens, die Desorientiertheit der Alternativen und die zunehmende Unverbindlichkeit der Avantgarden, schließlich eine deutlich werdende Entmischung neuzeitlicher Disziplinen ... Das Problem, das schon Nietzsche – der »Vor«-Denker der »Post«-Moderne im Schnittpunkt von Philosophie und Kunst, Theorie und Ästhetik – hatte, liegt darin, daß die Moderne selbst immer die Form der fortgeschrittensten Kritik hatte und demzufolge (neben der rückständigen konservativen) nur eine »moderne« Kritik der Moderne möglich zu sein scheint. Strenggenommen handelt es sich aber nicht um eine Phase oder Epoche der Geschichte mit datierbarem Anfang und Ende, auch nicht um ein Projekt oder Experiment, dessen Ausgangs- und Schlußbedingungen zu ermitteln wären, sondern um eine bleibend transitorische Kategorie, in der die Relation zu einer jeweils gegenwärtigen, immer krisenhafteren Realität gefaßt ist. Dabei geht es um eine selbst geschichtliche Reflexion von Abstraktion und Geschichte.

In der Moderne reflektiert sich eine fortschreitende Realabstraktion der Verhältnisse auf der Grundlage einer enthusiastisch-kritischen Affirmation. Das ausgezeichnete Reflexionsmedium dafür stellt die moderne Kunst dar, die allerdings immer größere Anstrengungen zur Versinnlichung des Unsinnlichen (Adorno) unternehmen muß. Es ist wahrscheinlich der Bruch im Enthusiasmus der Künstler, der – verstärkt vom ein oder anderen Umstand der eingangs genannten Reihe – den Anstoß zu einer tiefgreifenden Revision des Selbstverständnisses der Moderne gegeben hat: ob denn die Strategie skandalöser Regelverletzung die Abstraktheit der geregelten Zustände der Gesellschaft in der Tat noch einholen oder gar überbieten kann, ob die Überbietung weiterhin eine Möglichkeit zur Generierung von Zukunft ist. Zudem hat sich – nicht zuletzt durch neuere Rekonstruktionsversuche in der Nachfolge Nietzsches (vgl. z. B. Blumenberg und Foucault) – eine Irritation ergeben, die in der Verwischung von Frontlinien besteht: mit Blick auf einen – wie auch immer gearteten – Übergang zur Post-Moderne sind die konventionellen Grundeinstellungen des Pro und Kontra durcheinandergeraten: Parteigänger des Fortschritts sehen sich bei ihrer Warnung vor dem, was kommt, zu konservativen Argumentationsmustern genötigt (etwa Jürgen Habermas); entscheidende seismographische Erfahrungen der neueren Zeit wurden dagegen von konservativen Kritikern gemacht (etwa Gottfried Benn, Ernst Jünger, Carl Schmitt). Es ergibt sich die Frage, ob nicht damit das gewohnte Schema einer Links-Rechts-Stellung zur passierenden Geschichte von dieser selbst überholt ist und die nochmalige Reproduktion des Schemas objektiv rückständig ausfallen muß.

Die damit zusammenhängende Angst, sein Gesicht zu verlieren, ist groß unter Intellektuellen. Aber der Identitätsverlust, sofern er am kritischen Impetus hängt, ist nicht zwingend. Eine progressive Kritik der Moderne muß nicht regressiv enden. Und sie ist nicht unmöglich. Hauptsache bleibt ein kompetentes Sensorium für das, was geschieht. Sobald jedoch der Gesichtspunkt wissenschaftlicher Fremd- und Selbstetikettierung vorrangig wird, ist das Spiel verloren. Selten war die Gefahr einer unfreiwilligen Symptomatik des Zeitgeistes in den Hochburgen der methodischen Erkenntnis so groß wie heute. Das liegt am Sicherheitsbedürfnis. Demgegenüber ist das Risiko einer gewissen Schutzlosigkeit unvermeidlich, wenn es um die Frage geht, was Geistesgegenwart heute heißt. Sie bietet eine Probe aufs Exempel der gemeinten »Kritik« der Moderne. In mindestens zwei Richtungen hat sie ihre Arbeitsfelder: in einer nachgehenden Rekonstruktion der historisch investierten kritischen Kompetenzen der Moderne selbst, um ihren geschichtsphilosophischen und gesellschaftstheoretischen Status zu klären (allerdings mit dem ausgesprochenen Verdacht, ob nicht die fortschreitende Abstraktion von den Zwängen des Konkreten zum konkreten Zwang geworden ist) und in einer gründlichen Revision der konservativen Widerstände gegen die »neue Zeit«, um die Triftigkeit derselben für eine Zeit jenseits der Grenze zu prüfen (allerdings mit dem Verdacht, ob nicht in der angespielten »Weisheit der Höhlen« ein identisches Muster der Angstverbergung zu entdecken ist wie im Stau gegenwärtiger Geschichte).

## 1.2 Das umstrittene Modernitätskonzept der »Kritischen Theorie«

Habermas hat die Frage nach einer progressiven Kritik der Moderne entschieden verneint. Er hat die Vision einer mit sich selbst wieder versöhnten Vernunft und opfert ihr alle Differenzen von Belang. Er differenziert zwar zwischen verschiedenen Arten von Konservatismus, aber jede Kritik am »unvollendeten Projekt der Moderne«, die nicht in irgendeiner Weise an der Fortschrittsidee festhält, wird von ihm als »regressiv« bezeichnet. Er tut das im Rückgang auf Adorno und auf andere Vertreter der »Kritischen Theorie«, obwohl in deren Werken Ansätze einer progressiven Kritik – unterschiedlich weit entwickelt – vorliegen, auf die Habermas neuerdings nicht mehr eingeht. Man muß also davon ausgehen, daß es in der Hauptsache keine Einigkeit gibt. Zwischen den Gründern der »Kritischen Theorie« und einer bestimmten Tradition derselben ist das Modernitätskonzept selbst umstritten. Allerdings lassen sich aus diesem Streit im Zusammenhang mit einer genaueren Bestimmung der gegenwärtigen Situation interessante, einleuchtende und spannende Ansichten gewinnen. Es geht um eine Frage, nicht um eine Antwort. Es wäre unbillig, angesichts einer Zeit, die immer mehr in ambivalente Strukturen und unbestimmte Relationen hineingerät, noch eine einfache Lösung der Welträtsel zu erwarten. Andererseits entbindet ein solcher Zerfall der Kriterien nicht von der Anstrengung der gedanklichen Arbeit. Die Materie, um die es geht, ist nicht simpel, aber gewiß auch nicht unverständlich.

Moderne, Modernität, Modernisierung sind Ausdrücke einer Bevorzugung des jeweils Neuesten, das im Verhältnis zu einem Alten, Früheren, Vergangenen höher bewertet wird. Dem liegt das Modell eines Fortschritts der Geschichte vom Dunklen, Verworrenen, Unentfalteten zum Hellen, Durchsichtigen, Entwickelten zugrunde, das über Stufen von einem schlimmen Anfang zu einem guten Ende führt. Das Wort »modern« ist schon sehr alt.[1] Gegen Ende des 5. Jahrhunderts, »in der Zeit des Übergangs vom alten Rom zur neuen christlichen Welt« (Jauß), ist es, in Anlehnung an hodie – hodiernus, aus dem Adverb »modo« (eben, jetzt) gebildet worden: modernus. Es hat seitdem in allen Auseinandersetzungen zwischen Anhängern des Alten und Befürwortern des Neuen mitgespielt, zuerst eher in Fragen des Geschmacks und der Kultur, später auch im Streit um gesellschaftspolitische, historische, wissenschaftliche Angelegenheiten.

Vor allen Dingen seit der Französischen Revolution, in den Schriften eines selbstbewußten, revolutionären Bürgertums fungiert es als Leitfigur »Fortschritt« eines Selbstverständnisses, das erst in den Weltkriegen dieses Jahrhunderts nachhaltig erschüttert wurde. Einer der Grundtexte, Condorcets »Entwurf einer historischen Darstellung der Fortschritte des menschlichen Geistes« gipfelt in folgenden Sätzen:

»daß die Natur der Vervollkommnung der menschlichen Fähigkeit keine Grenze gesetzt hat; daß die Fähigkeit des Menschen zur Vervollkommnung tatsächlich unabsehbar ist; daß die Fortschritte dieser Fähigkeit zur Vervollkommung, die künftig von keiner Macht, die sie aufhalten wollte, mehr abhängig sind, ihre Grenze allein im zeitlichen Bestand des Planeten haben, auf den die Natur uns hat angewiesen sein lassen. Ohne Zweifel können diese Fortschritte schneller oder langsamer erfolgen; doch niemals werden es Rückschritte sein, wenigstens solange die Erde ihren Platz im System des Universums behält.«[2]

Die doppelte Grenzbezeichnung klingt heute verräterisch: sie ist anders gemeint – weil Condorcet den Platz des Planeten im System des Universums für unerschütterlich hielt –, doch seitdem der Weltuntergang in den Zukunftsprognosen nicht nur als möglich, sondern als wahrscheinlich gilt, hat sich die Sachlage radikal verändert. Nun hört man Komplizenschaft zwischen Bürgertum und Ruinierung der Erde, zwischen Fortschrittspathos und apokalyptischer Vision, weshalb die Verteidigung der Moderne heute zu einem mühseligen Geschäft geworden ist.

Es ist unzweifelhaft, daß die »Kritische Theorie« ihrer Intention nach als eine solche Unternehmung angesehen werden kann, die es den Zweifeln am Fortschritt nicht erlaubt, sich zu einer kulturkritischen oder konservativen Strömung zusammenzuschließen. Rimbauds Satz: «Il faut être absolument moderne» wurde von Horkheimer und Adorno immer unterschrieben. Gleichwohl ist die Herausforderung, die in der wachsenden Ambivalenz der Moderne liegt, angenommen worden, am entschiedensten wohl in der »Dialektik der Aufklärung«, die unter dem Eindruck des Faschismus, insbesondere jener perfekten instrumentellen Vernunft bei der Durchführung der Massenvernichtungen, einen zwanghaften Umschlag von Aufklärung in Wahn diagnostizierte. Um dergleichen zu erläutern, sei eine Folge von Zitaten mit kurzen Interpretationen erlaubt: »Seit je hat Aufklärung im umfassendsten Sinne fortschreitenden Denkens das Ziel verfolgt, von den Menschen die Furcht zu nehmen und sie als Herren einzusetzen. Aber die vollends aufgeklärte Erde strahlt im Zeichen triumphalen Unheils.«[3] Muß man den Gedanken einer Identität von Fortschritt und Apokalypse hier noch einmal betonen? Das Bild der großen Bombenexplosion, das den Strahlenkranz des Untergangs vollendet, hat sich doch längst aufgedrängt und ist zu einem kursierenden Menetekel geworden. »So ist die Bahn der europäischen Zivilisation verlaufen. Die Abstraktion, das Werkzeug der Aufklärung, verhält sich zu ihren Objekten wie das Schicksal, dessen Begriff sie ausmerzt: als Liquidation.«[4] Das ist Klartext, lapidar und unmißverständlich. Dem kommt man nicht mit Relativierungen bei. Auch hilft es nichts zurückzuweichen. »Der Geist wird in der Tat zum Apparat der Herrschaft und Selbstbeherrschung, als den ihn die bürgerliche Philosophie seit je verkannte.«[5] Diese Allianz von Wissen und Macht in Form eines Zwangsapparates ist der subtilste Effekt der Aufklärung, behält sie doch den Anschein von Erkenntnis bei und auch das Renommée derselben. »Auf dem Weg von der Mythologie zur Logistik hat Denken das Element der Reflexion auf sich verloren, und die Maschinerie verstümmelt die Menschen heute, selbst wenn sie sie ernährt.«[6] Die Verfasser nennen diesen ausweglosen Zustand, in dem Aufklärung endet, absurd. »Die Absurdität des Zustandes, in dem die Gewalt des Systems über die Menschen mit jedem Schritt wächst, der sie aus der Gewalt der Natur herausführt, denunziert die Vernunft der vernünftigen Gesellschaft als obsolet.«[7] Damit kommt die Kritik an einem Punkt an, an dem ihr der Boden entzogen wird. Vernunftkritik ist seitdem insofern in einer paradoxalen Lage, als sie einen Sachverhalt de jure ablehnen muß, den sie de facto in Anspruch nimmt. Doch ist dies kein »Fehler« des Denkens, wie einige Kritiker immer noch annehmen, sondern der »Zeitgeist persönlich«.

»Die Aporie, der wir uns bei unserer Arbeit gegenüber fanden, erwies sich ... als der erste Gegenstand, den wir zu untersuchen hatten: die Selbstzerstörung der Aufklärung. Wir hegen keinen Zweifel ..., daß die Freiheit in der Gesellschaft vom aufklärenden Denken unabtrennbar ist. Jedoch glauben wir ..., daß der Begriff eben dieses Denkens ... schon den Keim zu jenem Rückschritt enthält, der überall sich ereignet ... Wir glauben, in diesen Fragmenten zu zeigen, daß die Ursache des Rückfalls von Aufklärung in Mythologie nicht so sehr bei den eigens zum Zweck des Rückfalls ersonnenen nationalistischen, heidnischen und sonstigen modernen Mythologien zu suchen ist, sondern bei der in Furcht vor der Wahrheit erstarrenden Aufklärung selbst.«[8]

Das bedeutet (über die Selbstverständigung hinaus), sich mit der Sachlage adäquat auseinanderzusetzen: Dem unendlich verwickelten Verhältnis von Aufklärung und Wahn, das gleichsam als ungewolltes Ergebnis der Moderne übriggeblieben ist, kann nicht mit den gängigen Kategorien der Aufklärung, aber auch nicht mit solchen des Mythos begegnet werden; die Lage drängt über beide Deutungsmuster der Welt hinaus; ausdrücklich wird auf ein Wagnis verwiesen: die Furcht zu überwinden, die Erstarrung zu vermeiden oder zu lösen und sich der »Wahrheit« der Moderne zu stellen. Dies erwarten Horkheimer und Adorno von einem Denken, das die Reflexion auf sich nicht preisgibt, und trotzdem keine Angst vor der Paradoxie hat.

Fast alle, die sich der »Kritischen Theorie« zurechnen, sind von der Kompliziertheit des Problems, daß in einer geschichtlichen Erfahrung die mit der neuzeitlichen Geschichte verbundene Hoffnung zunichte wird, provoziert worden. Wenn sich auch hier und da resignative Züge eingeschlichen haben, so bleibt doch eine bindende Grundorientierung übrig: sich ohne den sicheren Hort irgendeiner Weltanschauung im Medium schier vollendeter Reflexionslosigkeit reflektierend Rechenschaft zu geben über das, was geschieht. Was Horkheimer und Adorno mit dem Stichwort der »instrumentellen Vernunft« bezeichneten, das faßt Herbert Marcuse mit dem Terminus vom »eindimensionalen Menschen«. Walter Benjamin versucht in seinem Begriff der »katastrophischen Geschichte« dem Stillstand der Dialektik einen Namen zu geben. Ernst Bloch prüft das »Prinzip Hoffnung« an den deutlichsten Rückschlägen der großen sozialen Bewegungen und schlägt einen Wartezustand vor. Siegfried Kracauer unternimmt das Experiment – jedenfalls in seiner mittleren Schaffenszeit – einer rückhaltlosen Bejahung der kulturellen Moderne, ohne seine Vorbehalte letztlich aufgeben zu können. – Übrigens sind die Genannten bei ihrem Versuch, auf die Provokation hinfälliger Erfahrung zu reagieren, der Spur der Kunst gefolgt. Offensichtlich konnten die Erschütterungen der Moderne am ehesten in Literatur, Malerei, bildender Kunst, Architektur, Musik registriert werden. Aber auch die Chancen der Verarbeitung erscheinen um so höher, je mehr mimetische (statt analytische) Kräfte in den Schriften der genannten Autoren zum Austrag kommen. Jedenfalls ist es auffallend, daß die Schlüsselfiguren der schwindenden Geschichtlichkeit eher den Charakter von Bildern als von Begriffen haben.

Auch Habermas selbst nahm zunächst den roten Faden der älteren »Kritischen Theorie« [9] auf. In »Technik und Wissenschaft als ›Ideologie‹« reagierte er auf Marcuses Kritik an Max Weber, der die Zwiespältigkeit einer als Befreiung konzipierten und als Zwang organisierten Rationalisierung der gesellschaftlichen Verhältnisse verkannt habe. Allerdings, so wandte er gegen Marcuse ein, könne man diese Zwiespältigkeit weder nach dem Modell des Sündenfalls noch nach dem der Unschuld des wissenschaftlich-technischen Fortschritts zureichend begreifen. »Ich meine, daß das weder Max Weber, noch Herbert Marcuse befriedigend gelungen ist.« [10]

Habermas entwirft hier – als Reflexionsmedium für eine adäquate Auseinandersetzung – seine Unterscheidung von zweckrationalem und kommunikativem Handeln, von Technik und Praxis, von Arbeit und Interaktion, in die er während der vergangenen Jahrzehnte alle theoretische Kraft investiert hat. Da er den Unterschied zwischen Technologie und Kommunikation (bis zum Verschwinden der Eigenart menschlicher Rede) im gegenwärtigen Bewußtsein eingeebnet sieht, geht es ihm – wie sein letztes umfangreiches Werk belegt [11] – um eine systematische Entschränkung von Kommunikation.

»Auf der Ebene ... zweckrationalen Handelns hat der wissenschaftlich-technische Fortschritt die Reorganisation gesellschaftlicher Institutionen ... schon erzwungen ... Aber dieser Prozeß ... kann dann und nur dann ein Potential der Befreiung sein, wenn er Rationalisierung auf einer anderen Ebene nicht ersetzt ...«. [12]

Da er dies aber getan hat und weiterhin tut, da er die Ersetzung der verschiedenen Varianten von Emanzipation, Rationalisierung, Verfügung etc. zugunsten eines einzigen immanenten, oppositionslosen Modells betreibt – was Habermas auch zugibt –, ist das Insistieren auf dem kontrafaktischen »herrschaftsfreien Dialog« als der letzten Quelle einer nichtinstrumentalen Rationalität in den vergangenen Jahren zunehmend hilfloser ausgefallen.

Das könnte daran liegen, daß auch ein solches Plädoyer für die Kraft der Aufklärung von dem mythischen Bann eingeholt wurde, gegen den es formuliert worden ist. Die sozialen Verhältnisse ändern sich zunehmend schneller als die soziologischen Modelle. Habermas' Grundtheoreme haben sich dagegen seit der Studentenbewegung kaum gewandelt. Es stellt sich die Frage, ob Akzentuierungen vorgenommen worden sind, die im Verein mit äußeren Umständen schließlich dazu führen mußten, Kritik im emphatischen Sinn aufzugeben und die unheimliche Differenz zugunsten einer heimlichen Identität zu verabschieden. Um den Verdacht zu konkretisieren, geht es im folgenden etwas ausführlicher um die Rede, die Habermas bei der Übernahme des Adorno-Preises der Stadt Frankfurt im Herbst 1980 genau zum Thema gehalten hat. [13]

Die Rede ist ein »Nukleus« der neuesten Schriften; sie versucht sich mittels Etikettierungen an einer Grenzziehung; sie hat die Absicht, die nach Auffassung von Habermas »falschen« Lösungen eines Problems, das sich fortschreitend dringender stellt, zurückzuweisen, ohne dabei die Sachlage zu verharmlosen. Der Redner formuliert das Problem im Nachgang zu einigen Überlegungen Max Webers:

»Modern ist, was der Aktualität des Zeitgeistes zu objektivem Ausdruck verhilft. Die Signatur solcher Werke ist das Neue, das von der Neuerung des nächsten Stils überholt und entwertet wird. Aber während das bloß Modische, in die Vergangenheit versetzt, altmodisch wird, behält das Moderne einen geheimen Bezug zum Klassischen ... Max Weber hat die kulturelle Moderne dadurch charakterisiert, daß die in religiösen und metaphysischen Weltbildern ausgedrückte substantielle Vernunft in drei Momente auseinandertritt. Indem die Weltbilder zerfallen und die überlieferten Probleme unter den spezifischen Gesichtspunkten der Wahrheit, der normativen Richtigkeit, der Authentizität oder Schönheit aufgespalten, jeweils *als* Erkenntnis-, *als* Gerechtigkeits-, *als* Geschmacksfragen behandelt werden können, kommt es in der Neuzeit zu einer Ausdifferenzierung der Wertsphären Wissenschaft, Moral und Kunst. In den entsprechenden kulturellen Handlungssystemen werden wissenschaftliche Diskurse, moral- und rechtstheoretische Untersuchungen, Kunstproduktion und Kunstkritik als Angelegenheit von Fachleuten institutionalisiert. Die professionalisierte Bearbeitung der kulturellen Überlieferung läßt die Eigengesetzlichkeit des kognitiv-instrumentellen, des moralisch-praktischen und des ästhetisch-expressiven Wissenskomplexes hervortreten.

Auf der anderen Seite wächst damit der Abstand zwischen den Expertenkulturen und dem breiten Publikum. Was der Kultur durch spezialistische Bearbeitung und Reflexion zuwächst, gelangt nicht *ohne weiteres* in den Besitz der Alltagspraxis. Mit der kulturellen Rationalisierung droht vielmehr die in ihrer Traditionssubstanz entwertete Lebenswelt zu verarmen . . . Kurzum, die Ausdifferenzierung von Wissenschaft, Moral und Kunst bedeutet gleichzeitig das Autonomwerden von spezialistisch bearbeiteten Sektoren und deren Abspaltung von einem Traditionsstrom, der sich in der Hermeneutik der Alltagspraxis naturwüchsig fortbildet. Diese Abspaltung ist das Problem, das jene Versuche hervorgerufen hat, die Expertenkulturen aufzuheben.« [14]

Auch für Habermas ist die Kunst der Vorreiter, und zwar in dem unablässigen Bemühen, ihr eigenes Ende zu vollziehen, um so wieder Anschluß zu finden an eine »Indifferenz des Lebens sans phrase«. Ähnliche Anstrengungen sieht er in der Moral und in den Wissenschaften am Werk, weist jedoch solche Versuche als insgesamt *regressiv* zurück. Die gesellschaftliche Arbeitsteilung sei nicht hintergehbar. Der Stand der entwickelten Differenzierung der Gesellschaft müsse gehalten werden. Aber es fehlt jede Andeutung, wie dies geschehen soll und worin die Vollendung des Projekts der Moderne nun eigentlich besteht. Wäre die Fortschreibung der Weberschen Differenzen dafür ein Modell? Also: die vollendete Trennung der Wissenschaft, der Moral, der Kunst vom Leben? Also: die entmoralisierte, entästhetisierte Wissenschaft; also: die theorielose, kunstlose Moral; also: die untheoretische, unmoralische Kunst; also schließlich: ein Leben der Menschen ohne Nachdenken, ohne Verantwortung, ohne Schönheit? Wie anders als durch Sprengen oder durch Bremsen ist die Naturwüchsigkeit solcher Fortschritte überhaupt aufzuhalten? Was für einen Stellenwert hat eigentlich die Webersche Annahme der sozialen Differenzierung angesichts der völligen Undifferenziertheit des Weitermachens? Handelt es sich nicht um eine wohlfeile Illusion, die Vereinheitlichung zu übersehen, die im unaufgehaltenen Trend der Geschichte *als* Katastrophe, der Moderne *als* Apokalypse, der instrumentellen Vernunft *als* Automatismus der Vernichtung liegt? Solche Fragen spielen noch einmal die Möglichkeit der progressiven Kritik der Moderne an.

Habermas biegt seine Ratlosigkeit, scheint es, in einem dreifachen Angriff um – und damit verläßt er jenen Horizont, wie ihn die »Dialektik der Aufklärung« dem Nachdenken eröffnet hatte: nicht die neuen Mythologien sind es, die den Rückfall verursachen, sondern die Furcht vor der Wahrheit; sie läßt erstarren, was sich beweglich hielt ... Es sei ein Klima entstanden, sagt Habermas,

». . . das modernismuskritische Strömungen fördert. Dabei dient die Ernüchterung über die gescheiterten Programme der falschen Aufhebung von Kunst und Philosophie als Rechtfertigung für konservative Positionen. Lassen Sie mich den Antimodernismus der Jungkonservativen vom Prämodernismus der Altkonservativen und vom Postmodernismus der Neukonservativen kurz unterscheiden.
Die *Jungkonservativen* machen sich die Grunderfahrung der ästhetischen Moderne, die Enthüllung der dezentrierten, von allen Imperativen der Arbeit und der Nützlichkeit befreiten Subjektivität zu eigen – und brechen mit ihr aus der modernen Welt aus. Mit modernistischer Attitüde begründen sie einen unversöhnlichen Antimodernismus. Sie verlegen die spontanen Kräfte der Imagination, der Selbsterfahrung, der Affektivität ins Ferne und Archaische, und setzen der instrumentellen Vernunft manichäisch ein nur noch der Evokation zugängliches Prinzip entgegen, ob nun den Willen zur Macht oder die Souveränität, das Sein oder eine dionysische Kraft des Poetischen. In Frankreich führt diese Linie von Bataille über Foucault zu Derrida.
Die *Altkonservativen* lassen sich von der kulturellen Moderne gar nicht erst anstecken. Sie verfolgen den Zerfall der substantiellen Vernunft, die Ausdifferenzierung von Wissenschaft, Moral und Kunst, das moderne Weltverständnis und deren nur noch prozedurale Rationalität mit Trauer und empfehlen eine Rückkehr zu Positionen vor der Moderne. Einen gewissen Erfolg hat vor allem der Neuaristotelismus, der sich heute durch die ökologische Problematik zur Erneuerung einer kosmologischen Ethik anregen läßt. Auf dieser Linie, die von Leo Strauss ausgeht, liegen beispielsweise interessante Arbeiten von Hans Jonas und Robert Spaemann.
Die *Neukonservativen* schließlich begrüßen die Entwicklung der modernen Wissenschaft, soweit diese ihre eigene Sphäre nur überschreitet, um den technischen Fortschritt, das kapitalistische Wachstum und eine rationale Verwaltung voranzutreiben. Im übrigen empfehlen sie eine Politik der Entschärfung der

explosiven Gehalte der kulturellen Moderne. Eine These lautet, daß die Wissenschaft, wenn man sie recht versteht, für die Orientierung in der Lebenswelt ohnehin bedeutungslos geworden ist. Eine weitere These ist, daß die Politik tunlichst von Forderungen moralisch-praktischer Rechtfertigung freizuhalten ist. Und eine dritte These behauptet die reine Immanenz der Kunst, bestreitet ihr den utopischen Gehalt, beruft sich auf ihren Scheincharakter, um die ästhetische Erfahrung im Privaten einzukapseln. Man könnte den frühen Wittgenstein, den mittleren Carl Schmitt und den späten Gottfried Benn als Zeugen anführen. Mit der definitiven Eingrenzung von Wissenschaft, Moral und Kunst in den autonomen, von der Lebenswelt abgespaltenen, spezialistisch verwalteten Sphären bleibt von der kulturellen Moderne nur noch zurück, was von ihr unter Verzicht auf das Projekt der Moderne zu haben ist. Für den frei gewordenen Platz sind Traditionen vorgesehen, die nun von Begründungsforderungen verschont bleiben.

Diese Typologie ist wie jede eine Vereinfachung; aber für die Analyse der geistig-politischen Auseinandersetzungen heute mag sie nicht ganz unbrauchbar sein.«[15]

In der Rede beruft sich Habermas noch auf Adorno:

»Die Postmoderne gibt sich entschieden als eine Antimoderne . . . Dieser Satz gilt für eine affektive Strömung, die in die Poren aller intellektuellen Bereiche eingedrungen ist und Theorien der Nachaufklärung, der Postmoderne, gar der Nachgeschichte auf den Plan gerufen hat. Damit kontrastiert Adorno und sein Werk. Adorno hat sich dem Geist der Moderne so vorbehaltlos verschrieben, daß er schon in dem Versuch, die authentische Moderne von bloßem Modernismus zu unterscheiden, jene Affekte wittert, die auf den Affront der Moderne antworten.«[16]

Diese Berufung ist fragwürdig. Zwar trifft es zu, daß Adorno sich dem Geist der Moderne vorbehaltlos verschrieben hat, aber es ist nicht die Moderne, die Habermas unter der Hand in ein »unvollendetes Projekt« verwandelt hat. In den weiteren Beiträgen zum Thema[17] wird dieser Unterschied immer deutlicher. Die Aggressivität der Äußerungen verdeckt ein Erschrecken, das mit der Transparenz der Verstrikkung zu tun hat. Hier ist eine Abwehr wirksam, die Wahrnehmungseinschränkungen nach sich zieht und wie gebannt auf Gegner starren muß. Das aber widerstreitet der »Kritischen Theorie«. Deshalb muß man Adorno noch einmal ins Feld führen, der schon vor über 20 Jahren weiter war:

»Fortschritt heißt: aus dem Bann heraustreten, auch aus dem des Fortschritts, der selber Natur ist, indem die Menschheit ihrer eigenen Naturwüchsigkeit innewird und der Herrschaft Einhalt gebietet, die sie über Natur ausübt und durch welche die Natur sich fortsetzt. Insofern ließe sich sagen, der Fortschritt ereignet sich dort, wo er endet.« [18]

Überhaupt muß man heute weiter gehen, als Adorno gegangen ist. Wer *vor* den Punkt zurückweicht, den die »Dialektik der Aufklärung« markiert hat, der läßt sich dumm machen, sei es durch die gesellschaftlichen Verhältnisse, sei es durch die Soziologie. Dummheit ist Realitätsverleugnung, Abwehr und Erfahrungen, Entscheidung für das Bewußtsein gegen die Wahrnehmung. Unversehens gerät dann sogar eine Theorie der Kommunikation zur Kommunikationssperre, ein Denken des Dialogs zum Monologismus. Unversehens werden die Errungenschaften der Moderne zu toten Gerichtssachen, die nur noch als Gegenstand von Klagen taugen. Unversehens dienen die Differenzierungen auf der Ebene der wissenschaftlichen Begriffsbildung dazu, die hauptsächliche Differenz geringzuschätzen, die der Erkenntnis selbst zugemutet wird: die Differenz des Ereignisses, das ausbleibt, des Anderen, das sich nicht verhält, des Fremden, das sich jeder Aneignung sperrt.

## 1.3 »Anthropodizee« (Blumenberg) oder »Denken des Außen« (Foucault)

Mit einer Kennzeichnung wie der folgenden ist nur noch der Immanenz der Gedanken Genüge getan.

»Negative Dialektik, Genealogie und Dekonstruktion entziehen sich in ähnlicher Weise jenen Kategorien, nach denen sich das moderne Wissen keineswegs zufällig ausdifferenziert hat und die wir heute unserem Verständnis von Texten zugrundelegen.« [19]

Hier kommt Adorno in eine Reihe mit Foucault und Derrida und wird seinerseits vor den Gerichtshof einer kommunikativen Vernunft zitiert (Kategorien sind juridische Termini!), die als quasi-selbstverständliche Diskriminante von Innen und Außen fungiert. Damit aber wird Vernunft zur Verschlußsache, durch die sich nichts mehr zeigen kann – ein Grund, das Terrain zu wechseln. Aufschlußreicher jedenfalls ist eine Kontroverse, die faktisch nicht stattgefunden hat: Blumenberg und Foucault bezeichnen auf entgegengesetzte Weise die Grenze, sind aber in ihrer Widersprüchlichkeit so verträglich miteinander, daß der freigelegte Sachverhalt die Formulierungen übertrifft.

Das Exposé des Problems: hier die Unüberbietbarkeit des Menschen (Blumenberg), dort sein Verschwinden (Foucault), stammt von Nietzsche. Begonnen sei aber mit einer Version, die Heidegger gegeben hat: die Moderne ist eine enigmatische Figur, in der unbedacht und unwillentlich etwas Unbekanntes und Rätselhaftes herausgearbeitet wird. Es geht um das Ende der »Stellung« des Menschen, der jenseits von »Fortschritt« oder »Rückschritt« durch das, was er hergestellt hat, in äußerste Gefahr gerät. Der Sachverhalt lautet in Heideggers Sprache: das Gestell ist die Gefahr. Gerade durch die technische Naturbeherrschung als restlose Aneignung geht die Herrschaft in der Fremde zugrunde. Der Mensch, der nur noch sich selbst begegnet, begegnet sich in Wahrheit nirgends mehr. Anthropologie als Wissenschaft vom Menschen gerät, wenn sie weit genug getrieben wird, notwendigerweise paradox.

»Sobald das Unverborgene nicht einmal mehr als Gegenstand, sondern ausschließlich als Bestand den Menschen angeht und der Mensch innerhalb des Gegenstandslosen nur noch der Besteller des Bestandes ist, – geht der Mensch am äußersten Rand des Absturzes, dorthin nämlich, wo er selber nur noch als Bestand genommen werden soll. Indessen spreizt sich gerade der so bedrohte Mensch in die Gestalt des Herrn der Erde auf. Dadurch macht sich der Anschein breit, alles was begegne, bestehe nur, insofern es ein Gemächte des Menschen sei. Dieser Anschein zeitigt einen letzten trügerischen Schein. Nach ihm sieht es so aus, als begegne der Mensch überall nur noch sich selbst. Heisenberg hat mit vollem Recht darauf hingewiesen, daß sich dem heutigen Menschen das Wirkliche so darstellen muß. *Indessen begegnet der Mensch heute in Wahrheit gerade nirgends mehr sich selber, d. h. seinem Wesen.* Der Mensch steht so entschieden im Gefolge der Herausforderung des Gestells, daß er dieses nicht als einen Anspruch vernimmt, daß er sich selber als den Angesprochenen übersieht und damit auch jede Weise überhört, inwiefern er aus seinem Wesen her im Bereich eines Zuspruchs ek-sistiert und darum niemals nur sich selber begegnen *kann.*«[20]

Heideggers Hoffnung, daß die durchgeführte Immanenz der Zusammenbruch sei, muß auf eine weite Zeit gedehnt werden. Dann könnte sie plausibel werden. Jedenfalls wendet sich alle Aufmerksamkeit diesem Ende zu. Dadurch ist Blumenbergs Säkularisierungsthese in gewisser Weise obsolet. Es ist zwar richtig zu behaupten, daß der neuzeitliche Mensch sich gegen einen Zwangszusammenhang befreit hat. Aber es ist unwichtig – in Anbetracht der neuen Zwänge, die nun anstehen. Die massive Tendenz zur Selbstvernichtung suspendiert die Frage nach der Rechtmäßigkeit solchen Tuns. Derart in Anspruch genommen durch eine »selbstlaufende Vollendung« der neuesten Geschichte bleibt immerhin offen, ob die Moderne kräftig genug ist, durch Umbesetzung ihrer Ziele mit der wachsenden Gefahr auszukommen (Blumenberg) oder ob sie bereits im Ansatz die Sprengung gezündet hat, die sie schließlich ruinieren wird (Foucault).

»Was in dem als Säkularisierung gedeuteten Vorgang überwiegend, jedenfalls bisher mit nur wenigen erkennbaren und spezifischen Ausnahmen, geschehen ist, läßt sich nicht als *Umsetzung* authentisch theologischer Gehalte in ihre säkulare Selbstentfremdung, sondern als *Umbesetzung* vakant gewordener Positionen von Antworten beschreiben, deren zugehörige Fragen nicht eliminiert werden konnten.« [21]

Blumenberg verfährt nach hermeneutischer Manier. Er nimmt historische Deutungen auf und dreht sie mit viel Geschick weiter, ohne aber den Rahmen zu tangieren.

»Die Neuzeit hat Probleme als sich aufgegeben angenommen, die das Mittelalter gestellt und vorgeblich beantwortet hatte, die aber nur und gerade deshalb aufgeworfen worden waren, weil man sich schon im Besitz der ›Antworten‹ glaubte. Für diese Phase der Problemausweitung hat Nietzsche recht mit der These, man höre *nur die Fragen, auf welche man im Stande ist eine Antwort zu finden* – aber das gilt nicht für die nachfolgende Epoche, die den Fragenbestand nicht schlichtweg mit dem Eingeständnis abbauen kann, sie sei den Fragen nicht gewachsen ... So ist es der Neuzeit offenkundig nicht möglich gewesen, die Antwort auf die Frage nach dem Ganzen der Geschichte zu verweigern. Insofern ist die Geschichtsphilosophie der Versuch, eine mittelalterliche Frage mit den nachmittelalterlich verfügbaren Mitteln zu beantworten. Dabei wird die Fortschrittsidee zu einer Generalisierung gedrängt, die ihren ursprünglich regional begrenzten und gegenständlich gebundenen Aussageumfang überbeansprucht. Als eine der möglichen Antworten auf die Frage nach dem Ganzen der Geschichte wurde sie in die Bewußtseinsfunktion hineingezogen, die der Rahmen der Heilsgeschichte zwischen Schöpfung und Gericht erfüllt hatte. Es blieb nicht folgenlos, daß diese Erklärungsleistung ihre Rationalität überforderte.« [22]

So wird klar, wo für Blumenberg die prekären Punkte liegen: ist die Moderne immer noch Heilsgeschichte, ohne es zu wissen, oder ist es möglich, durch Weiterdrehen die pochenden Fragen der Herkunft nach und nach zu vergessen?

Foucault dagegen ist an Deutungen im Rahmen objektiven Geistes kaum interessiert. Er versucht sich an einer »Archäologie des Buchstabens« und entdeckt so umgekehrt die Schutzmacht des Vergessens.

»Die Analyse der Herkunft führt zur Auflösung des Ich und läßt an den Orten und Plätzen seiner leeren Synthese tausend verlorene Ereignisse wimmeln. Die Analyse der Herkunft führt uns auch zu den unzähligen Ereignissen zurück, durch die (dank denen und gegen die) sich ein Begriff oder ein Charakter gebildet haben. Die Genealogie geht nicht in die Vergangenheit zurück, um eine große Kontinuität jenseits der Zerstreuung des Vergessenen zu errichten. Sie soll nicht zeigen, daß die Vergangenheit noch da ist, daß sie in der Gegenwart noch lebt und sie insgeheim belebt, nachdem sie allen Zeitläufen eine von Anfang an feststehende Form aufgedrückt hat. Nichts gleicht hier der Entwicklung einer Spezies oder dem Geschick eines Volkes. Dem komplexen Faden der Herkunft nachgehen heißt vielmehr das festhalten, was sich in ihrer Zerstreuung ereignet hat: die Zwischenfälle, die winzigen Abweichungen oder auch die totalen Umschwünge, die Irrtümer, die Schätzungsfehler, die falschen Rechnungen, die das entstehen ließen, was existiert und für uns Wert hat. Es gilt zu entdecken, daß an der Wurzel dessen, was wir erkennen und was wir sind, nicht die Wahrheit und das Sein steht, sondern die Äußerlichkeit des Zufälligen. Darum verdient jeder Ursprung der Moral, sofern er nicht verehrungswürdig ist – und die Herkunft ist es niemals – Kritik.«[23]

Das Blumenbergsche Plädoyer für die Immanenz der Geschichte kollidiert mit der Foucaultschen These von der Zufälligkeit der grundlegenden Ereignisse. Gegen die Persistenz des vergessenen Anfangs im anthropologischen Schlaf hält sich das Problem der Anthropodizee, das hauptsächlich die Legitimität der Neuzeit begründet. Das von Blumenberg präferierte Prometheusmotiv, das statt des mittelalterlichen Sündenfalls den Frevel als Quelle des Selbstbewußtseins setzt, provoziert auf der Gegenseite den Prospekt eines Untergangs, einer säkularen Niederlage, deren Umrisse schon unvorstellbar sind, obwohl sie nach »Innen« wandern. So wird die Apokalypse für Foucault zum Bibliotheksphänomen.

»Aber die Bilder, die sich am Ende des achtzehnten Jahrhunderts freimachen, sind nicht in allen Punkten mit jenen identisch, die das siebzehnte Jahrhundert auszulöschen versucht hatte. In der Dunkelheit hat sich eine Arbeit vollendet, die sie von jener Hinterwelt losgelöst hat, in der die Renaissance nach dem Mittelalter sie hatte suchen müssen. Sie haben im Herzen, in der Begierde, in der Vorstellungskraft der Menschen Platz genommen.«[24]

Blumenberg hält nichts von der Imagination.[25] Sie ist vorsubjektiv und in gewisser Weise »dumm«, gerade geeignet, dem »horror vacui«, dem frühen »Absolutismus der Wirklichkeit« die nötigsten Schleier zu leihen. Historisch sind andere Kräfte ausschlaggebend geworden: der Wille, die Vernunft. Gleichwohl wird der Zusammenhang konzediert, den die Phantasie mit dem Bösen in der Welt bildet. Insofern taucht sie bei allen Rechtfertigungen wieder auf: Kosmodizeen, Theodizeen, Anthropodizeen haben zutiefst die Bilder nötig, die sie oberflächlich bestreiten. Das ist noch bei Nietzsche so. Der Absolutismus der Kunst ist eine juridische Konstruktion. Ästhetik als Rechtfertigung reiht sich in die Kette der Umbesetzungen ein:

»Nicht die Theologie ist die Transformationsstufe der Anthropologie, sondern umgekehrt: die philosophische Rede von der Geschichte und vom Menschen ist die vollendete Spätphase der Theologie in ihrer menschlich ›vornehmsten‹ Form als Theodizee. Phänomene der Säkularisierung würden dann auf einem *methodischen Atheismus ad maiorem gloriam Dei* beruhen, der nichts anders als die vielleicht einzig aussichtsreiche Form der Theodizee wäre.«[26]

Das Übergewicht argumentativer Rechtsprechung stammt aus der Nötigung, die das Christentum durch seine Häretiker erfuhr. Fundamental ist dabei der gnostische Einwand gegen den »Sinn dieser Welt«. Selbst die Neuzeit entkommt also dem Schatten nicht, den die Häresien werfen.

»Die These, die hier vertreten werden soll, nimmt den behaupteten Zusammenhang von Neuzeit und Gnosis auf, aber sie kehrt ihn um: die Neuzeit ist die zweite Überwindung der Gnosis. Das setzt voraus, daß die erste Überwindung der Gnosis am Anfang des Mittelalters nicht gelungen war.«[27]

Spannender wäre die Gegenthese, daß auch die Neuzeit nicht reussierte, daß also der gnostische Unterbau, jenes tiefste Bilderrätsel der Tradition, gegen die Abbruch- und Abräumarbeiten der Moderne bestehen blieb.

»Die Gnosis hatte das Problem der Qualität der Welt für den Menschen akut gemacht und in den Widerspruch, den Patristik und Mittelalter ihr entgegensetzen sollten, die Bedingung der *Kosmodizee* als *Theodizee* eingebracht – die Neuzeit versuchte diese Bedingung auszuschlagen, indem sie ihre *Anthropodizee* auf die Rücksichtslosigkeit der Welt gegenüber dem Menschen, auf ihre inhumane Unordnung begründete.«[28]

Foucaults Widerspruch trifft diese Vereinfachung Blumenbergs genau: gerade die Umwandlung aller Wissensformationen in ein Wissen vom Menschen für den Menschen sei der Motor des Löschens der Spur, welche die Neuzeit bis zur fortgeschrittenen Moderne unternommen habe.

»Die Anthropologie bildet vielleicht die grundlegende Position, die das philosophische Denken von Kant bis zu uns bestimmt und geleitet hat. Diese Disposition ist wesentlich, weil sie zu unserer Geschichte gehört. Aber sie ist im Begriff, sich unter unseren Augen aufzulösen, weil wir beginnen, darin gleichzeitig das Vergessen des Anfangs, der sie möglich gemacht hat, und das hartnäkkige Hindernis, das sich widerspenstig einem künftigen Denken entgegenstellt, zu erkennen und kritisch zu denunzieren. Allen, die noch vom Menschen, von seiner Herrschaft oder von seiner Befreiung sprechen wollen, all jenen, die noch fragen nach dem Menschen in seiner Essenz, jenen, die von ihm ausgehen wollen, um zur Wahrheit zu gelangen, jenen umgekehrt, die alle Erkenntnis auf die Wahrheiten des Menschen selbst zurückführen, allen, die nicht formalisieren wollen, ohne zu anthropologisieren, die nicht mythologisieren wollen, ohne zu demystifizieren, die nicht denken wollen, ohne sogleich zu denken, daß es der Mensch ist, der denkt, all diesen Formen linker und linkischer Reflexion kann man nur ein philosophisches Lachen entgegensetzen – das heißt: ein zum Teil schweigendes Lachen.« [29]

Streicht man die luziferische Attitüde am Ende, dann fällt die Beharrlichkeit auf, mit der Foucault sich dem Denken der Vergangenheit und dem der Zukunft *zugleich* widmet. Die Moderne, so könnte seine These zugespitzt formuliert werden, die Moderne mit ihrer Bevorzugung des Menschen als Subjekt ist ein Gefängnis wider Willen. Sie hat eine unwiderstehliche Tendenz sich abzuschließen, bei der gleichzeitigen Behauptung ihrer schrankenlosen Offenheit. Dem kann man nur begegnen durch ein »Denken des Außen«, das seit dem Ende des 18. Jahrhunderts in Ansätzen vorliegt. Foucault nennt de Sade, Hölderlin, Nietzsche, Artaud, Bataille, Klossowski, Blanchot. Dieses Denken folgt nicht den gegebenen Sinnstrukturen. Es hat keine rekonstruktiven Absichten. Es ist aber auch nicht alternativ und es verachtet die Opposition. Es ist ein Einspruch von den Resten her, von der Ketzerei und vom Wahnsinn aus, also von dem her, was man ganz simpel die »Unvernunft« genannt hat. Wieder kommt so die Imagination ins Spiel.

»Eines Tages wird man den Versuch machen, die Formen und die Grundkategorien dieses ›Denkens des Außen‹ zu definieren. Man wird sich auch bemühen müssen, seinen Weg nachzuzeichnen und zu fragen, woher es uns kommt und in welche Richtung es geht. Man darf vermuten, daß es jenem mystischen Denken entstammt, das seit den Texten des Pseudo-Dionysius an den Grenzen des Christentums herumgeisterte; vielleicht hat es sich fast ein Jahrtausend lang unter den Formen einer negativen Theologie verborgen gehalten. Noch läßt sich darüber nichts Sicheres ausmachen: handelt es sich in einer solchen Erfahrung auch darum ›aus sich heraus‹ zu gelangen, so doch mit dem Ziel, sich schließlich wiederzufinden und sich in der blendenden Innerlichkeit eines Denkens zu sammeln, das mit vollem Recht Sein und Wort ist, also Diskurs, auch wenn jenseits allen Sprechens Schweigen und jenseits allen Seins Nichts ist.«[30]

Während also Blumenberg eine Horizontale mit Schwellen als Deutungsmodell der neueren Geschichte bevorzugt, sucht Foucault die archäologische Vertikale. Das eine Modell bewegt sich diachronisch und bestimmt die zeitlichen Abstände, das andere synchronisch. Es bemüht sich um eine »Zeitgenossenschaft«, die in der Gleichzeitigkeit der Ungleichzeitigen Bestand hat und die Erinnerung festhält an ein Anderes, das niemals kategorial subsumiert werden kann. Blumenberg schreibt:

»Die Arbeit des Mythos muß man schon im Rücken haben, um der Arbeit am Mythos nachzugehen und sie als das Aufregende der Anstrengung an einem Material wahrzunehmen, dessen Härte und Widerstandskraft unabsehbare Ursprünge haben muß. Grenzbegriff der Arbeit des Mythos könnte sein, was ich den Absolutismus der Wirklichkeit genannt habe; Grenzbegriff der Arbeit am Mythos wäre, diesen ans Ende zu bringen, die äußerste Verformung zu wagen, die die genuine Figur gerade noch oder fast nicht mehr erkennen läßt. Für die Theorie der Rezeption wäre dies die Fiktion eines letzten Mythos, eines solchen also, der die Form ausschöpft und erschöpft.«[31]

Foucault schreibt:

»Auf jeden Fall stellt das Verhältnis von Vernunft und Unvernunft für die Kultur des Abendlandes eine der Dimensionen ihrer Ursprünglichkeit dar; schon lange vor Hieronymus Bosch hat dieses Verhältnis die abendländische Kultur begleitet und wird ihr auch über Nietzsche und Artaud hinaus noch folgen.

Was also bedeutet diese Gegenüberstellung unterhalb der Sprache der Vernunft? Wohin könnte uns eine Frage führen, die der Vernunft nicht in ihrem horizontalen Werdegang folgte, sondern die versuchte, dieser konstanten Vertikale in der Geschichte zu folgen, die durch die ganze europäische Kultur hindurch die Vernunft dem, was sie nicht ist, das Maß der eigenen Maßlosigkeit gegenüberstellt?«[32]

Hier vom »Anderen der Vernunft«[33] zu sprechen, heißt, ihr zuviel Ehre anzutun, heißt die Linie der Mytheninversion wie die der Allianz von Wissen und Macht stärker zu machen, als sie ist. Der Ausbruch, der Foucault vorschwebte, kann nur vom Anderen her wahrgenommen werden und auch nur in jener zugespitzten Lage einer Todesgefahr, die in der Vollendung des unvollendeten Projekts der Moderne besteht.

Tzvetan Todorov, ein Bulgare, der in Frankreich lebt und lehrt, hat in seinem Buch »Die Eroberung von Amerika. Das Problem des Anderen«[34] die Probe aufs Exempel einer solchen Annahme gemacht: daß eine bestimmte Erkenntnisart, die das Fremde immer nur auf das Eigene zurückführt und das Andere im Selbst begründet sieht, tödliche Wirkungen entfalten *muß*, zuletzt auch tödliche Wirkungen für sich selbst. In außergewöhnlich langsamer Interpretation der Schriften der Entdecker und Eroberer (u. a. von Kolumbus/Colón, Cortés, Las Casas, Sahagún, Durán, Bernal Diaz del Castillo) versucht er den Nachweis zu führen, daß der Genozid von etwa 25 Millionen eingeborenen Amerikanern – der gewiß auch auf andere und sehr verschiedene Ursachen zurückgeht – etwas mit der spezifischen Superiorität der Europäer zu tun hat: mit ihrer Fähigkeit, die anderen zu verstehen.

»Cortés versteht die aztekische Welt relativ gut und sicherlich besser als Moctezuma die spanische Wirklichkeit. Und dennoch hindert dieses bessere Verständnis die Konquistadoren nicht daran, die mexikanische Kultur und Gesellschaft zu zerstören; man gewinnt ganz im Gegenteil . . . den Eindruck, daß gerade durch dieses Verständnis die Zerstörung erst möglich wird. Es ergibt sich eine erschreckende Verkettung, die vom Verstehen zum Nehmen, vom Nehmen zum Zerstören führt, eine Verkettung, deren unabwendbaren Charakter man gerne in Frage stellen möchte . . .«[35]

Todorov braucht hier die Formel vom »Paradox des todbringenden Verstehens«, um seinen Schrecken zu bändigen. Er weiß, wie sehr gerade daran die Identität des Europäers hängt. Insbesondere die geläufige Kombination von »Selbst« und »Verstehen« im »Selbstverständlichen« war und ist die Hauptfolie historischer Verantwortung des »Eigentümlichen« in Europa und nicht nur hier. Todorov kommt jedoch nicht umhin, eine Bilanz dieser äußerst erfolgreichen Eliminierung des Fremden, dieser Aneignung des Anderen bis zum Punkt seiner Vernichtung aufzumachen und zu eröffnen. Hier fällt eine rätselhafte »Obsession« auf: mit scheinbar eherner Notwendigkeit geht es voran; Rückschläge werden immer nur als Provokation verstanden weiterzumachen; die zunächst noch gespaltene Strategie von Einschluß und Ausschluß tendiert später zur rücksichtslosen Einvernahme, zur globalen Einheit des Selben in einer imaginär-phantasmatischen Immanenz. Doch zeigen sich damit zugleich die Kosten des Unternehmens: die wachsende Unfähigkeit, überhaupt noch ein Fremdes als Fremdes wahrzunehmen, die Transformation der realen Mannigfaltigkeit in bloß ideelle Einheitlichkeit, die Verwandlung der faßlichen Welt in ein unfaßbares Bild von ihr, schließlich der Zug in die Indifferenz, der alles Eigene, »Eigentliche« sich fortschreitend unterwirft und dem dann auch das Selbst und das Verstehen unterliegen.

Bei der näheren Bestimmung des »todbringenden Verstehens« ermittelt Todorov die enorme Fähigkeit der Europäer zur »menschlichen Kommunikation«, also die Kompetenz, den anderen Menschen *und* sich selber in einem (fast) geschlossenen Universum von Bedeutung und Sinn wahrzunehmen, zugleich aber auch die enorme Unfähigkeit einer Kommunikation mit den Dingen der Welt. Die Vermutung geht dahin, daß es gerade die kommunikative Kompetenz ist, die den Tod im Schlepptau hat. Todorov knüpft daran eine soziologische These von außerordentlicher Reichweite: die nachmittelalterlichen Gesellschaften Europas sind im Kampf gegen die traditionale Opfergesellschaft unversehens – über ihre identitätsstiftenden Errungenschaften – zu Massakergesellschaften geworden. Sie haben die schwere Hypothek des »inneren« religiösen Opfers nach außen verdrängt und sich die nicht minder schwere Hypothek der schleichend-brutalen Exterminierung aller anderen, d. h. nicht-identischen Sozietäten eingehandelt. Sub specie ihrer kommunikativen Verfassung stehen die Gesellschaften der Welt heute unter dem Diktat einer schier ausweglosen Alternative: entweder Opfergesellschaft oder Massakergesellschaft. Was Wunder, daß es eine theoretische Aufgabe von allergrößter Wichtigkeit ist, sich dem Problem des Anderen nun anders zu stellen, das Verhältnis zum Fremden nicht weiter als Provokation zur Aneignung zu verstehen. Todorov, der Bulgare, zitiert Edward Said, der Erich Auerbach zitiert, der Hugo von St. Victor zitiert:

> »Von zartem Gemüt ist, wer seine Heimat süß findet, stark dagegen jener, dem jeder Boden Heimat ist, doch nur der ist vollkommen, dem die ganze Welt ein fremdes Land ist.«[36]

Es ist verblüffend, daß in der kurzen, aber intensiven Rezeption Michel Foucaults niemand den außerordentlichen Vorsprung desselben in dieser Richtung bemerkt hat. Sein Insistieren auf dem »Außen«, das sich im »kalten ethnologischen Blick« auf die eigene Gesellschaft manifestierte, hat hauptsächlich diesen Sinn, dem Fremden seine Irreduzibilität wiederzuverschaffen, den Selbstwiderspruch als Ausgang aus dem Verhängnis zu erproben und das Verstehen als Aneignung mit einem

Verstehen zu kontern, das sich notfalls selbst durchstreicht. So allein kann es zur äußersten Transparenz der Verstrickung kommen. Nirgends ist die Hölle vermeidbar. Epistemologie ist heute unmittelbar Politik. Foucault hat mit seiner »Genealogie« (ähnlich wie Derrida mit seiner »Dekonstruktion« und Adorno mit seiner »Negativen Dialektik«) eine Narbenschrift zu entziffern versucht, die Narbenschrift des Weltinnenraumes des europäischen Geistes. Foucault sah diesen Hang zur Selbstverschließung, diesen Automatismus der Reduktion, der bei der Neutralisierung aller Differenzen endet, diese Wut des Verstehens, die sich das Bedrohliche einverleibt, wenn es nicht abzuwehren ist. Er mußte deshalb auf die reine Äußerlichkeit setzen und das Fremde als Fremdes präferieren. In keinem Werk hat er dies so deutlich gewußt wie in der »Archäologie des Wissens«. Doch mußte er, um verdeutlichen zu können, gegen sich selbst polemisieren. Diese Nötigung stammt aus der unterschwelligen Einsicht in das »Paradox des todbringenden Verstehens«, todbringend auch für den, der versteht. Die Archäologie

»nimmt sich nicht zum Ziel, jenen flüchtigen Kern zu suchen, wo der Autor und das Werk ihre Identität austauschen; wo der Gedanke noch am nächsten bei sich bleibt, in der noch nicht entstellten Form des Selbst, und wo die Sprache sich noch nicht in der räumlichen und sukzessiven Dispersion des Diskurses entfaltet hat. Mit anderen Worten, sie versucht nicht das zu wiederholen, was gesagt worden ist, indem sie es in seiner Identität erreicht. Sie behauptet nicht, sich selbst in der uneindeutigen Bescheidenheit einer Lektüre auszulöschen, die das ferne, prekäre, fast verloschene Licht des Ursprungs in seiner Reinheit wiederkommen ließe. Sie ist nicht mehr und nicht weniger als eine erneute Schreibung: das heißt in der aufrecht erhaltenen Form der Äußerlichkeit eine regulierte Transformation dessen, was bereits geschrieben worden ist.«[37]

Mit anderen Worten: die Archäologie ist *nicht* Hermeneutik und doch will sie verstehen. Wer schreibt, will verstehen, und »wer den Mund aufmacht, will verstanden werden«. (Das mußte sich Derrida kürzlich von Gadamer sagen lassen.) Die Archäologie will verstehen, was fremd bleibt am Fremden. Diese innere Polemik gegen die große Engführung hat einige Maximen zur Konsequenz, die man bezeichnen kann: festzuhalten, wo immer es geht, an der Alterität; nie rechtbehalten zu wollen; zu wissen, daß es nur fremde Gedanken gibt; sich im Denken auszusetzen, auch ohne das Ende zu wissen; selbst solche Probleme, die den, der denkt, zu vernichten drohen, nicht auszulassen; mit einem Wort: gegen das Denken zu denken. Darin liegt eine Abrechnung mit der Hegelschen Prophetie, die Menschheit werde in der Selbstbefriedigung des Geistes enden. Zugleich ist ein Anfang gemacht, den Dissens zwischen Hermeneutik und Archäologie zu klären. Vielleicht kann das Selbstverständliche vergessen werden, wenn es gelingt, das »hartnäkkige Vergessen des Anfangs« (Foucault) zu erinnern. Archäologische Schreibung statt hermeneutische Reflexion: kein Verstehen, das aneignen will, löst den Knoten seines eigenen Gewordenseins und den der Vergänglichkeit von Reflexivität. Die heutzutage vielzitierte Superiorität und Souveränität der Selbstreflexion als Selbstreferenz gilt nur für Räume, nicht für die Zeit. Wenn nämlich alles abgearbeitet ist, was an Fassaden und anderem Aufputz den Anblick des Eigenen verschönt, dann bleibt in Europa ein rätselhaftes Kreuz übrig[38] – ein Kreuz, das zwischen dem Achsenkreuz der Geometer und dem von Golgotha heftig changiert. Dieses Signum der Immanenz: Mensch qua Erde, Einbildungskraft qua Gravitation könnte eine Anlaß zum Abschied vom Selbstverständlichen werden. Noch einmal Foucault, der nun seine Rede adressiert:

»Der Diskurs ist nicht das Leben: seine Zeit ist nicht die Eure; in ihm versöhnt Ihr Euch nicht mit dem Tode; es kann durchaus sein, daß Ihr Gott unter dem Gewicht all dessen, was Ihr gesagt habt, getötet habt. Denkt aber nicht, daß Ihr aus all dem, was ihr sagt, einen Menschen macht, der länger lebt als er.«[39]

# 2.
# Dissens als Dissens. Vom Ende der Unbescheidenheit

> »Spiele das Spiel. Gefährde die Arbeit noch mehr. Sei nicht die Hauptperson. Such die Gegenüberstellung. Aber sei absichtslos. Vermeide die Hintergedanken. Verschweige nichts. Sei weich und stark. Sei schlau, laß dich ein und verachte den Sieg. Beobachte nicht, prüfe nicht, sondern bleib geistesgegenwärtig bereit für die Zeichen. Sei erschütterbar.«
>
> (Peter Handke)

Die Unbescheidenheit wäre das Verharren im Weltmittelpunkt, wäre das Insistieren auf der Geste der Herrschaft noch über den Punkt der erwiesenen Ohnmacht hinaus, wäre die Identitätsfixierung in einer Zeit der zersplitterten Spiegel. Die Transparenz der Verstrickung nötigt dagegen unentwegt zu einer neuen Bescheidenheit, die dem Denken, dem Sprechen und dem Schreiben kaum auf Anhieb gelingt. Eines der erfolgreichsten Bücher der letzten Jahre, Umberto Ecos »Der Name der Rose«, bezeugt widerwillig dieses Ende der Unbescheidenheit. Die Geschichte, vom Zeichentheoretiker und Sprachwissenschaftler Eco konzipiert, erzählt sich von einem bestimmten Punkt an selbst, gegen die Hauptintentionen des Autors: die traditionell bevorzugte Erkenntnisart des neuzeitlichen Menschen, die objektivierende, wissenschaftlich-identifizierende, »detektivische« scheitert – nicht etwa an ihrer Unzulänglichkeit, sondern durch ihr Gelingen. Ein solches Exempel, daß die Aufklärung am Erfolg zugrunde geht, enthält die Essenz ihres Elends. Es wäre viel gewonnen, wenn dergleichen nicht mehr verdrängt werden müßte, sei es durch Verteidigung der Aufklärung, sei es durch eine forcierte Gegenaufklärung, die beide immer noch glauben, ihre Schäfchen ins Trockene bringen zu können. Draußen, im Freien zu sein, ohne die schützenden Burgen vergangener Herrlichkeit, muß nicht partout als Verlust oder Gewinn gebucht werden. Das Elend der Aufklärung enthält die Chance einer zeitlich suspendierten Wahrheit. Genau das meint die Formel vom »Dissens als Dissens«. Ein Differenz-Denken ist zu üben, das nach und nach – vielleicht – der faktischen Indifferenz der Verhältnisse gewachsen wäre. Es verzichtet auf Einheitlichkeit, auch auf eine verkappte; es macht die Vielfalt nicht zum Prinzip, sondern weiß sie als unumgängliches Resultat jeglichen Prinzipiendenkens; es ist gelassen bei Paradoxien; vor allem wird es nicht mehr vom Vorwurf des Selbstwiderspruchs angestachelt, denn was zu leisten ist, wäre ein mimetisches Doppelspiel, das auf die Agonie des Agonalen ungezwungen antwortet. Mit der Identitätsphilosophie stirbt die Konkurrenz. Deshalb wird der Streit verlängert; deshalb ist Auseinandersetzung immer im Sinne des Systems; deshalb wurde Kritik zu einer Fessel. Im Licht der zweiten Aufklärung betrachtet, entfallen aber die Ängste der Burgbewohner. Die Apokalypse, vor der die einen warnen und die die anderen zu beschreiben glauben, ist nämlich kupiert. Die Alternative, die sie läßt: entweder Katastrophe oder Posthistoire, beschreibt eine doppelte Unannehmbarkeit. Ihre wechselseitig verkeilten Sinnkonstrukte sind abzuschreiben. Das ist der »Sinn« einer Existenz im Sinnlosen. Es tut gut, hier bei Cioran in die Lehre zu gehen. Er hat es probiert. Seine Spuren legen einen der Wege fest, der gegangen werden muß. Er ist dem Konflikt ganz und gar abgewandt. Sein Denken ist konsensunfähig.

## 2.1 Die verlorene Unschuld des Denkens. Eine Anspielung Umberto Ecos

In der Nachschrift zum »Namen der Rose« steht zu lesen:

»Die postmoderne Antwort auf die Moderne besteht in der Einsicht und Anerkennung, daß die Vergangenheit, nachdem sie nun einmal nicht zerstört werden kann, da ihre Zerstörung zum Schweigen führt, auf eine neue Weise ins Auge gefaßt werden muß: mit Ironie, ohne Unschuld ... Ironie, metasprachliches Spiel, Maskerade hoch zwei. Weshalb es dann – wenn beim Modernen, wer das Spiel nicht verstand, es nur ablehnen konnte – beim Postmodernen auch möglich ist, das Spiel nicht zu verstehen und die Sache ernst zu nehmen.«[1]

Gewiß geht es weiter mit der Arbeit am Mythos, aber die spezifische Unmöglichkeit, ihn mit den Mitteln der Moderne loszuwerden, verlangt einen anderen Einsatz. Die verlorene Unschuld des Wissens, die Unentscheidbarkeit zwischen Theorie und Theater, das Subjekt als Maske (das ist die »Potenz« der Person), das Zulassen der Geschichte, die ihre Protagonisten vernichtet – all das führt Konsequenzen im Schilde, die nicht mehr mit der Abwehr eines Bewußtseins, das auf sich selbst hält, gezogen werden können. Dabei bleibt der Titel der »Postmoderne« eine Verlegenheit. Er klammert noch immer den bestrittenen Bezugspunkt fest. Der Streit aber wird nicht nach dem Muster der exklusiven Vernunft geführt werden, nicht frontal, sondern über die Nebenwege paradoxaler Einsprüche, von denen man nicht einmal weiß, ob sie ernst gemeint sind.

Umberto Eco hat dazu keine Streitschrift verfaßt, sondern einen Roman,[2] der zwar – wie sein Verfasser behauptet – nur aus Zitaten besteht, aber immerhin ein Szenario andeutet, über das auch der Schriftsteller nicht Herr ist. Der Roman bietet das Exempel einer Aufklärung, die durch Gelingen scheitert. Er heißt mit Bedacht »Der Name der Rose«. In solcher Differenz steckt schon das ganze Problem, das die Wissenschaften heute mit der Realität haben. Man ist dahintergekommen, daß es nichts auf sich hat mit den Gegenständen und daß man bestenfalls den Abdruck aufspürt, den die Erkenntnis bei ihrer Arbeit hinterlassen hat: statt der Dinge die Spuren, die Zeichen, die Namen – nicht der Dinge, sondern der Art sie zu sehen. Es ist, als ob im vergessenen Horizont einer produktiven Einbildungskraft die Träume vom Realen wiederentdeckt wurden und nun der Projektionsmechanismus, der für Gegenständlichkeit und Dinglichkeit verantwortlich gewesen ist, zum Thema Nummer Eins gemacht wird: das mythische Siebentagewerk der Schöpfung, in Relation gesetzt zur Erkenntnis dessen, was die Welt im Innersten zusammenhält. Auf dieser Folie erscheint auch die neuzeitliche Wissenschaft als »Mythos«. Es geht um die Wirklichkeit, wie sie am Ausgang des Mittelalters »erfunden« wurde; um die auf das erkennende Subjekt bezogene perspektivische Welt mit einem zunehmend toten, wesentlich zeitlosen Raum und einer linear beschleunigten, wesentlich raumlosen Zeit, die als a-priori Kategorien einer historischen Synthese der Einbildungskraft den Rahmen für alle kommende Forschung abgaben; um das Welt*bild* der Moderne, das dem menschlichen Verstand bis ins 20. Jahrhundert zum Tummelplatz seiner Triumphe werden sollte.

Die Grenzen der verstandesmäßigen Erkenntnis tauchen nun als die Grenzen der Wissenschaft in ihr selbst auf und stellen die paradoxe Forderung einer Selbstbegrenzung, die in den Metatheorien, Wissenschaftstheorien und Wissenschaftswissenschaften kursiert, ohne reflexiv eingelöst werden zu können. Umberto Eco verläßt solchen Leerlauf der Reflexion und überläßt sich der Narration, der Erzählung, einer Geschichte, die sich zuletzt selbst erzählt, allerdings mit dem

Suffix einer »umgekehrten« Schöpfung. »Der Name der Rose« ist ein apokalyptisches Siebentagewerk: die Geschichte der vergessenen Produktion der Welt als Bild kann offensichtlich nur unter der Bedingung des Weltuntergangs erzählt werden. Die wissenschaftliche Arbeit am Mythos läuft auf eine parodistische Inversion hinaus. Das Lachen kommt zu spät und bleibt den Beteiligten im Halse stecken. Gleichwohl bieten die Anfänge der neuzeitlichen Wissenschaft (und der durch sie späterhin monopolisierten Erkenntnis) im Europa des 14. Jahrhunderts einen beispielhaften Fokus, in dem die gegenwärtige Ratlosigkeit der Experten überzeichnet auftauchen kann. Die Opposition des aufgeklärten Verstandes (dem Ecos ganze Sympathie gilt) gegen einen dogmatisch verhärteten Fanatismus als Weltmacht reicht nicht hin, um das schreckliche Ende zu verhindern. Insofern ist Ecos Geschichte in der Tat ein Schlüsselroman, eine Spiegelgeschichte, in der sich der historische Anfang umgekehrt darstellt: die säkulare Aufklärung der Welt, die durch ihr Gelingen unbrauchbar wird und schließlich nicht einmal mehr dazu taugt, die mit ihrer Hilfe in Gang gesetzte Vernichtungsmaschinerie zu stoppen.

Das Werk, das eine derart gebrochene Kette von Botschaften transportiert, hat eine vergleichsweise einfache »story«. In einer Paraphrase des Klappentextes liest sie sich folgendermaßen:

Anno Domini 1327, letzte Novemberwoche, in einer reichen Cluniazenserabtei an den Hängen des Apennin: ein gelehrter Franziskaner aus England, William von Baskerville, kommt als Sonderbotschafter des Kaisers in delikater Mission. Er soll ein hochpolitisches Treffen zwischen der Ketzerei verdächtigen Minoriten und Abgesandten des Papstes, der damals in Avignon residiert, organisieren. Doch bald erweist sich sein Aufenthalt in der Abtei als apokalyptische Schreckenszeit: In sieben Tagen und Nächten – besonders in den Nächten – werden William und sein Gehilfe Adson von Melk, der die Geschichte im Alter niederschreiben wird, Zeugen der wundersamsten und für eine Abtei höchst befremdlichen Begebenheiten. Ein Mönch ist im Schweineblut-Bottich ertrunken, ein anderer aus dem Fenster gesprungen, weil er die Liebe eines Mitbruders nicht ertrug, ein dritter liegt tot im Badehaus. Gerüchte schwirren durch die Abtei, ein geheimnisvolles Buch scheint eine Hauptrolle zu spielen, und nicht nur der Abt hat etwas zu verbergen. Überall sind fromme Spurenverwischer am Werk. William, der früher Inquisitor war, aber diese Tätigkeit aufgab, weil es ihm zunehmend schwerer fiel, zwischen Orthodoxen und Häretikern *wirklich* zu unterscheiden, wird noch einmal vom Untersuchungsfieber gepackt. Weit mehr als der Streit zwischen Kaiser und Papst interessiert ihn die Entlarvung des Mörders. Er sammelt Indizien, entziffert verschlüsselte Manuskripte, kombiniert Zeichen, erforscht die als gespenstisches Labyrinth angelegte Bibliothek, zu der jeglicher Zutritt verboten ist, dringt immer tiefer ein in die verschachtelten Geheimnisse der Abtei, doch als er den Mörder schließlich findet, ist es zu spät. Dieser hat die Vernichtungsmaschinerie schon in Gang gesetzt, die vollautomatisch abläuft. Da die Welt keine Ordnung hat, zumindest nicht die des analytischen Verstandes, kann die Klärung des Falles nur scheinbar sein, jedenfalls nicht verhindern, daß trotz der Aufklärung (oder als ihre Folge?) am siebten Tag, wie geweissagt, der Antichrist kommt mit Feuer und Rauch, und »dank allzuviel Tugend siegen die Kräfte der Hölle«.

So spannend einfach die Inhaltsangabe klingt, so kompliziert sind die Ebenen des Geschehens angeordnet. Es finden dauernd Transformationen statt: der Detektivroman wechselt mit Exkursen zur Geschichte der Häresie; diese werden von Berichten über neue Erfindungen und wieder von mittelalterlichen Alltagsszenerien abgelöst; eine Liebesgeschichte ist eingesprengt, ein Inquisitionstribunal wird vorgeführt, eine Vision, in der es unmöglich ist, zwischen Christ und Antichrist zu unterscheiden, findet ihre literarische Auflösung. Dabei kommt einem das Geschehen außerordentlich bekannt vor: in den Spiegeln tauchen historische Protagonisten in mehrfach gebrochenen Perspektiven auf; Zitat nach Zitat kursiert; hieratische und banale Passagen wechseln; oft ist nicht klar, ob etwas ernstgemeint ist oder parodiert wird; das, was am meisten authentisch klingt, ist mit Sicherheit ein Klischee. Überhaupt sind der bibliophilen Neigung ganze Kapitel gewidmet, eines auch ihrer äußersten Zuspitzung, dem wortwörtlichen *Essen* des Buches der Bücher, das dem Weltuntergang, sprich: dem Untergang der Abtei unmittelbar vorausgeht.

Das leitet über zu der Geschichte, wie sie sich auf der Gegenseite des Klappentextes findet, also zu jenem posthistorischen Zusammenhang, der sich herausschält, wenn man das Buch gelesen hat: der Part des überlegenen Gegenspielers wird von einem bis zum Wahnsinn fanatischen, frommen Mönch gespielt. Verbarrikadiert im Innersten der labyrinthischen Bibliothek, in der wie in einem perversen Garten Eden das Lesen eines einzigen Buches (der zweiten Poetik des Aristoteles über das Lachen) verboten ist – und von daher das Lesen aller Bücher, wartet er wie eine Spinne darauf, daß ihm der Dektektiv und sein Assistent (und mit diesen der Leser) ins Netz gehen. Er kalkuliert völlig zutreffend; dieses Netz ist nicht etwa – wie die Aufklärung will – die Wirklichkeit des Verbrechens, das ein scharfer Verstand präzise rekonstruiert, sondern im Gegenteil genau die Logik des Scharfsinns, die den entlarvenden Blick der Detektive leitet. William von Baskerville und Adson von Melk verfangen sich in nichts anderem als in *der* Verstrickung, die in der vollendeten Aufklärung des Falles besteht. Alle Indizien erweisen sich als nichtssagend. In der Demaskierung des Täters vollstreckt sich die Tat: der Untergang einer Welt. Der Jubel über die endliche Transparenz der Dinge ist hoffnungslos unangemessen. Im Innersten der vielschichtigen Wirklichkeit wartet der Sprengstoff. Er hat die Gestalt eines leibhaftigen Willens zur Macht. Indem dieser Täter überführt wird, geht die Apokalypse los, das heißt: die Offenbarung, wie es wirklich steht mit der Welt.

Nun ist das, was hier Katastrophe, Apokalypse, Weltuntergang heißt, nur in analytischer Perspektive das absolute Ende.

Dem Aufbrechen des Verdrängten, dem Einbrechen des Außen korrespondiert ein Eintauchen in die vergessene Geschichte der Erde, wie es als Großereignis des 20. Jahrhunderts gerade heute in immer neuen Anläufen passiert. Die Geschichte, die sich selbst erzählt, hat hier ihren Einsatz. Nicht das Irrationale bricht auf, sondern das A-Logische, die Phantasie inmitten der Mathematik. In den Einschnitten zwischen den Ebenen des Romans öffnet sich der Blick auf ein endloses Murmeln der Diskurse, auf einen zunächst bedrohlichen Strom der Bilder, der etwas vom Feuer hat. Große Autoren des 20. Jahrhunderts konnten Zugang nur über die Parodie finden, indem sie das Feuer als kaltes Höllenlicht zuließen; einige haben es identifizierend versucht und sind schier verbrannt. Immer aber ging es um Anschluß an eine Geschichte, in der nur die fernste Herkunft die weiteste Zukunft verspricht, eine Geschichte, die von der Vergitterung der Uroffenbarung ebenso berichtet wie von der Vergessenheit des Seins, die die Introversion des Opfers ebenso erzählt wie die Verschiebung des Begehrens vom Imaginären zum Symbolischen. Unter Umständen ist es hier, in der Enge, möglich, einen Blick von der »Jenseite« der Dinge her auf das Ereignis der Apokalypse zu werfen. Dann könnte sichtbar werden, daß das Labyrinth, jenes unfreiwillige Resultat einer arbeitsteiligen Wissenschaft über Jahrhunderte, kein Ende ist, sondern ein Durchgang, eine uralte Signatur menschlicher Erfahrung, die Anfang und Ende bloß der alten

Welt und bloß der Neuzeit besiegelt, Anfang und Ende nur eines Zwischenkapitels der Geschichte: der menschlichen Unbescheidenheit.

## 2.2 Das Elend der Aufklärung. Diskursanalytische Reflexionen

Derart transparent ist das »Geschehen« in den theoretischen Debatten gegenwärtig keineswegs. Immer wieder verlarvt sich der Schmetterling kommender Erkenntnis, statt davonzufliegen, in eine unscheinbare Puppe, deren Wert durchaus bestritten wird. Die vielen Veranstaltungsreihen an Akademien, Universitäten und Volkshochschulen sind wie Ketten, an die das Thema gelegt werden soll. Von Zeit zu Zeit werden dann Dementis verbreitet, auf deren Wortlaut zu achten ist: »Es ist nicht wahr, daß die Aufklärung schon (!) am Ende ist . . .« [3] Die Diskussion um Aufklärung und Gegenaufklärung, um Moderne und Postmoderne lebt – das läßt sich unschwer behaupten – vom Dementi ihrer Wichtigkeit. Weit entfernt, daß das Problem, das sie antreibt, in ihr zum Austrag käme, wird es überlagert, verschoben und durch falsche Frontlinien depotenziert. Andererseits fällt auf, daß die Diskussion nun zunehmend von denen betrieben wird, die zunächst ihre Relevanz bestritten haben. Es sind die Verteidiger von Aufklärung und Moderne, die den frontalen Streit brauchen, ohne ihn führen zu können. Es hat den Anschein, als ginge es dabei um eine Neutralisierung durch Übertreibung. Damit verwickelt man sich jedoch immer mehr in Sachverhalte, die zuerst lässig beiseite geschoben werden sollten. Die daraus folgende Selbstfesselung durch unzulängliche Distanzierung ist aber ein Symptom, das der Aufklärung bedarf.

Wer also das Spielfeld von »Mythos und Moderne« [4] verlassen will, sollte am Ende die Regeln studieren, die allenthalben eine Gewöhnung an den Zwang zur Wiederholung, zur Wieder-Holung bewirkt haben, an den Zwang, immerzu das zu tun, was man nicht will. Was für einen Sinn kann eine Kontroverse haben, die offenbar nicht zur Sache kommt? Was bedeutet die Einrichtung von Lagern, die Abgrenzung von Fronten, die Definition von Blöcken auf dem Felde einer Erkenntnis, die von sich behauptet, jenseits der Lagermentalität, ohne Kriegsmaschinerie, fern jeder Arbeit mit Projektionen und Projektilen zu sein? – Im Banne dessen zu bleiben, von dem man sich gelöst zu haben glaubt, ist allerdings ein klassisches Muster der »Dialektik der Aufklärung«. Deshalb geht es in der laufenden Diskussion um nichts Geringeres als um die Ent-Stellung einer geschichtlich wirksamen Grund-Stellung der Menschen zur Welt und zueinander. Man weiß nicht, ob ein solches Ziel erreicht werden kann oder auch nur in Sicht bleibt.

Es ist die Position des Elends der Aufklärung, die ihre Verteidiger nicht wahrhaben wollen. Durch sich selbst vertrieben zu sein aus der Souveränität des Begreifens, nicht zu wissen, was man weiß, durch unzulängliches Licht ins Dunkel geraten zu sein, ist allerdings eine Fracht, eine Belastung, die zu Kurzschlüssen treibt. Vor allem wird dadurch verständlich, warum insbesondere die Moderne schön gefärbt werden muß, so daß weder ihre Vorder- noch ihre Rückseite wahrgenommen werden kann. Modern sein heißt aber, von Anfang an verzweifelt sein. Verzweiflung ist Spaltung in einer Figur. Sie bedeutet die Selbstüberwerfung des Subjekts, den zerreißenden Widerspruch der Sache, den inneren Graben, der nicht externalisiert werden kann. Wer in den Dokumenten und Monumenten der Kunst auch nur ein wenig zu lesen versteht, wird dieser internen Paradoxie, diesem »Herzzerreißenden der Dinge« allenthalben begegnen. Daraus auch ergibt sich das Verhängnis, dem mit der Konstruktion der Postmoderne gegenwärtig Ausdruck und Abhilfe verschafft werden soll. Zugespitzt kann der Stand der Dinge dreifach charakterisiert werden: Herrschaft ist Zerstörung; es gibt eine Thanatokratie der Vernunft; das gesellschaftlich wirksame Imaginäre erzeugt unaufhaltsamen Schwindel. – Dieses Resultat ist nicht gewollt. Es ergab sich als Effekt guter Absichten. Deshalb muß man – auch heute – dem »Guten«, vor allem jeglicher Rettungsabsicht, mißtrauen und sich auf das »Böse« verlassen, eine Maxime, die schon von der Kunst der Moderne gegen die Aufklärung geltend gemacht wurde (Bohrer).

Es ist vorgeschlagen worden, das »unvollendete Projekt« unvollendet zu lassen; und das geschah aus »gutem« Grunde; denn es ist ein Projekt, das vollenden will, das das Ende sucht. Dementgegen wäre die Postmoderne die »Einübung in das Nicht-Ende« (Derrida). Die Vollendung des Projekts der Moderne wäre die Katastrophe, vor der die Verteidiger der Aufklärung heute warnen. Dort, wo die »Voll-Endung« gelungen ist, gibt es bereits erste Rückschläge, die als Indizien gelten sollten: die Immanenz der Welt ist die Hölle; die hergestellten Dinge nehmen Rache am Hersteller; das natürliche Selbst, Traum aller Anthropologien, ist ein Todesemblem, »nature morte«. Auch das ist in den Kunstwerken der Gegenwart buchstäblicher Ausdruck, der nur übergangen werden kann, wenn man blind dafür ist. Immer häufiger reagieren die betroffenen Menschen in Depressionen, Totstellreflexen und unbewußten Selbstmordstrategien, die alles bisher Dagewesene überbieten. Statt diese Niederlage zuzugeben, wird Realitätsverleugnung getrieben und die eigene Wahrnehmung zugunsten des Bewußtseins, das die Identität liebt, abgeschaltet. Doch damit gerät man in Teufels Küche. Die exklusive Vernunft funktioniert heute theoretisch und praktisch und mittels flankierender Maßnahmen als Selbsteinmauerung.

Man kann einen Anfang machen mit diskursanalytischen Anstrengungen. Dabei fällt auf, wie »mittelalterlich« der Streit inzwischen ausfällt, wie sehr es nur noch auf Etikettierung und Liquidierung des vermeintlichen Gegners ankommt, wie die Diskussionsformen dem alten bürgerlichen Spiel von Einschluß und Ausschluß folgen, wie die neue Kirche der Vernunft sich Prediger zum Abkanzeln verpflichtet. Vertrackterweise wird am anderen jedoch nur das bemerkt, woran man selbst leidet. Das meiste ist potenzierte Spiegelfechterei. Die wenigen Ausnahmen nähren sich von der Differenzbeziehung zwischen Aufklärung und ästhetischer Moderne, wie sie in der europäischen Romantik begründet wurde. Hier liegt vor allem Stoff für interne Zerwürfnisse der Verteidiger. Die paradoxe Struktur der modernen Kunst ist nicht auf irgendeine Einseitigkeit zu verpflichten. Von ihr ging schließlich jener Vorlauf aus, der heute in einer »Ästhetik des Posthistoire«[5] für die unendliche Ausbreitung der Paradoxien sorgt.

Die genannte Differenzbeziehung verbleibt zwar innerhalb des Feldes »Mythos und Moderne«, ist aber subtilerweise sowohl ein Bruch als auch eine Brücke. Auf derart schwankender Grundlage kann mit Blick auf die »Neue Unübersichtlichkeit« (Habermas) eine besondere Finesse ausgebildet werden: die Einverleibung eines jeglichen Anderen, die unmerklich für sie selbst zur Ausscheidung wird. Eine Reihe von Diskurs-Formeln sorgt dafür, daß der Übergang schleichend ist. Man hört schon von ferne die Einwände, wie sie Ketten bilden: »Das ist nicht neu!« »Das greift zu kurz!« »Das ist unzulässig vereinfacht!« »Das ist unvollständig!« »Das ist widersprüchlich!« »Das ist gefährlich!« »Das ist unerträglich!« . . . womit man schließlich wieder bei der alten Übersichtlichkeit angekommen wäre.

Was für ein selbstverräterischer Term! Wo gab es dergleichen je!? Ist das mehr als Projekt-Nostalgie? Jedenfalls reicht sie nicht im entferntesten heran an die Tapferkeit des kleinen Mannes in Königsberg und an die Kraft, »das Tote zu ertragen« in jener Philosophie der Moderne, welche die Unerträglichkeit, die Gefahr und den Widerspruch geradezu suchte. Wer also kein Scheuklappen-Denken akzeptiert, muß für eine Erweiterung der Wahrnehmung plädieren, solange es noch geht. Das kollidiert mit liebgewordenen Gewohnheiten der Begriffs- und Theoriebildung. Das normale Bewußtsein ist, wie die darauf sitzende Wissenschaft, eine Abwehrmaschine. Insofern ist es notwendig, sich zur Not auch gegen die Bastionen des Wissenschaftsbetriebes, gegen die wissenschaftlich nicht mehr begründbaren Regeln der Intersubjektivität, der Widerspruchsfreiheit, der Seriosität zu wenden. Man muß gegen das Denken denken, tentativ. Solche Entgrenzungsversuche bedürfen einer potenzierten Aufklärung, einer spezifischen Zeitform der Erkenntnis, die nicht hinter durchschaute Zwänge zurückfällt und keine neuen produziert. Seit Nietzsche ist diese »zweite Aufklärung« fällig. Sie geht genealogisch mit der ersten um, nicht in Verteidigungsstellung, aber auch nicht in Angriffsposition. Überhaupt scheint die alte Polemologie, die es mit dem Krieg hielt, mit dem »Religionskrieg der Vernunft« (Treusch-Dieter)[6] ausgereizt zu sein. Das Agonale liegt heute trotz des gegenteiligen Scheins in Agonie. Statt dessen deutet sich da und dort ein Mut an, theoretisch andere Spiele zu spielen.

Die Aufklärung war und ist kein eingezäuntes Territorium, sondern eine Bewegung, die mit ihrem Wahlspruch »sapere aude!« immer diesseits und jenseits der Mauer der Vernunft sich aufhielt. Erst in Untreue zu dieser Tradition braucht das Denken Fluchtburgen. Diese simple Einsicht haben die Verteidiger der Aufklärung bei ihrem aktuellen Krieg gegen Feinde vergessen. Innerhalb der Mauern herrscht Angst und draußen vermutet man das Chaos. Die Ausfälle sind deshalb Scheingefechte. Feindberührung findet kaum statt. Die Abwehrrituale fixieren jedoch den, der Angst hat, an das, was er loswerden will. Sie stellen insgesamt eine Symptomatik dar, in der man sich durch Wahrnehmungsblockierung selbst fesselt und durch Abblendung der betreffenden Wirklichkeit am Denken hindert. So unterschlägt etwa die Denunzierung von Pathosformeln als »Kitsch« posthistorischer Gefühlskultur« (Bohrer), daß der Schatten, den die erste Aufklärung geworfen hat, nur durch eine Erfahrung aufgewogen werden konnte, die hauptsächlich Leiden war, die gewissermaßen die Qualität der Qual hatte. Wer das beiseite schiebt, hört bald nur noch hohle Phrasen. Gewiß ist das Pathetische peinlich. Das liegt in der Natur der Sache, die vernehmend zu erkennen einmal der Stolz vernünftiger und aufgeklärter Geister war. Doch heute gehen alle Tugenden der Aufklärung baden, wenn es um das »Andere« der Vernunft geht: wie »ärgerlich« für Kopffüßler in Redaktionsstuben sind doch die verzweifelten Seelen, die leidenden Körper, die niederen Sinne . . .

Vor allem ist es verblüffend, wie sehr die Verteidigung der Aufklärung diese retrospektiv erzeugt. Was nämlich als bedroht oder verraten oder verschwunden eingeklagt wird, hat es *so* nie gegeben. Aufklärung ist mehr als alles andere ein »work in progress«. Sie hat bestenfalls das Programm für generative Regeln eines Sprachspiels entworfen, an das sich die Mutigsten zu halten versuchten. Insofern steht Vernunftkritik zu Recht seit jeher im »genetivus obiectivus«. Kriterien der Vernunftkritik im Sinne der kritisierten Vernunft könnte es nur in einem geschlossenen System geben. Und es scheint, daß die Herren Verteidiger ebendies bewerkstelligen: Selbsteinweisung in ein Gefängnis der abgestorbenen Zeit. Da nützt es nichts mehr, den verwaisten Gerichtshof der Vernunft zu zitieren und ihm Textsorten vorzulegen mit der Bitte um höchstrichterliche Entscheidung, ob dergleichen für den wissenschaftlichen Verkehr zuzulassen sei. Da die Plätze verlassen sind, wirkt das Ganze wie ein satirisches Trauerspiel, insbesondere dann, wenn der Verteidiger auf dem Richterstuhl Platz nimmt, von wo aus er zugleich auch noch den Staatsanwalt mimen muß.

Man kann heute begreifen, daß diese Verteidigung schon die Niederlage ist, die zwar im Zwang endloser Wiederholungen immer noch bestritten wird. Das legt die Vermutung nahe, daß man einen der Hauptsätze der wissenschaftlichen Tradition korrigieren muß. Es hat, so betrachtet, überhaupt keine »Entzauberung der Welt durch Wissenschaft« (Max Weber) stattgefunden, bestenfalls eine Verschiebung des Problems. Der Zauber, den die erste Aufklärung durch Erkenntnis der Welt loswerden wollte, ist auf die erkennenden Subjekte übergegangen. Methodisches Denken ist, zumindest in der Form des Verteidigungskrieges, weitgehend radikalisiertes Zwangsverhalten; es ist verhext, mit einem Bann belegt und nur durch Rückwärtsbuchstabieren von Zauberformeln noch zu befreien. Um aus derart eingefahrenen Bahnen herauszukommen, muß man das bisherige Spielfeld verlassen und ein anderes Spiel anfangen. Dazu gehört das Studium der gängigen Spielregeln ebenso wie die entschiedene Konsequenz, nach dem Abschied anzufangen.

Die einzig gelungene Kritik der Moderne bestünde in einer gelungenen Kritik des Mythos und seiner imaginären Zwangsläufigkeiten.

Denn das vergangene Zeitalter der Vernunft hat dies nicht leisten können: es war, wie sich nachträglich herausstellt, auch nur ein Exempel des Imaginären. Es diente der Angstbeschwichtigung und dem Hang eines noch infantilen Menschen, geschlossene Welten zu ordnen. Es war – vielleicht – das Spiegelstadium der Menschheit (Lacan). Andererseits heißt das, daß Aufklärung als potenzierte weitergehen muß und kann. Der Mensch ist nicht partout »mythenpflichtig« (Marquard). Gäbe es nur die Schaukel zwischen Wahn und Vernunft, zwischen Mythos und Moderne, zwischen Irrationalität und Rationalität, würden die Verteidiger in ihrer Wut doch noch recht behalten. Statt dessen heißt die Devise: Kritik an beidem zugleich, was ein Denken erforderlich macht, das vor den Mythos zurück- und über die Moderne hinausgeht. Damit wäre dann auch die Frontlinie »Moderne versus Postmoderne« überholt. »Postmoderne« als Intensivierung der Unsicherheit, als Sprengung der Exklusion und »Posthistoire« als Mimesis des Todes, als Dehnung der Katastrophe sind nur Experimente eines anderen Spiels, das die Regeln umzukehren erlaubt. Dieses Spiel heißt zum Beispiel: Aufzuhören mit dem Ende (von Definition bis Terminologie), Verzicht auf Sicherheit durch Macht, Eingeständnis der Niederlage, Trauerarbeit über den Verlust der Unschuld des Denkens . . .

Der Vorwurf, daß die Vernunftkritik den »Zeitgeist eher symptomatisch zum Ausdruck als auf den Begriff bringt«[7], trifft zwar in der Sache zu, kann jedoch keinem Schuldigen angerechnet werden. Die Differenz von Ausdruck und Begriff ist die Signatur des geistigen Lebens gegenüber dem Tod. Ihre Einebnung wäre das Ende jeder Möglichkeit, von sich selbst je noch überrascht werden zu können. Hier liegt der Vorsprung der Phantasie, der nicht nur in den Künsten, sondern auch in der Philosophie und in den Wissenschaften geltend gemacht werden muß. Man muß Probleme aufsuchen, die ein Scheitern nach sich ziehen können, denen man nicht gewachsen ist. Nur dann ist man ihnen gewachsen. So heißt die Spielregel der Paradoxie. Deshalb ist das Ziel nicht mehr der Minimalkonsens, sondern der Dissens *als* Dissens. Das wäre »postmoderne Gerechtigkeit« (Lyotard). Sie zwingt einen dazu, sich auf beiden Seiten des Grabens aufzuhalten, den die exklusive Vernunft seit Jahrhunderten quer durch die Welt gelegt hat. Es geht nicht mehr um Frontlinien, sondern um zerrissene Felder auf der malträtierten Erde. Es geht um jene andere Stellung zum Anderen, die die »Welt als Bild« in Mythos und Moderne hinter sich läßt. Man muß aufhören, das Andere immer wieder und immer anders auf das Selbe zurückzuführen. Man achte auf die Reste, auf das, was nicht aufgeht. Dann mag auf der »anarchistischen Lichtung der Postmoderne« (Habermas) das irreduzible Eigene des Anderen wie ein vergessenes Antlitz erscheinen.

## 2.3 Agonie des Agonalen

Was wie ein Versagen aussieht, könnte sich als notwendige Entstellung entpuppen. Daß die Aufklärung bestenfalls in der Lage ist, eine Transparenz der Verstrickung hervorzubringen, die mittels der Aufklärung gerade nicht gelöst werden kann, muß nicht zu ihrem endgültigen Nachteil ausschlagen. Entstellung soll heißen: Revision der Grundstellung des Menschen zu den Dingen der Welt – als eines herrschaftlichen Subjekts, das diese Stellung nur mittels eines »Krieges«, sei es in Angriff, sei es – wie zuletzt – in Verteidigung behaupten kann. Diese Stellung hat tiefe Wurzeln und eine große Reichweite. Die Wurzeln reichen zurück in eine Zeit der feindlichen Umwelt, in der die Menschen um des puren Überlebens willen Lebensbedingungen akzeptierten, die sich historisch als außerordentlich verhängnisvoll erwiesen haben. Überlebensstrategien werden – so betrachtet – über kurz oder lang zu Todesmaschinen. Doch das Problem, das verheerend sich auswirkt, ist die Verspätung der Einsicht in solche »Dialektik«. Das Wissen des Verhängnisses kann sogar ausbleiben, was dann die Teufelskreise des Niedergangs wie Gefängnisse befestigt. Es sei zugestanden, daß eine große Schwierigkeit interveniert: historische Entscheidungen für anthropologische Normen treiben ihre Regeln bis in die Selbstverständlichkeiten des Alltags, des sozialen Handelns und der Umgangssprache vor. Das mag man am Terminus »Stellung« ermessen: das bestimmende Sprachspiel reicht vom »Vorstellen« übers »Herstellen« bis zum »Ausstellen«, vom »Standpunkt« über die »Selbständigkeit« bis zum »Verständigungs-Horizont«, vom »Angestellten« über die »Stellung des Menschen im Kosmos« bis zum »Stellungskrieg« usf. Die Skalen und Bögen sind unabschließbar. Immer jedoch bleibt ein Moment des Kriegerischen im Spiel: ein isoliertes Subjekt gegenüber einer feindlichen Welt unter dem Anspruch der Dominanz. Selbst wo sie ausdrücklich als Spiel gemeint ist, bleibt die Figur bestimmend. Auch der Wettkampf ist ein Kampf. Das Agonale basiert auf dem Willen zur Herrschaft. Der Herr ist letztendlich Herr über Leben und Tod.

Gesetzt nun, dieses Prinzip der Herrschaft, das sich in überwältigender Stellung äußert, gerät selbst in Agonie; was würde geschehen? Eine Aufregung ohnegleichen müßte sich einstellen: eine Hektik von Information und Dementi und dementiertem Dementi und desinformativer Information, schließlich die Konfusion (bzw. die »Neue Unübersichtlichkeit«). Diese Konfusion kann – wenn sie eintritt, und sie ist inzwischen Dauergast in allen Hochburgen der Szene – nicht bewältigt werden. Denn das, was bewältigen könnte, liegt im Sterben. Dennoch ruft man weiterhin nach dem »allmächtigen Herrn«. Nicht erst seit gestern, sondern seit über hundert Jahren wird die Agonie des Agonalen fast ausschließlich agonal bewältigt. Immer krasser erweitert sich die Diskrepanz von krisenhafter Symptomatik und Krisenmanagement, weil mit stereotyper Grundsätzlichkeit zur Lösung der Probleme genau die Mittel eingesetzt werden, die für ihr Entstehen verantwortlich sind. Dieser Teufelskreis deutet – noch einmal – die innere und äußere Konsistenz des Gefüges an, indem eine Anthropologie auf ein Weltbild paßt und ein Weltbild auf eine Anthropologie. Die Agonie des Agonalen aber bereitet beiden Seiten das Ende. Die Entstellung der Stellung des Menschen streicht die Gleichung von Mensch und Welt und läßt die Differenzen groß werden, die für ein kommendes Denken und Handeln das Ausgangsmaterial bieten. Es gibt keine Prophetie, die schlüssig die neue Gestalt beschreiben würde, die den Menschen bevorsteht. Noch dauert der Abhang der Negation, der »Abschreibung«, der Tilgung. Aber es ist schon viel, wenn nicht weiterhin repariert und der Menschheit bis in subtilste Regungen die Figur des Krieges als »natürlich« eingeredet wird. Trotz waffenstarrender Frontlinien, trotz weltweiter »Völkerverständigung« durch Sport, trotz unentwegter Konkurrenz, vor allem auf den Geländen der Wissenschaft, kann heute zum ersten Mal der Umriß eines nicht-agonalen Menschentyps am verstellten Horizont ausgemacht werden.

Dem Motto von Handke entsprechend, entfallen alle hochgespielten Tugenden eines selbstkontrollierten Selbst. Das vornehmliche Handeln ist nun ein Leiden, das erschütterbar bleibt. Siegesverachtend werden die Züge der instrumentellen Vernunft – seien es auch solche des Ausdrucks – suspendiert. Geistesgegenwart ist nicht mehr Wille zur Macht, sondern Wahrnehmung des Kontextes, »Sinn« für die Szene aus dem Blickwinkel von Nebenpersonen, Zeichenkompetenz in der Spur der Zeichen, Anfälligkeit durch die Dinge. Entscheidend aber ist die Beziehung zum Irdischen, das nun kein Vorwand mehr sein kann.

Die Bevorzugung des Überirdischen durch den »Herrn« wird nach und nach auf allen Ebenen der Bedeutung zur entscheidenden Diskriminante eines »falschen« Lebens. Sie ist blanker Ausdruck des Zynismus, der tiefsten Verachtung für das, was ist. Gegen sie wendet sich die »Rache der Dinge«, diese härteste Unversöhnlichkeit, die es gibt. Was hier vorgeht, läßt schon lange keine Wahl mehr. Insofern ist die Alternative von Zerstören oder Bewahren eine Fehlanzeige. Das Geschehen spielt sich auf der Seite des Objekts ab, das noch eine Rechnung zu begleichen hat. Es ist subjektlos bis auf die Knochen.

Im Herbst 1985 erschien eine Sondernummer der Zeitschrift »Merkur«, die den hier gemeinten Sachverhalt thematisierte und im Entscheidenden verfehlte. Bohrers Einleitung »Erinnerung an die Zerstörungsmetapher« ist dafür ein angestrengtes Beispiel. Der Kampf zwischen »ästhetischer Moderne«, die immer destruktiv gewesen sei, und einer »Gefühlskultur des Posthistoire«, die ihr Heil in der Rettung dessen suche, was noch zu retten sei, verdeckt die beschriebene Agonie genau bis zur Unsichtbarkeit.

»Der Ruf nach Erhaltung des guten Alten ist so frenetisch geworden, daß man sich über der Verdammung des Bauhaus-Erbes ziemlich schnell auf das kleine Glück im Winkel einigte: Das Ornament ist kein Verbrechen mehr, eher das Fragment. Eine etwas vage pazifistische Denkungsart unterstützt diese ideologisch verschiedenen, im Effekt aber zusammenkommenden Absagen an die Metapher der Zerstörung. Diese Tendenz zeigt sich am Beispiel einer neuartigen apokalyptischen Warnungsprosa, einer populistischen ›Denk‹-Schule oder besser gesagt: Gefühlskultur des Posthistoire, die die ›Zerstörung der Erde‹ mit der verquasten Nachdenklichkeit einer evangelischen Akademiesitzung zum banalen Argument gegen die Moderne macht.

Nun scheint es allerdings abseitig, unter apokalyptischen Bedingungen die fruchtbare Apokalypse zu denken. Nunmehr gilt wohl der Satz Rilkes wieder: ›Wer spricht vom Siegen? Überstehn ist alles‹. Bevor man sich vor solcher drükkenden Evidenz indes zur evangelischen Einkehr zwingen läßt, erinnere man folgendes Faktum: die Moderne hat selbst seit ihrer Genesis jeweils am Ende ihrer Jahrhunderte die Katastrophen- und Endzeitwarnung formuliert: 1789 – 1900 – 1985. Die derzeit noch so raffiniert ausgetüftelte Stimmung des Endes der Geschichte ist nicht neuartig, sondern deutbar geworden als die Wiederholung einer europäischen Allegorese von ›Schwellenzeit‹. Dieser Allegorese mit methodischer Ataraxie zu begegnen, ist also nicht notwendigerweise Zeichen von Zynismus, sondern Ausdruck einer historischen Skepsis, die schlimm genug sein mag. Vielleicht spricht die Allogerese von 1985 ja endlich wahr, und der Blick zurück auf das Zerstörungspotential der Epoche zwischen der Französischen Revolution und den Surrealisten ist nicht bloß nostalgisch, sondern die frivole Fortsetzung der Katastrophe der Moderne, die endlich zu beendigen ist, solange man noch Zeit dazu hat.« [8]

Abgesehen vom hüpfenden Gang der Argumente wird die Zweideutigkeit der Situation zum Ausdruck, wenn auch nicht auf den Begriff gebracht: die Rede vom Posthistoire – sagt Bohrer – ist Nonsens; die Moderne ist katastrophale Geschichte; der vage Pazifismus der neuesten Rettungsversuche ist ebenso verquast wie banal; die Endzeitgeschichte muß beendet werden, ehe sie sich zerstört. Insofern hier Widersprüchliches steht, ist der strikten Ambivalenz jeder Tatsachenbehauptung Rechnung getragen; trotzdem ist die behauptete Alternative »falsch«, sowohl in Hinsicht der Verteilung der Lasten als auch mit Blick auf die Unterschlagung der weitgehend unbewußten Seite. Es ist doch keineswegs so, daß in gesellschaftlichen Angelegenheiten solcher Dimension die Absicht oder der gezielte Wille regiert, daß man also dem als »ekelhaft« empfundenen Bewahrenwollen nur ein »diabolisch gewürztes« Strategiekonzept entgegenstellen müßte. Außerdem weiß niemand heute, was sich morgen als Zerstörung oder als Rettung auswirken wird. Das Böse-Sein-Wollen, jenes luziferische Programm, das Bohrer reformuliert, hat etwas Angestrengtes und Rührendes zugleich. – Das Problem liegt also tiefer. Es liegt dort, wo der erklärte Wille obsessiv dem Gegenteil folgt: es nicht zu wollen, aber es dennoch zu tun; es zu wollen, aber es dennoch nicht zu tun. Das ist das Signum der neuesten Geschichte, die immer noch Heilsgeschichte ist.

## 2.4 Die kupierte Apokalypse: Katastrophe oder Posthistoire

»Kupierte Apokalypse« [9] soll heißen: Ende der Welt *ohne* neuen Anfang, katastrophischer Untergang der Zivilisation *ohne* den Aufgang eines »Himmlischen Jerusalem«, Jüngster Tag und Weltgericht *ohne* die Auferstehung der Toten. Die falsche Alternative »Katastrophe oder Posthistoire« soll heißen: *entweder* Eschatologie, d. h. Lehre von den letzten Dingen, die auf Realisierung drängt, *oder* das Erschlaffen der geschichtlichen Bewegung in einem »état final«, der eine fundamentale Veränderung der Gesellschaft nicht mehr erlaubt, also *entweder* die Vernichtung der Welt und der Menschheit in einem selbstverfertigten

Weltuntergang *oder* die Stagnation des Lebens, die todesähnliche Erstarrung, die Kristallisation, die endlose Langeweile einer substanzlosen Zeit.

Es ist noch einmal zu betonen, daß beide Seiten der Alternative *nicht* akzeptabel sind, obwohl gegenwärtig keine dritte Möglichkeit in Sicht ist. Insofern geht es um ein strenges »Entweder-Oder«. Aber man muß heute lernen, sich zwischen zwei Unmöglichkeiten zu bewegen. Vielleicht ist es hilfreich, genauer zu begreifen, was zu einer derart ausweglosen Lage geführt hat. Deshalb soll im folgenden Herkunft und Muster der Apokalypse, die imaginäre Eschatologie, den Weltuntergang als Bild auf der einen Seite und die näheren Bestimmungen des Posthistoire, die Perfektion der fortgeschrittenen Geschichte, die Stillstellung der Dialektik im Paradox auf der anderen Seite ausführlicher gestellt werden. Das bedeutet zugleich, die Frage in der Schwebe zu lassen, ob ein Ende mit Schrecken einem Schrecken ohne Ende vorzuziehen sei oder umgekehrt. Nur so, in der Distanz zum Naheliegenden, lassen sich Gründe aufspüren, die über den Verlust der Ewigkeit, das Abschneiden und Ausbrennen einer fundamentalen Zeiterfahrung der Menschheit Auskunft geben könnten. – Zunächst seien einige Vorbemerkungen und Fragen notiert, die den Horizont europäischer Geschichtsspekulationen abstecken.

Das apokalyptische Denken hält an einer tiefen Korrespondenz zwischen der Erfahrung des einzelnen Menschen und dem Schicksal der Menschheit fest. Das betrifft insbesondere die Entsprechung von Tod und Weltuntergang. – Ist eine Entklammerung dieser Korrespondenz möglich? Läßt sich, einzeln und allgemein, ein Leben führen ohne die räumliche Metapher des Bogens, die den Menschen wahrscheinlich über den tagtäglichen »Lauf der Sonne« eingeprägt wurde? – Es ist neuerdings durch die Zeitläufte selbst immer deutlicher herausgearbeitet worden, daß die europäischen Geschichtskonzeptionen durch Katastrophen begrenzt, d. h. definiert sind. Die Schöpfungsmythen erzählen von einer Katastrophe am Anfang, wie die Apokalypse eine Katastrophe am Ende prophezeit. – Was hat dieses Ende mit jenem Anfang zu tun? Ist eine Sprengung des imaginären Rahmens überhaupt möglich? Kann man durch Denken vor den Mythos zurück und über die Moderne hinaus? – Die Kupierung der Apokalypse müßte logischerweise zu ihrer Depotenzierung und Entmachtung führen.

Dergleichen ist jedoch keineswegs zu beobachten, im Gegenteil: die Menschen handeln blindlings so, als ob sie die Vorschriften der »Geheimen Offenbarung« nun – nach dem »Tode Gottes« und nach dem »Verlust der Ewigkeit« – erst recht vollstrecken müßten. – Gibt es einen Todeswunsch der Menschheit? Und für welche Schuld wäre dergleichen die Strafe? Liegt vielleicht ein prä-historisches Trauma vor, das phantasmatisch: in Mythen und Apokalypsen nur schlecht verwunden wurde?

Entgegen der posthistorischen Strategie, die Angst durch Vergessen, d. h. genauer durch ein Vergessen des Vergessens außer Kraft zu setzen, scheint nur eine noch gründlichere Erinnerung an das »Préhistoire« der Menschheit weiterzuhelfen. Die neueste, »mediale« Abstraktion vom Materiellen der Welt bereitet offenbar eine leere Stelle im Kontext der Überlieferung vor, die selbst von der Faszination des Ästhetischen nicht mehr verdeckt werden kann. – Wenn aber das Imaginäre eine Art Narbe darstellt, aus der unzulängliche Vorstellungen über Anfang, Verlauf und Ende der Geschichte wucherten und wuchern, könnte dann die Entdeckung der Wunde den Zauber der Bilder neutralisieren? Wäre dann eine »Abschreibung« der Heilsgeschichte zwischen dem Sündenfall Adams und der »Parusie«, der Wiederkunft Christi in den Wolken möglich? Gäbe es dann ein Leben der Menschen ohne Schuld und Erlösung, ohne Mangel und Fülle, ohne das, was der Fall ist? –

Die Fragen laufen weit voraus. Sie machen ernst mit der Absicht, ein anderes Spiel zu beginnen. Sie nähern sich den Spiegeln, die den Horizont der Geschichte umstellen, und lassen sich darin nicht reflektieren. Sie versuchen hindurchzugehen, wohl wissend, daß die Abschirmungen nur Vor-Wände sind.

Andererseits spielen sie Notwendigkeiten an: die Codierung des Imaginären muß entschlüsselt sein, bevor die Einbildungskraft ihre Wirkungen entfalten kann. Das heißt – immer wieder – Studium der Ketten, Fesseln und Stricke, mit denen die menschliche Erkenntnis sich historisch selbst unter Zwang gesetzt hat. Dazu gehören – was erst neuerdings mit Gewalt zu Bewußtsein kommt – fundamental die Apokalypse und ihre säkularisierten Derivate. Apokalypse heißt Enthüllung, Offenbarung einer bis dahin verborgenen Wahrheit, meist durch die genaue Umkehrung des Augenscheins. Es geht dabei um das Ende einer Epoche, eines Zeitalters, einer Weltzeit, das sich im Zusammenbruch der Kosmologie manifestiert: Ende der Geschichte als kosmische Katastrophe. Im Unterschied zur Prophetie, die realpolitische Ereignisse betreffen will, bedient sich die Apokalypse einer Rätselsprache mit starken Bildern. Sie verlangt nach Hermeneutik, nach der Kunst der Auslegung, die wiederum ein geheimes Wissen voraussetzt. Man kann also davon ausgehen, daß apokalyptisches Denken Experten-Sache ist, d. h. nicht nur am Schreibtisch entworfen, sondern auch dort entschlüsselt wird.

Hochkonjunktur hatte die Apokalyptik[10] zwischen 300 vor Christi Geburt und 300 nach Christi Geburt. Sie verband Judentum und Christentum, konnte sich jedoch auch auf babylonische, iranische, ägyptische und hellenistische Traditionen beziehen. Es gibt kanonisierte Apokalypsen im Alten und im Neuen Testament (z. B. das Buch Daniel, die »Geheime Offenbarung« Johannes'), das meiste blieb jedoch apokryph (z. B. das 4. Buch Esra, die Sibyllinischen Orakel, das Buch Henoch, eine Petrus-Apokalypse). Ihre historischen Wirkungen entfaltete die apokalyptische Literatur mit den millenaristischen und chiliastischen Bewegungen, die eine bemerkenswerte Affinität zu den großen Jahreszahlen der Zeitrechnung haben, also um das Jahr 1000 und um das Jahr 1500 viel Zulauf bekamen. Und gewiß hat ihre neue Konjunktur mit der bevorstehenden Jahrtausendwende zu tun. Es sind nur noch 14 Jahre.

Das Muster der »Offenbarung« besteht (Klaus Koch zufolge[11]) aus mindestens fünf Momenten: 1. es herrscht Endzeit, d. h. das Ende der Zeit oder der Zeiten steht unmittelbar bevor; 2. es findet ein Weltgericht statt, das über Gut und Böse endgültig entscheidet; 3. auch die Toten, alle gestorbenen Menschen sind an diesem Jüngsten Gericht beteiligt; 4. der Menschen-Sohn erscheint wieder, in den Wolken, vom Himmel herab, in überwältigendem Glanz; 5. das Reich Gottes bricht von außen herein und bringt, nachdem der Entscheidungskampf zwischen Engel und Satan entschieden, der Fürst dieser Welt entthront und das Fundament seiner Herrschaft, d. h. die ganze Erde ruiniert ist, eine verlorene, überirdische Ordnung zurück: das Paradies.

Der prekäre Punkt der Apokalypse ist der des Endes der Welt, besonders dann, wenn seine Verzögerung konzediert und erklärt werden muß. Deshalb sehen sich alle einschlägigen Schriften genötigt, mittels zwischengeschobener Ereignisse ein Programm des Wartens zu konstituieren und eine imaginäre Eschatologie auszubilden. Es wäre wichtig, die historischen Umstände für die Herausbildung dieses »Katechon« besser kennenzulernen. Die apokalyptischen Visionen werden in eine »Lehre von den letzten Dingen« transformiert, weil das End-Ereignis ausbleibt. In gewisser Weise ist die christliche Konzeption von Geschichte eine derart aufgeschobene Apokalypse, bei der die Erwartung der Wiederkunft Christi auf immer längere Zeiträume gespannt werden mußte. Rudolf Bultmann[12] hat konzediert, daß diese Eschatologie die »Mutter« der christlichen Theologie und diese Theologie wiederum die »Mutter« des europäischen Geschichtsdenkens wurde.

Die Frage, wie lange man warten kann, ohne das Ziel aus den Augen zu verlieren und nach und nach zu vergessen, hängt auf vertrackte Weise mit der anderen Frage zusammen, warum man noch warten soll, wenn es möglich ist, das Ende zu machen. Hier liegt die Brisanz des Themas. Der Bewegung der Verlangsamung des Wartens scheint neuerdings eine Beschleunigung entgegenzuwirken, die – in geradezu imaginärer Obsession – immer schneller auf den Punkt des machbaren Weltuntergangs kommt. Das Neue ist die mögliche Herstellung der Apokalypse, auf die man bisher vergeblich gewartet hat. Noch ist dieses Ende der Welt ein Phantasma, aber eines, das einen maßlosen Sog bewirkt: wenn es zum Beispiel technisch möglich wäre, als Zuschauer unbehelligt zu bleiben, würde sich fast niemand diesen letzten Augenblick entgehen lassen. Man kann also eine Linie von der Apokalypse der Zeitenwende über die Endzeiterwartung der verschiedenen Chiliasmen bis zum Szenario einer Technokratie des Weltuntergangs ausziehen, die sich trotz aller Brüche durch Säkularisationen und Aufklärungen kontinuierlich erhält. Dieses Kontinuum ist der Clou einer Logik des Imaginären.

Das Posthistoire – hier wird bewußt gegen die genaue Übertragung verstoßen; wie sollte man sich aber dazu entschließen, dasjenige »weiblich« zu nennen, das von sich her jede Differenz, auch den Geschlechtsunterschied auslöscht? – *das* Posthistoire,[13] als Begriff vom Cournot-Schüler Bouglé 1905 in Anlehnung an »Prähistoire« eingeführt, stellt kein geschichtsphilosophisches, sondern ein soziologisches Konzept dar und meint jenen gesellschaftlichen Zustand des Vergessens bzw. des Nichtmehr-Wartens, den die Apokalyptiker am meisten von allen Seelenhaltungen gefürchtet haben. Es geht um den »état final« der fortgeschrittenen Gesellschaft, die all ihre Spannungen im Prinzip aufgelöst hat, sie bestenfalls noch simuliert, um Gewohnheiten beibehalten zu können. Darin kommt ein alter Soziologen-Traum zum Tragen, der von Comte bis Gehlen derselbe ist: jegliches Potential zur Revolution ist entweder kanalisiert, organisiert, bürokratisiert oder erschöpft; die Gesellschaft funktioniert präzise wie eine Maschine, nicht trotz, sondern wegen der Störungen, die gewinnbringend umgesetzt werden; die Krise – in historischer Zeit Ansatzpunkt für soziale Bewegungen, auch für die Soziologie selbst – ist institutionell auf Dauer gestellt und neutralisiert längst jede Form von Kritik; das Programm der Perfektibilität der Verhältnisse ist zur Perfektion der Planung geronnen; die Verlangsamung der geschichtlichen Dynamik wird strategisch zum Stillstand gebracht. Alles ist in »Schönheit« und »Glück« getaucht; wer von etwas anderem redet, ist Schwarzseher, Finsterling, Pessimist, mit einem Wort: Apokalyptiker.

Das Posthistoire kann somit als ein Gegenteil der Apokalypse gelten: was bei dieser durch Offenbarung in Erscheinung tritt, verschwindet bei jenem durch Zerstreuung und Vergessen; so hochdramatisch diese sich inszeniert, so langweilig und spannungslos fällt jenes aus; während die Eschatologie von der Eskalation der Katastrophen berichtet und sie immer wieder in Erinnerung ruft, hält das Posthistoire es mit der Routine, die Neues nur zuläßt, wenn es aus dem Fundus des Uralten stammt, und die auf Innovation jeglicher Art das Mittel der paradoxen Neutralisierung anwendet. Eine wirkliche Veränderung, heißt das, wird entweder durch Diskriminierung oder durch Erfolg erledigt.

Die philosophische und wissenschaftliche Bezeugung des Posthistoire reicht von Cournot über Hendrik de Man, Roderick Seidenberg, Arnold Gehlen bis zur neuesten Rezeption des französischen Strukturalismus bei Lyotard, Serres und Baudrillard. [14] Auch hier gibt es eine gewisse Eskalation, nämlich eine der Ernüchterung der Wahrnehmung und der Rücknahme projektiver Diffamierung. Hatte z. B. Alexandre Kojève in seiner »Introduction à la lecture de Hegel«, die für die Hegel-Renaissance in Frankreich (nach dem 2. Weltkrieg) entscheidend war, noch mit großen Worten das unkatastrophische Verschwinden der Menschen von der Bildfläche der Geschichte beklagt, so konstatiert z. B. Jean Baudrillard in seinen letzten Aufsätzen (»Les strategies fatales«), [15] fast klaglos im »état final« der historisch fortgeschrittensten Gesellschaften ein Aufhören des Sozialen und der Soziologie.

Es soll hier nicht verschwiegen werden, daß eine solche Fassung des gegenwärtigen Zustandes immer noch als äußerste Provokation verstanden wird. Und in der Tat erspart einem die Weigerung, so etwas wie »Nach-Geschichte« zu akzeptieren, die Wahrnehmung der Falle, in die jeder Versuch, die Zeit in Gedanken zu erfassen, zur Zeit gerät: gemeint ist die strenge Alternative zwischen Katastrophe und Posthistoire.

Die Pointe liegt nämlich in der Gleichzeitigkeit der beiden einander tendenziell ausschließenden Hypothesen zum »Stand der Dinge«: es herrscht ebenso Beschleunigung wie Verlangsamung, Produktionswahn und Schwundzauber, Bemächtigung der Welt bis zur Vernichtung des Anderen und Entzug aller Substitute bis zum referentiellen Objekt, unterschwelliger Haß auf alles, was ist, und ein Projekt der Schonung, das sich als »Ästhetik« versteht und in seltsamen Todesbildern manifestiert. Es gibt auch eigenartig konturierte Kombinationen und eine Front, an der sich beide Hypothesen auf das »Ende« mehr oder weniger heftig auseinandersetzen, umsonst. Insofern ist es an dieser Stelle leicht möglich, daß alles durcheinandergerät. Man kann aber die beiden Seiten der Alternative erst ablehnen, wenn man sie hinreichend unterschieden und ihre Verbohrtheit ineinander durchschaut hat. Danach ist es Zeit, auf die weit vorlaufenden Fragen noch einmal zurückzukommen. Sie können jetzt in Zusammenhang gebracht werden. Zu ihrer Fokussierung soll ein einschlägiges Zitat als »Brennglas« dienen. Es stammt von Gilles Deleuze und steht im Vorwort zur französischen Ausgabe einer englischen Auseinandersetzung mit der Johannes-Apokalypse. Es handelt sich dabei um das letzte Werk von David Herbert Lawrence, Bergarbeitersohn, mystischer Materialist, Schriftsteller, das erst auf dem Totenbett zwischen Blutstürzen abgeschlossen wurde und einen Ausweg aus der Gewalt einer visionären Vollendung der Geschichte in der Moderne suchte:

»Die Modernität der Apokalypse liegt nicht in den angekündigten Katastrophen, sondern in der programmierten Selbstverherrlichung, der ruhmvollen Errichtung des Neuen Jerusalem, der wahnsinnigen Errichtung einer letzten juridischen und moralischen Herrschaft. Architektonischer Terror des Neuen Jerusalem mit seiner Festungsmauer, seiner gläsernen Prachtstraße, ›*und die Stadt bedarf weder der Sonne, noch des Mondes, um zu leuchten . . ., und nichts Besudeltes wird dort eintreten, sondern allein diejenigen, die im Buch des Lebens des Lamms verzeichnet sind*‹. Unfreiwillig überredet uns die Apokalypse, daß das Schrecklichste nicht der Antichrist sei, sondern jene neue Stadt, die dem Himmel entstiegen ist, die heilige Stadt, ›*bereit, wie eine Braut, die für ihren Gatten geschmückt ist*‹. Jeder halbwegs vernünftige Leser der Apokalypse fühlt sich schon im Schwefelsee.« [16]

Deleuze, der Lawrence zitiert, der Johannes zitiert, glaubt nicht an überirdische Bedeutungen. Für ihn ist die kupierte Apokalypse definitiv. Alles geschieht buchstäblich im Diesseits. Es gibt kein Leben nach dem Tod. Deshalb muß mit dem vermeintlichen Ursprung der Geschichte aus der Schuld ebenso Schluß gemacht werden wie mit dem

Warten auf das Heil. Herrschaft und Herrlichkeit vermögen kein einziges menschliches Problem mehr zu lösen. Es scheint, daß eine solche Rigorosität als Wegweiser jenen Frage-Richtungen dienen könnte, die fürs Weiterdenken noch einmal formelhaft zusammengestellt werden:

- Trotz des Trends zur Entdramatisierung, zur Kleinschreibung der Absichten, zur Ironie der Betroffenheit sollte man an der Korrespondenz von individueller Erfahrung und Menschheitsgeschick vorläufig festhalten. Nur so läßt sich überhaupt konstatieren, daß die Apokalypse kupiert ist. Durch die Bombe und ihre Vernichtungswirkung ist die Menschheit zusammengefaßt, wenn auch bisher nur sub specie ihres Untergangs.
- Wer vor den Mythos zurück will, um über die Moderne hinauszugelangen, darf nicht einfach eine andere Geschichte erzählen. Es käme vielmehr darauf an, die Schrift der Materie, die vorgängigen abstrakten Figuren des Gedächtnisses der Menschheit, wie sie im menschlichen Körper konserviert sind, neu lesen zu lernen. Die Sprengung des Kontinuums des Imaginären gelingt nur mittels einer körpernahen Einbildungskraft.
- Gesetzt, es gäbe einen Todeswunsch der Menschheit, dann müßte dessen Vorgeschichte auch an den Mythen, obwohl sie dergleichen verhüllen, rekonstruierbar sein. Die Kupierung der Apokalypse hätte dann ihre Entsprechung im »Weglassen« einer traumatisierenden Vorgeschichte noch der mythenstiftenden Phantasie. Man sollte die Möglichkeit erwägen, durch den Bildschirm der Angst hindurch den Ursprung der Menschheit anders zu beschreiben.
- Jedenfalls ist die herrschende Vorstellung der Zeit, der »Bogen« von Morgen nach Abend, wegen der damit verbundenen Explosivkraft und der bereits nachweislichen immensen Zerstörungen der Erde – man denke nur an die »höllischen« Konsequenzen der europäischen Paradies-Suche – abzulösen. Nur wenn die imaginäre Obsession der Geschichte: der geschlossene Raum der Einen Geschichte des Wartens verlassen werden kann, gibt es noch Zukunft. [17]

## 2.5 Ciorans Spuren

Beim Versuch, die verkeilten »Enden« der Alternative von katastrophischer Geschichte und Posthistoire *zugleich* zu distanzieren, ist allerdings ein Zeitgenosse weitergegangen als alle: E. M. Cioran. Für ihn ist die Zukunftslosigkeit eine ausgemachte Sache, aber die Enttäuschungen haben von beiden Seiten her einen Grad an Luzidität erreicht, daß kein herkömmliches Konzept einer Konsequenz mehr ausreicht, weder das Verstummen, noch der Selbstmord, weder der Lebensersatz durch Schreiben, noch der Ruhm über den Tod hinaus. Schlußzumachen mit dem Ende heißt für Cioran, eine Existenz ohne Trost, ohne Sinn zu »führen« – und dennoch freundlich zu bleiben. Wie aber schafft er es, daß die Leere der Welt, die seiner hochgespannten Erwartung nicht antwortete, bedrängend bleibt? Wie hält er die Enttäuschungen frisch, so daß keine Gewöhnung gelingt? Wie ist es ihm möglich, trotz aller Bücher, Sätze und Worte über die Verzweiflung nicht bis zum Ende zu verzweifeln? – Vermutlich liegen die Gründe in seiner Schlaflosigkeit, die es erlaubt, auch der Ausweglosigkeit noch einen Rausch zu entlocken.

Wenn die Moderne einen Prozeß darstellt, den die Menschheit sich selbst macht, dann ist Cioran einer der wichtigsten Belastungszeugen. Die Spuren, die sich durch seine Bücher ziehen, konvergieren dabei in einem Punkt, der gegenwärtig nicht eingenommen werden kann. Insofern die Anklage noch kein Ohr erreicht, sind seine Gedanken unerhört. Er vertritt nur sich selbst, ohne jedoch darauf zu insistieren. Er bevorzugt ein nicht-argumentatives Schreiben, in das diskursive Momente eingelassen sind. Er verfolgt die Tendenz, sich in Wut und Trauer zunehmend zu verknappen. Seine Stärke ist das Ein-Satz-Fragment. Ohne Exponent einer Richtung zu sein, faßt er alle Schlüsselfiguren der Debatte um Moderne und Postmoderne, um Geschichte und Posthistoire zusammen, einzig aus der Radikalität, der strukturellen Leere der Zeit durch die permanente Destruktion unzulänglicher »Erfüllungen« zu entsprechen. Sein Thema ist von Anfang an die »Logik des Zerfalls«, die keinen metatheoretischen Halt hat. Weder die Utopie als Zielbahnhof des Fortschritts noch das goldene Zeitalter als Bergstation des Niedergangs nimmt er in Anspruch; einzig das durchschaute Schicksal interessiert ihn.

»Ein unerbittliches Gesetz schlägt und lenkt Gesellschaften und Zivilisationen. Wenn die Vergangenheit aus Mangel an Lebenskraft Bankrott macht, nützt es nichts, sich an sie zu klammern. Und dennoch ist es diese Treue zu veralteten Lebensformen, zu verlorenen und schlechten Sachen, die an den Verwünschungen eines Maistre und eines Bonald bewegt. An den Verheißungen der Utopie scheint alles bewundernswert und ist alles falsch; an den Feststellungen der Reaktionäre ist alles verabscheuenswert und scheint alles wahr.« [18]

Diese Passage aus einem Essay über das »reaktionäre Denken« macht klar, wie wenig Cioran an der Erträglichkeit seiner »Wahrheiten« interessiert ist. Sein Denken ist immer dort situiert, wo es der Vernichtung ausgesetzt ist. Er sucht geradezu die Gefährdung. Was nicht das Versprechen einer Nichtigkeitserklärung an sich hat, läßt ihn kalt. Ein frühes »Glaubensbekenntnis« meint die »unwiderlegbare Enttäuschung«:

»Alles läuft auf sie hinaus, speist und festigt sie. Weise und unanfechtbar, krönt sie Geschehen, Gefühle, Gedanken. Kein Augenblick, der sie nicht bestätigte, kein Elan, der sie nicht hervorhöbe, keine Überlegung, die sie nicht bekräftigte. Eine Gottheit, deren Reich keine Grenzen hat, mächtiger als die ihr zu Diensten stehende und sie verherrlichende Fatalität, ist sie das Vereinende zwischen dem Leben und dem Tod: sie bringt sie zusammen, verschmilzt sie und nährt sich von ihnen. Neben ihrer Beweisführung nehmen sich die Wissenschaften wie lauter Grillen und Schrullen aus. Nichts vermag die Heftigkeit ihrer Abneigungen zu mindern: welche in einem Frühling der Axiome erblühte Wahrheit kann es mit ihrem visionären Dogmatismus, mit ihrer stolzen Unvernunft aufnehmen? Kein noch so jugendliches Temperament, nicht einmal der gestörte Geist hält ihre Gewißheiten aus – einstimmig verkünden Weisheit und Irrsinn die Triumphe, die sie feiert. Vor ihrer lückenlosen Gewalt, ihrer unumschränkten Souveränität beugen sich unsere Knie: anfangs wird sie von allem ignoriert, zuletzt unterwirft sich ihr alles. Kein Tun, das ihr nicht zu entrinnen suchte; keines, das nicht zu ihr zurückkehrte. Sie hat das letzte Wort hienieden, sie allein enttäuscht nie ...« [19]

Es wäre verfehlt – und eigentlich nur noch lächerlich – hier auf dem Prinzip der Widerspruchsfreiheit, der Nachvollziehbarkeit, der Nützlichkeit zu bestehen. Der Diskurs der Vernunft ist, Cioran gegenüber, unmaßgeblich, auch der einer kommunikativen ... Denn was sich der Autor solcher Gedanken, die ihm den Boden entziehen und die Übersicht nehmen, einhandelt, ist eine Einsamkeit, die keine Ausflucht mehr zuläßt. Das Leid, das in solcher Erfahrung steckt, ist nicht wiedergutzumachen:

»Denn alle, die auf ihre bisherigen Trümmer zurückblicken, bilden sich ein, es stehe in ihrer Macht, ein von Grund auf Neues zu beginnen, um dergestalt künftig Zusammenbrüche zu vermeiden. Sie legen ein feierliches Gelübde ab und warten auf ein Wunder, das sie aus dem Abgrund der Mittelmäßigkeit, in den ihr Geschick sie gestürzt hat, wieder emporhebe. Doch nichts geschieht. Alle bleiben sie die gleichen, nur ein wenig gewandelt durch die Überbetonung der Verfallssucht, von der sie gezeichnet sind. Rings um uns her erblicken wir nichts als verkümmerte Inspirationen und Leidenschaften: ein jeglicher berechtigt zu jeglicher Hoffnung, aber ein jeglicher wird vom Leben darüber belehrt, wie kurzatmig sein göttlicher Funke ist und wie sehr es dem Leben selbst an Genialität gebricht. Das Genuine einer Existenz liegt in ihrem eigenen Untergang. Die Blütezeit unseres Werdens: ein dem Anschein nach ruhmreicher Weg, der in ein Scheitern einmündet. Die Entfaltung unserer Gaben: Tarnung unseres Krebsgeschwürs ... Ein Frühling der Aase jubiliert unter der Sonne, und die Schönheit selber ist nichts als der Tod, der sich in den Knospen spreizt ...«[20]

Man könnte probeweise annehmen, daß die Spuren Ciorans vom Ende der Utopie her zwingend zu einer Permanenz der Gnosis führen müßten. Es gibt auch reflexive Bezüge zu Bogumilen, Katharern und anderen Häretikern, welche die *»verfehlte Schöpfung«* [21] zum Anlaß eines umgekehrten Lebens nahmen. Dennoch ist diese Nähe nicht ausschlaggebend. Weder das »Unglück«, geboren zu sein, noch das »verfluchte Ich«, weder die Unannehmbarkeit der historischen Existenz, noch die Unerträglichkeit des Paradieses haben Cioran genötigt aufzuhören. Der »Sinn« in diesem Experiment, von einem zweiten Futur aus die Sinnlosigkeit der Geschichte zu beschreiben, wie wenn sie perfekt sei und jeder die Durchsichtigkeit des ihn betreffenden Geschicks schon wahrgenommen habe, könnte im Erreichen der Peripetie liegen. Denn der Punkt der Umkehr wird immer von denen erreicht, die selbst nicht umkehren werden. Radikale Diesseitigkeit, die bevorsteht, muß alle Kategorien der Hinterwelt hinter sich lassen. Die Negation der paradiesischen Langeweile und des selbstgewissen Zwecks historischer Händel, wie Cioran sie betreibt, ist ein Abbau der Mauern des Imaginären, die von der europäischen Tradition als Fundamente errichtet wurden. Gewährsleute bei diesem Abbruchunternehmen sind ihm die großen Skeptiker, die Ernüchterten der Philosophiegeschichte; gegen Systematiker und andere Fanatiker ist er mitleidlos; auch Nietzsche und seine prophetische Ader mag er nicht, statt dessen Marc Aurel; für das Negativprofil Pascals hat er etwas übrig; er ist unerbittlich als Kritiker des menschlichen Größenwahns und seiner Metamorphosen, obwohl er sich gelegentlich luziferischer Gelüste zeiht. Er tut alles, um inkommensurabel zu sein. Er handelt hauptsächlich vom Ende der Unbescheidenheit. [22]

»Als ein ununterbrochenes Ungleichgewicht, als ein Sein, das unablässig auseinanderfällt, ist die Zeit an sich ein Drama, dessen hervorragendste Episode die Geschichte ist. Ist die Geschichte im Grunde etwas anders als ebenfalls ein Ungleichgewicht, ein rasches, intensives Auseinanderfallen der Zeit selbst, ein Hasten zu einem Werden, wo nichts mehr wird?

Ebenso wie die Theologen mit vollem Recht von unserer Epoche als von einer nach-christlichen sprechen, wird man eines Tages von dem Glück und dem Unglück sprechen, mitten in der Nach-Geschichte zu leben. Man möchte trotz allem diesen endzeitlichen Erfolg erleben, bei dem man der Aufeinanderfolge der Generationen und dem Auflodern der Zukunft entkommen wird und wo die endlich mit sich selbst identische Existenz auf der Ruine der geschichtlichen Zeit wieder das geworden sein wird, was sie war, bevor sie sich in Geschichte verwandelte. Die geschichtliche Zeit ist so gespannt, daß es nicht recht einzusehen ist, wie sie nicht zerplatzten könnte. In jedem ihrer Momente macht sie den Eindruck, daß sie im Begriff ist, zu zerbrechen. Es ist möglich, daß sich das Unglück weniger rasch ereignet, als wir hoffen. Aber es ist ausgeschlossen, daß es nicht passiert. Und erst danach, nachdem es geschehen ist, werden die Begünstigten, die Genießer der Nach-Geschichte wissen, wie Geschichte beschaffen war. ›Von jetzt an wird es keine Ereignisse mehr geben!‹ werden sie schreien. Ein Kapitel, das merkwürdigste in der kosmischen Entwicklung, wird so abgeschlossen sein. Es versteht sich von selbst, daß ein solcher Schrei nur unter dem Schutz eines unvollkommenen Unheils vorstellbar ist. Ein vollkommener Erfolg würde eine radikale Vereinfachung nach sich ziehen, nämlich die Abschaffung der *Zukunft*. Bruchlose Katastrophen sind selten: das sollte die Ungeduldigen, die Fiebernden, die Freunde großer Gelegenheiten beruhigen, obgleich in diesem Fall Resignation unerläßlich ist. Nicht jedermann war es gegeben, die Sintflut aus der Nähe zu betrachten. Man stelle sich die Stimmung jener vor, die es geahnt haben und nicht lange genug lebten, um dem Schauspiel beiwohnen zu können.«[23]

# 3.
# Je tiefer im Imaginären, desto näher am Realen. Über Kunst als Erkenntnis

»Il fallait boire, Narcisse, et ne pas te mirer.«
(René Char)

Drei Gedankengänge, die auf den ersten Blick nichts miteinander zu tun haben, werden im folgenden verflochten: erstens Hegels These vom Ende der Kunst und eine ihrer kritischen Resonanzen, zweitens die Konzeption des Narzißmus bei Jacques Lacan, die das spannende Exempel einer historischen Anthropologie bietet, drittens Peter Sloterdijks Forderung, es käme jetzt – da man die Welt lange genug verändert habe – darauf an, sie zu verschonen. Kunst als Erkenntnis arbeitet abstrakt-mimetisch gegen die Abstraktion und stellt die Spur dieser Arbeit dar. Ihr Ende ist seit langem ihr Thema und so dauert sie, Hegel zum Trotz, indem sie die Philosophie überlebt und auch für deren Absterben noch einen Ausdruck findet. Das liegt möglicherweise daran, daß sie sich dem gegenwärtigen Überfluß des Imaginären in der Gesellschaft anders stellt als die Anstrengung des Begriffs dieses vermöchte, getreu dem Wahlspruch, den Asger Jorn formulierte: »Kunst ist das, was man nicht kann.«[1] Sie bleibt durch Scheitern lebendig, nicht durch Erfolg. Den starken Tendenzen einer Entmaterialisierung der Verhältnisse entgegen hält sie am Material, an der Körperschrift der Schmerzen, an den »Zeichen als Narben« fest, was der »Erlösung des Nicht-Identischen vom Identitätszwang des Begriffs« (wie Adorno schrieb)[2] immerhin eine Chance läßt.

Der Titel »Je tiefer im Imaginären, desto näher am Realen« ist die einfache Umkehrung eines Satzes von Jacques Lacan. Dieser hatte gewarnt: Für die Menschen als sprechende Wesen gebe es keine direkte Beziehung zum Realen, sondern nur die stellvertretende, indirekte »symbolische Ordnung«. Um sich aus den herrschenden Zwängen des Imaginären der Selbstverkennung des Subjekts und seiner wahnhaften Objekte zu befreien, könne nur das Symbolische helfen: »Je näher am Realen, desto tiefer im Imaginären«. Ohne den hilfreichen Hinweis Lacans zu bestreiten, wird hier für ein Denken plädiert, das mit dem Mut der Verzweiflung die Provokation annimmt, die in einem grassierenden gesellschaftlichen Narzißmus liegt. In gewisser Weise kommt die Warnung, sich dem Realen zu nähern, zu spät. Dafür sind die kursierende Hochschätzung der Bilder, die unaufhaltsame Ästhetisierung der gesamten Lebenswelt der Menschen und ein manifest werdender Todeswunsch die deutlichsten Indizien. Die herkömmliche Aufklärung durch eine exklusive Vernunft kann diese Provokation heute weniger denn je bestehen. Deshalb bedarf es kombinierter Erkenntnisverfahren unter Anleitung der Einbildungskraft. Möge das geflochtene Muster der drei Gedankengänge keinen alten Zopf ergeben: Gegen das Imaginäre hilft nur eine über sich selbst aufgeklärte Imagination.

## 3.1 Ausdruck und Begriff

In Rücksicht auf die Kunst als Erkenntnis kann der Begriff nicht das letzte sein. Aber was ist am Ausdruck Erkenntnis? Selbst wenn man einen inzwischen uneinholbaren Vorsprung der Expression und die prinzipielle Nachträglichkeit des Begreifens annimmt, muß eine Spur begrifflicher Erfahrung auch am unbewußten Ausdruck haften. Dieser subtilen Spur einer »doppeldeutigen Mimesis« gilt es zu folgen, denn das Problem der Erkenntnis heute ist das gleitende Zum-Bild-Werden der Welt, noch unterhalb der Schwelle des Bewußtseins. Das »alte« Realitätsprinzip der Gesellschaft hört auf, maßgeblich zu sein. Die Folgen dieses Einbruchs sind noch nicht absehbar. Auch ist noch keineswegs klar, wer dergleichen betreibt und warum. Vielleicht handelt es sich um einen Rückschlag, den die Betroffenen durch eine inadäquate Reaktion – wie so oft – verstärken statt abzumildern. Dadurch aber geraten die erprobten Oppositionen (auch die von Ausdruck und Begriff) durcheinander. Verwirrung tritt allenthalben auf den Plan.

Jedenfalls spielt ein Kopfscheu-Werden der Philosophie und der Sozialwissenschaften mit, eine Art Selbstverschließung ihrer gängigen Verfahren und Methoden der Erkenntnisgewinnung. Ein Symptom dieser Abwehrhaltung mit Umkehreffekt ist die »neue Unübersichtlichkeit« (Habermas).[3] Die Diskrepanz von Wahrnehmung und Bewußtsein wächst. Das (nicht nur kunstgeschichtlich relevante) Pendel zwischen Expressivität und Rationalität schlägt heute deutlich in Richtung des Ausdrucks. Deshalb kommen die nicht-theoretischen Erfahrungen, die wahrnehmungs- und ausdrucksnäher arbeiten, zwangsläufig in eine günstigere Position. Sie können genauer darstellen, was heute geschieht – insbesondere die Kunst.

Je weniger begriffen wird, desto mehr »macht sich deutlich«, »zeichnet sich ab«, »führt sich vor«, »stellt sich aus« . . . doch für welches Auge und welches Ohr? Die Menschen in der Verwirrung ihres Handelns, Fühlens und Denkens senden – für wen? – unentwegt Signale und Botschaften aus, ohne daß sie selbst dergleichen begreifen könnten. So findet – bis hin zum Kitsch – inzwischen alles seinen Ausdruck, sogar die Begriffsstutzigkeit eines wahrnehmungsunfähigen Begreifens. Einiges von dem, was sich derart am Rande des Möglichen ausdrückt, ist unüberbietbar – und kann deshalb, wie es geschieht, ohne Umschweife zur »Kunst« erklärt werden. Hier wird einfach ein Vorsprung genutzt. Das Unfreiwillig-Aufschlußreiche gerade der extremen Zustände eines rettungslos abgeschirmten Bewußtseins ist enorm. Das ist die Quelle der Realsatire, die noch unerschöpflich zu sein scheint: Schauspieler, zum Beispiel, die – während sie spielen – fest an sich selbst glauben und so andere anstecken; Lügner, die nicht mehr wissen, daß sie lügen, so sehr lügt »es« durch sie hindurch; Kommentatoren, die in langen Textelaboraten – obwohl alles »stimmt« – nichts mehr sagen usw. usw.. Figuren eines »hergestellten Authentischen«, dessen Genese getilgt wurde, eines »referenzlosen Fiktiven«, das wegen seiner harten Indifferenz unaufgeklärt bleibt, eines »sinnlosen Geschwätzes«, das für ein volles Sprechen endgültig unerreichbar ist, sind allerdings Menetekel einer Erfahrung, die zu ihrem Ende geht. Noch lassen sich zwar die genannten Tendenzen unter bestimmten Umständen »wahrnehmen«, »lesen«, »interpretieren«. Doch werden bereits die Zeichen ihres Verlöschens sichtbar. Bevor also die Extreme eines begriffslosen Ausdrucks und einer ausdruckslosen Begrifflichkeit ineinanderstürzen, sollte man gegen die genannte Ästhetisierung, die das Schwinden des Realen und seiner Differenzen beschleunigt, eine »Ästhetik des Verschwindens« [4] stellen, die nur eine kleine Verrücktheit der Wahrnehmung an sich hat, aber gerade deshalb den torkelnden Verhältnissen die notwendige Mimesis nicht schuldig bleiben muß.

## 3.2 Ästhetik des Verschwindens

Man muß nicht beim Extremen bleiben. Schon auf einer mittleren Linie gibt es erhebliche Schwierigkeiten, den implosiven Vorgängen beim

Verlust traditioneller Realitätskonstrukte überhaupt standzuhalten. Bei der Identifikation betreffender Phänomene der »Simulation« scheint der theoretische Rahmen, der das Bewußtsein dominiert, die Wahrnehmung dessen, was sich zeigt, zu verhindern. Sogar die Differenz von Ausdruck und Begriff, die Unterscheidung von Wahrnehmung und Bewußtsein macht den Theoretikern inzwischen Angst und wird mit nicht unerheblichem Aufwand theoretisch geleugnet. Es ist so, als ob das Selbst des Selbstbewußtseins mit allen Mitteln gegen Irritationen verteidigt, als ob das Subjekt der Erkenntnis – obwohl es längst »Sujet«, das heißt das Unterworfene ist – um jeden Preis hochgehalten werden müßte. Gegen eine solche Pathologie der Erkenntnis, die gegen das Leiden wäre, ergeben sich zwei Desiderata: einmal die Forderung einer Theorie der »self-destroying-prophecy«, die der Entmaterialisierung der Verhältnisse und der Macht einer Bilderwelt ohne Sinn gewachsen wäre, zum anderen die Forderung einer Theorie der neuerdings wieder archaischen Realitätsgenerierung, die eben ohne den Widerstand des Materiellen immer besser in Schwung kommt. Implosion von Phantasie und Wirklichkeit heißt nämlich zweierlei: alles wird durch und durch phantastisch, alles wird völlig wirklich, differenzlos positiv. Wie die beiden Seiten der bekannten Medaille verweist das eine auf das andere und umgekehrt: das Fiktive wurde realisiert, das Reale ist fiktiv geworden; beide durchdringen einander in abstrakter Allgemeinheit und bringen sich damit um das jeweils Spezifische. Platt, ohne Hintergrund, Tiefe, Vielfalt gerät jedes Ereignis ebenso phantastisch wie wirklich; hier endet die Szene mit ihren dramatischen Fundamenten und dahinter wird das Obszöne mächtig, das nur noch ist und nichts mehr bedeutet.

Es handelt sich um die Effekte eines gewalttätigen Eingriffs in das Leben der Menschen, und zwar um eines der letzten Kapitel einer inzwischen global mächtigen Vergesellschaftung durch Abstraktion. Dabei konnte die Maschinerie der Mittel offenbar so weit vordringen, daß der Ersatz der »ersten« durch eine »zweite Natur« einschließlich des Löschens der Spuren vollendet ist. Der erwartete Umschlag ist eingetreten: nichts erinnert mehr an die Wirksamkeit der Vermittlung; Unmittelbarkeit gibt es weiterhin, aber ausschließlich von Gnaden der Medien; Natur ist ein Satellit des »absoluten Kunstwerks« der Gesellschaft. Wahrheit rangiert nur noch im Schatten einer ubiquitären und orbitalen Simulation.

Im verkappten Kern des gesellschaftlichen Betriebs wirtschaftet ein

Regisseur, der längst einem wahnsinnigen Artisten ähnlicher sieht als einem vernünftig-maßvollen Ökonomen. Darin deutet sich ein Abschied vom historisch wirksamen Selbstverständnis des Bürgertums an. Die entstehende Referenzlosigkeit der Phantastik korrespondiert aber mit historisch präparierten Bedürfnissen. Die Spätfolgen säkularer Bilderverbote bilden gleichsam einen Sog, der genau der Arbeit der Traumfabriken entspricht. Die Kulturindustrie kann heute mit breiter Bereitwilligkeit kollaborieren. Das ist die Stunde der Medien. Ihr Rätsel besteht in der Reflexionslosigkeit: sie sind in dem, was sie vermitteln, untergegangen und machen es dennoch vollständig aus. Das Medium, das die Botschaft ist, kann innerhalb desselben nicht empfangen werden. Aus der Ferne betrachtet erscheinen die Signale als eine Art Pausenzeichen, das die Wartezeit vor dem entscheidenden Ereignis überbrückt. Die Welt als Bild drängt nämlich auf den Weltuntergang als Bild. Die Apokalypse ist – als nur noch imaginäre – umstandslos die Katastrophe.

Paradoxerweise gipfelt die Vergesellschaftung durch Abstraktion in der Existenz gegeneinander völlig isolierter Individuen, die in einer tendenziell totalen Immanenz wie in einem Gefängnis vegetieren. Pascals Satz, daß die Menschen sub specie der Phantasie wie Sträflinge in einer Zelle sind, die erfüllt ist von Bildern ihrer Erlösung, hat sich auf schauerliche Weise bewahrheitet. Weit davon entfernt, einem freien Lauf zu folgen, unterliegt die Imagination nun strengen Gesetzen. An den inneren Grenzen des *»homo clausus«* (Elias)[5] herrscht Bildfolter. Das Imaginäre für sich ist ein Zwangszusammenhang, der den Verlust einer jeglichen Realität des Anderen bedeutet. So betrachtet ist der Streit, was nach dem Tode Gottes sei, entschieden. Entgegen dem Gerücht von »anything goes«, das dem Posthistoire vorausläuft, heißt es: nichts ist erlaubt, alles unterliegt formelhaften Schematismen, auch die Emanzipationsbewegungen verlaufen in festen Bahnen.

Angesichts solcher Prozesse des Zerfalls, der Auszehrung, des Schwindens des Realen wäre eine »rettende Kritik« verloren. Auch Dekonstruktionen sind nur ein Anfang. Was nötig wäre, ist eine »Mimesis« der genannten Prozesse, die sich nicht dumm machen läßt, weder durch ihre Gegner noch durch sich selbst. Sie müßte die Auflösung an sich wiederholen, ohne sich an ihr aufzulösen. Daraus folgt das Übergewicht des Leidens heute. Wahrnehmung ist Überwältigung durch die Dinge, erlittener Zerfall, aber auch Erlernen der Bescheidenheit, Kleinwerden, Verschwinden – ist Einbildungskraft, in die bis zur Ohnmacht die Zeichen der Zeit »eingebildet« werden. Wenn man trotzdem versucht, der Intervention eines »Dritten« jenseits von Realität und Fiktion Genüge zu tun, müssen seine Hieroglyphen – bevor sie dechiffriert werden können – wahrgenommen werden. Und das kann nur gegen den Terror des entschiedenen Sinns gelingen, mit einem Sensorium für das, was nicht aufgeht, weder in der Immanenz des Imaginären, noch in der Positivität des Wirklichen. So betrachtet erweist sich die gemeinte »Ästhetik des Verschwindens« keineswegs als Affirmation, sondern – möglicherweise – als letzte Zärtlichkeit für das Andere der Dinge und der Menschen.

Was das heißt, mag mittels einer kurzen Erinnerung an den Stand des Problems deutlich werden. Jener theoretisch schwer erträgliche Zustand einer Überkreuzung von Realität und Fiktion hat zu vielfältigen Versuchen geführt, die alte Differenz zu rekonstruieren.[6] Es müsse doch möglich sein – so wurde und wird argumentiert –, Wirklichkeit und Einbildung, Wirklichkeit und Wahn, Wirklichkeit und Illusion wie bisher auseinanderzuhalten. Man dürfe dem Sog der Fusion nicht nachgeben, wenn weiterhin die reale und die fiktive Welt bestehen bleiben sollen. Rettung des Realen bedeutet immer auch Rettung des Fiktiven und umgekehrt. Bei den Rekonstruktionsbemühungen, die meist historisch vorgehen, spielt die Annahme einer gespaltenen Phantasie eine wichtige Rolle. Irgendwie korrespondiert diese Differenz mit der Chance, eine »gute« und eine »schlechte« Wirklichkeit überhaupt unterscheiden zu können. Modellfall der Unterscheidung ist dabei die »reproduktive« und die »produktive« Einbildungskraft: erstere schließe das Mögliche mit dem Wirklichen kurz und sorge für den Kreislauf der Gewohnheit; letztere dagegen gebe dem Möglichkeitssinn die Chance der Intervention: aus den Träumen könne eine neue Welt innerhalb der alten entstehen.

Ungeachtet der Frage, ob eine solche Verschränkung zweier Differenzen an Ereignissen der Geschichte wirklich verifiziert werden kann, fällt auf, daß die Phantasie hier als Agent der Produktion gedacht wird. Geradezu paradigmatisch gilt das Vermögen der Bilder als »Produktivkraft«: Sie sei in der Lage »hervorzutreiben«, »sichtbar zu machen«, »vorzuführen«, »zum Vorschein zu bringen« . . . (und was der entsprechenden Metaphern mehr sind). In Analogie zur göttlichen Schöpferkraft, die, indem sie denkt, hervorbringt, fällt von daher den Menschen qua Einbildungskraft die Aufgabe zu, ihre Welt im Bilde zu »erschaffen«. So betrachtet, wäre dann der Künstler der eigentliche

Produzent, der letzte freie Unternehmer, der seine Phantasie als Brennstoff im Stoffwechsel des Universums gewinnbringend einsetzt. Obwohl diese Vision vom schöpfergleichen Genie keineswegs zwingend ist, konnte sie sich derart etablieren, daß jede andere Perspektive es schwer hat. Vor allem muß man sich hüten, eine Kontradiktion zu verfertigen. Ein Strich durch die Metaphern der Produktion bedeutet nicht einfach das Gegenteil, nicht Destruktion, Vergeudung, Erlöschen, sondern – vielleicht – »Verschwinden«. Wer das Produktivkraft-Konzept der Imagination mit seinen Überbietungsritualen konterkarieren will, könnte es mit einer mimetischen »Logik des Zerfalls« (Adorno)[7] halten, wie sie bisher nur in Ansätzen vorliegt.

Es ist gewiß kein Zufall, daß der größte Theoretiker der produktiven Überbietung, Hegel, vom Verschwinden als von einer »Furie« sprach. Das markiert die Frontlinie genau: die »andere« Wahrnehmung müßte die Hegelsche Dialektik leerlaufen lassen. Sie hätte an den Punkten einzusetzen, die für keine dialektische Bewegung brauchbar waren, die dem triumphalen Gang der Weltgeschichte fremd geblieben sind, die das Licht der Erscheinung nie erblickt haben. Derart entschieden und zur »Meditation des Schreckens« bereit, könnte die Ästhetik des Verschwindens auf die Furie desselben antworten. Sie wäre verbündet mit den tiefsten Quellen der Imagination: mit der Körperschrift der Schmerzen vom Anbeginn der Welt.

Gesucht wird ein Negativ, das nicht nachträglich das bestätigt, was es negiert: eine Phantasie, welche die schwarzen Löcher der Erfahrung freiläßt und die leeren Stellen der Wirklichkeit und der Fiktion »toleriert«. Eine Logik, die damit umgeht, muß allerdings versuchen, die genannte Überkreuzung von Realität und Fiktion als »point of no return« zu akzeptieren und aus der stattgefundenen Implosion von Wirklichkeit und Phantasie, dieser *»Katastrophe der Referenz«* (Baudrillard)[8], die entscheidenden Konsequenzen zu ziehen.

## 3.3 Hegels These vom Ende der Kunst und Adornos Einspruch

Die Annahme, um derentwillen die These formuliert wurde, lautet: Eine »Selbstbefriedigung des absoluten Geistes« ist möglich, wenn auch nicht in der Kunst. Diese Annahme Hegels stößt sich ab von der Überzeugung, die er in seiner Jugend zusammen mit Hölderlin und

Schelling gehegt hatte. Im »Systemprogramm« (einer Keimzelle der »deutschen Bewegung« der Philosophie), das in Hegels Handschrift überliefert ist, war noch die »Schönheit« namhaft gemacht: als Gipfel aller Anstrengungen des Gedankens.

»Ich bin nun überzeugt, daß der höchste Akt der Vernunft, der, indem sie alle Ideen umfaßt, ein ästhetischer Akt ist, und daß die Wahrheit und Güte nur in der Schönheit verschwistert sind . . . Die Philosophie des Geistes ist eine ästhetische Philosophie«. [9]

Dagegen heißt es abschließend in Hegels »Ästhetik«:

»Wenn wir nun aber der Kunst einerseits eine hohe Stellung geben, so ist andererseits ebensosehr daran zu erinnern, daß die Kunst dennoch weder dem Inhalte noch der Form nach die höchste und absolute Weise sei, dem Geiste seine wahrhaften Interessen zum Bewußtsein zu bringen . . . In allen diesen Beziehungen ist und bleibt die Kunst nach der Seite ihrer höchsten Bestimmung für uns ein Vergangenes . . . Man kann wohl hoffen, daß die Kunst immer mehr steigen und sich vollenden werde, aber ihre Form hat aufgehört, das höchste Bedürfnis des Geistes zu sein.« [10]

Weil sie dem Besonderen anhaftet, dem Sinnlichen und dem Schein, ist sie zwar dem alltäglichen Leben unendlich vorzuziehen, aber dem Geiste, als dem wesentlichen, unsinnlichen und allgemeinen Medium der Bewegung des Gedankens ist die Kunst unterlegen. »Der Gedanke und die Reflexion hat die schöne Kunst überflügelt.« [11].

Wenn Hegel Kunst sagt, meint er die griechische, bestenfalls die mittelalterliche. Die moderne Kunst war noch kaum aufgetreten, eventuell in einigen »romantischen« Exempeln, die er mit unnachgiebiger Härte verurteilte und mit einem Haß verfolgte, den man nur gegen sich selbst bzw. eine untergegangene Gestalt des eigenen Lebens haben kann. Was hätte er nur angesichts der Kunst am Ende der Moderne gesagt? Wahrscheinlich wäre ihm das Kopfschütteln eingeschworener Verständnislosigkeit nicht passiert, aber er hätte seine These wiederholt, nun mit der Beweiskraft des Augenscheins.

»Was . . . die Unwürdigkeit des Kunstelements im allgemeinen, des *Scheines* nämlich und seiner *Täuschungen* angeht, so hätte es mit diesem Einwand allerdings seine Richtigkeit, wenn der Schein als das Nichtseinsollende dürfte angesprochen werden. Doch der *Schein* selbst ist dem Wesen wesentlich, die Wahrheit wäre nicht, wenn sie nicht schiene und erschiene . . . Deshalb kann nicht das *Scheinen* im allgemeinen, sondern nur die besondere Art und Weise des Scheins, in welchem die Kunst dem in sich selbst Wahrhaftigen Wirklichkeit gibt, ein Gegenstand des Vorwurfs werden. Soll in dieser Beziehung der Schein, in welchem die Kunst ihre Konzeptionen zum Dasein erschafft, als *Täuschung* bestimmt werden, so erhält dieser Vorwurf zunächst seinen Sinn in Vergleichung mit der *äußerlichen* Welt der Erscheinungen und ihrer unmittelbaren Materialität sowie im Verhältnis zu unserer eigenen empfindenden, das ist der *innerlich sinnlichen Welt;* welchen beiden wir im empirischen Leben, im Leben unserer Erscheinung selber den Wert und Namen von Wirklichkeit, Realität und Wahrheit im Gegensatz der Kunst zu geben gewohnt sind, der solche Realität und Wahrheit fehle. Aber gerade diese ganze Sphäre der empirischen inneren und äußeren Welt ist nicht die Welt wahrhafter Wirklichkeit, sondern vielmehr in strengerem Sinne als die Kunst ein bloßer Schein und eine härtere Täuschung zu nennen. Erst jenseits der Unmittelbarkeit des Empfindens und der äußerlichen Gegenstände ist die echte Wirklichkeit zu finden.« [12].

Kunst, die das Wesen zum Vorschein, zur Erscheinung und zum Scheinen bringt, ist auf dem besten Wege zu jener »Selbstbefriedigung des absoluten Geistes«, um die es Hegel geht. Insofern überbietet sie die Alltagswelt mit ihren Konventionen, in denen Selbsttäuschung und bloßer Schein dominieren. Kunst ist gewissermaßen »instinktives Arbeiten des Geistes«; aber in Anbetracht des Geistes der Zeit, der endgültig aufs Allgemeine gesetzt hat, ist es die *Form* der Kunst, die nicht mehr zeitgemäß ist, ihr Haften am Sinnlichen, ihr Halt beim Besonderen, ihre Präferenz des Materials. Über solche Vorlieben sei das Allgemeine des Geistes hinweggeschritten, hinter solch notwendigem Fortschritt die Kunst zurückgeblieben.

»Die Reflexionsbildung unseres heutigen Lebens macht es uns ... zum Bedürfnis, allgemeine Gesichtspunkte festzuhalten und danach das Besondere zu regeln, so daß allgemeine Formen, Gesetze, Pflichten, Rechte, Maximen als Bestimmungsgründe gelten und das hauptsächlich Regierende sind ... Deshalb ist unsere Gegenwart ihrem allgemeinen Zustande nach der Kunst nicht günstig. Selbst der ausübende Künstler ist nicht etwa nur durch die um ihn her laut werdende Reflexion, durch die allgemeine Gewohnheit des Meinens und Urteilens über die Kunst verleitet und angesteckt, in seine Arbeiten selbst mehr Gedanken hineinzubringen, sondern die ganze geistige Bildung ist von der Art, daß er selber innerhalb solcher reflektierender Welt ... steht und nicht etwa durch Willen und Entschluß davon abstrahieren ... könnte ... Was durch Kunstwerke jetzt in uns erregt wird, ist außer dem unmittelbaren Genuß zugleich unser Urteil, indem wir den Inhalt, die Darstellungsmittel des Kunstwerks und die Angemessenheit und Unangemessenheit beider unserer denkenden Betrachtung unterwerfen ... Die *Wissenschaft der Kunst* ist darum in unserer Zeit noch viel mehr Bedürfnis als zu den Zeiten, in welchen die Kunst für sich als Kunst schon volle Befriedigung gewährte. Die Kunst ladet uns zur denkenden Betrachtung ein, und zwar nicht zu dem Zwecke, Kunst wieder hervorzurufen, sondern, was die Kunst sei, wissenschaftlich zu erkennen.«[13]

Es ist immer wieder verblüffend – und insofern sind die Zitate in extenso wichtig –, wie genau Hegel den Kern der Sache trifft. Man kann und soll ihm darin nicht widersprechen. Seine Aktualität ist ungebrochen. Die These vom Ende der Kunst gilt; sie gilt auch heute. Aber die Annahme, der teilweise geheime, teilweise offene Referenzrahmen, in dem seine präzise geflochtenen Analysen fungieren, die Annahme nämlich, daß in der Wissenschaft – und das heißt für Hegel: in der Philosophie – die Bewegung des Geistes ihre Einheit und ihre Vollendung finden könne und eine »Befriedigung der Bedürfnisse« möglich sei, hat sich inzwischen als falsch und abgeschmackt herausgestellt. Nicht einmal die »Wahrheit« der Wissenschaft kann wissenschaftlich erkannt werden, um wieviel weniger die »Wahrheit« der Kunst. Die Reflexionsbildung geriet zum Automaten, der sich gegen jede begriffliche Fassung sperrt. Um ihn zu fassen, bedarf es der Kunst, und zwar einer Kunst, die ihr Ende in der Reflexion reflexiv zu brechen imstande ist. Die Sache hat sich also gedreht – im Rahmen (oder der Rahmen um die Sache). Das »Nach« der Kunst, das Hegel im Auge hat, ist *nicht* die Wissenschaft, sondern immer noch die Kunst, die gegen jegliche Schlußform des Geistes protestiert.

Das »Nach« der Kunst besteht darin,

»daß dem Geist das Bedürfnis einwohnt, sich nur in seinem eigenen Inneren als der wahren Form für die Wahrheit zu befriedigen. Die Kunst in ihren Anfängen läßt noch ... ein geheimes Ahnen und eine Sehnsucht übrig, weil ihre Gebilde noch ihren vollen Gehalt nicht vollendet für die bildliche Anschauung herausgestellt haben. Ist aber der vollkommene Inhalt vollkommen in Kunstgestalten hervorgetreten, so wendet sich der weiterblickende Geist von dieser Objektivität in sein Inneres zurück und stößt sie von sich fort. Solch eine Zeit ist die unsrige.«[14]

Es mußte noch einige Zeit vergehen, bis Hegel vollkommen recht bekam. Der Prozeß des »Abstoßens der Objektivität« ist gerade erst in vollem Gange. Damit wird jener »implosive Narzißmus« genau bezeichnet, der als individuelle Obsession heute ein allgemeines Schicksal darstellt. Die abgeschmackte Annahme einer Selbstbefriedigung des Geistes läuft auf nichts anderes als auf eine »höhere Onanie« hinaus: körperlose, blickbesessene, ununterbrochene Selbstverschließung der Subjektivität, die nach und nach in sich zusammenbricht.

Bekanntlich hat Adorno Hegel im Ganzen widersprochen. »Das Ganze ist das Unwahre«, lautet die Formel dieses Widerspruches an der Oberfläche. Tiefer angesetzt ist der Duktus der »Negativen Dialektik«, der auf den Vorrang des Objektiven vor der Subjektivität achtet und es gegen sie und den über das Subjekt vermittelten Identitätszwang verteidigt. Negative Dialektik als das »konsequenteste Bewußtsein von Nicht-Identität« ist ein Plädoyer für das, was der Schlußform des Hegelschen Geistes widersteht, unter Wahrung seines Inkognito. Das Objektive wird von Adorno nicht identifiziert; es bleibt eine terminologische Maske; doch all das, was Hegel mißachtet oder verachtet hatte: das Besondere, das Einzelne, das Begriffslose, läßt Adorno erneut zur Geltung kommen. Damit landet er notwendig bei der Kunst. Das nachgelassene Werk, die »Ästhetische Theorie«, folgt deshalb dem Erkenntnischarakter der modernen Kunst, ohne sie darin durch Wissenschaft, sprich Philosophie ersetzen zu wollen. Das Programm dieser Nachfolge lautet dezidiert: »die Anstrengung, über den Begriff durch den Begriff hinauszugelangen«.[15] Keine Regression ist erlaubt, weil sie *vor* den Begriff und in noch tieferen Bann sich verirren müßte. Andererseits läßt Adorno nicht den geringsten Zweifel daran, daß eben jener Begriff, über den hinausgegangen werden muß, der Bannerträger eines spezifischen Wahns der Moderne ist: der Identitätswut der reinen Immanenz.

Die strikte Ambivalenz dieser größten Errungenschaft der Neuzeit ist in der Nachfolge Adornos immer wieder mißachtet worden. Meist hat man offen oder geheim die Hegelsche Linie wiederaufgenommen und den Begriff gegen den Ausdruck affirmiert. Ästhetische Theorie jedoch hat mit einem solchen Einschwenken, das einer Verabschiedung der Paradoxie gleichkommt, nichts zu tun. Die These vom Ende der Kunst ist philosophisch definitiv, ästhetisch jedoch hat sie eine unerhört zweideutige Virulenz: seit langem findet sie ihren Ausdruck und kann sie begrifflich – mit jenem Begriff, der über den Begriff hinausgeht – nachvollzogen werden.

»Kunst ist mimetisches Verhalten, das zu seiner Objektivation über die fortgeschrittenste Rationalität – als Beherrschung von Material und Verfahrensweisen – verfügt. Es antwortet mit diesem Widerspruch auf den der ratio selber.«[16]

Die Verfügung der Kunst über die fortgeschrittenste Rationalität – hier verführerisch mißverständlich als »Beherrschung« apostrophiert – ist ein Widerspruch. Der Widerspruch spricht die Sprache des Nicht-

Identischen, die Sprache der Verfahrensweisen und des Materials. Kunst – heißt das – »beherrscht« etwas Unbeherrschbares. In Rücksicht auf ihr Ende hat sie das Unversöhnte von Begriffslosigkeit und Begriff, das historisch über Abstraktions- und Reflexionsbegriffe hervorgetrieben wurde, zu bezeugen »und gleichwohl tendenziell zu versöhnen«. [17] Das mag nur durch eine Art Opfergang gelingen, durch Mimesis ans Unmimetische. Doch indem das mimetische Verhalten der Logik des Zerfalls sich aussetzt, die Leiden der Auszehrung des Realen erfährt, der Spur des Schwindens folgt, glückt gelegentlich vielleicht die Spiegelschrift des verkehrten Absoluten.

»Philosophie, wie sie im Angesicht der Verzweiflung einzig noch zu verantworten ist, wäre der Versuch, alle Dinge so zu betrachten, wie sie vom Standpunkt der Erlösung aus sich darstellten. Erkenntnis hat kein Licht, als das von der Erlösung her auf die Welt scheint: alles andere erschöpft sich in der Nachkonstruktion und bleibt ein Stück Technik . . . Ohne Willkür und Gewalt, ganz aus der Fühlung mit den Gegenständen heraus solche Perspektiven zu gewinnen, darauf allein kommt es dem Denken an. Es ist das Allereinfachste, weil der Zustand unabweisbar nach solcher Erkenntnis ruft, ja weil die vollendete Negativität, einmal ganz ins Auge gefaßt, zur Spiegelschrift ihres Gegenteils zusammenschießt.« [18]

Erleichtert fand sich Adorno in der Schwermut solcher Hoffnungen durch die Annahme der Idee des Naturschönen, pointiert wiederum gegen Hegels Verachtung desselben gewendet. Diese Idee garantiert gleichsam ein Jenseits der Beherrschung und des Identitätswahns. Sie »materialisiert« das Licht, das von der Erlösung her scheint. »Das Naturschöne ist die Spur des Nicht-Identischen der Dinge im Banne universeller Identität.« [19] Es deutet auf den

»Vorrang des Objekts in der subjektiven Erfahrung. Wahrgenommen wird es als zwingend Verbindliches wie als Unverständliches, das seine Auflösung fragend erwartet. Weniges vom Naturschönen hat auf die Kunstwerke so vollkommen sich übertragen wie dieser Doppelcharakter. Unter seinem Aspekt ist Kunst, anstatt Nachahmung der Natur, Nachahmung des Naturschönen.« [20]

Was also ist das Naturschöne? – Ein Rätsel und ein Vexierbild, wie das Kunstwerk selbst! Zwingend und unverständlich entspricht es dem Leuchten der entmachteten Schönheit, das die Dialektik von Mythos und Aufklärung überstrahlt. »Das Naturschöne ist der in die Imagination transponierte, dadurch vielleicht abgegoltene Mythos.« [21] Das, was am unbewußten Ausdruck Begriff ist – jene zitierte Spiegelschrift –, kann man erreichen, wenn man selbstvergessen genug den frühen Erzählungen nachgeht. Was dann in den Spuren, die übrig blieben, erscheint, ist lesbar als Wiederholung der ältesten Angst. Angesichts solcher Bedrohung nicht klein beigegeben zu haben, ist Adornos Verdienst. Es verpflichtet, am Rand ausgedehnter Paradoxien weiterzugehen, dem abgegoltenen Mythos nach.

## 3.4 Implosiver Narzißmus. Die Konzeption Lacans

Die Ambivalenz des Mimetischen läßt sich vielleicht am besten an einer Figur klären, deren Nähe zur Frage nach der Kunst zunächst nur oberflächlich einleuchtet: an der Figur des Narziß. Wenn aber nicht alles täuscht, hat die »Ästhetik des Verschwindens« an ihr den Kronzeugen, der die unbekannte Geschichte ganz genau kennt. Für Narziß trifft buchstäblich zu, was am Thema noch metaphorisch bleibt: »Je tiefer im Imaginären, desto näher am Realen.« Ohne selbst narzißtisch zu sein, könnte Kunst hier fündig werden. Das mimetische Verhalten bestünde dann in einer »Ahmung« des Todes. Vielleicht ist die gegenwärtige künstlerische Arbeit insgesamt ein angestrengter Versuch, dem gesellschaftlich selbstgeschaffenen Verhängnis eines »implosiven Narzißmus« zu entgehen, allerdings mit Mitteln, die dieser Narzißmus bereithält, seien es auch verhängnisvolle. Dann wäre am Schicksal der Kunst – noch einmal anders – das Schicksal der Gesellschaft abzulesen.

Um einen solchen Verdacht zu erhärten, ist allerdings eine theoretische Fassung vonnöten, die nicht einfach den schlechten Leumund des Narziß theoretisch verstärkt. Schon der Mythos selbst versucht nämlich, sich zu distanzieren: Der schöne Jüngling, der nicht geliebt werden wollte, wurde nach der Sage für dieses Sakrileg mit unheilbarer Selbstliebe bestraft und versank bei der ersten Selbstwahrnehmung am Wasser in sein eigenes Spiegelbild. »Narzißmus« wäre also eine Götterstrafe für die Aufkündigung gesellschaftlicher Notwendigkeiten. Wer nicht geliebt werden will, soll auch nicht lieben dürfen. Ein derart subtiler Hintergrund ist jedoch bald verwischt worden. Seitdem dient die Figur des Narziß als Mahnung vor einem »Kurzschluß« menschlichen Begehrens und vor ungeselliger Verklemmtheit in sich selbst. [22] Wegen seiner hintergründigen Bedeutung ist aber dem Narzißmus eine Aufklärungsfunktion wider Willen zuzuschreiben. Warum soll er nicht als Strategie der Souveränität gedacht werden? – Wer auf Zuneigung verzichtet, braucht keine Identität. Er kann die Ansprüche der Vergesellschaftung an sich abprallen lassen. Allerdings würden die Menschen dann nicht nur für eine depravierte, sondern überhaupt für soziale Kontrolle unerreichbar sein – eine Situation, die sich von Generation zu Generation ebenso stillschweigend wie dramatisch zuzuspitzen scheint. Die Schwierigkeit, die sich daraus ergibt, ist doppelter Art: man muß sowohl den sozialen Ausdruck, den Narziß bietet, genauestens perzipieren als auch – ohne ihr zu verfallen – die soziologische Reichweite der Figur begreifen. Mit ihr steht das Schicksal des Subjekts auf dem Spiel.

Heute herrschen in den Human- und Sozialwissenschaften, an der Grenzlinie des also gefährdeten vergesellschafteten Menschen, zwei diametrale, aufeinander verweisende Verarbeitungsformen der Krise vor. Die eine versucht es mit einer Bremsstrategie: der Bruch wird nicht geleugnet, soll aber um jeden Preis vermieden werden. Alle Anstrengung gilt dem Nachweis, daß ohne die Kategorie des Subjekts eine Welt zusammenbrechen müsse und daß damit die Auflösung der Identität sowohl als auch das Ende der Geschichte besiegelt sei. Nur ein konservatives »Trotzdem« könne die vergehenden Intentionen der Gesellschaftskritik noch retten. – Die andere Verarbeitung beschleunigt die Bewegung. Sie folgt der Weisung Nietzsches, daß das, was ohnehin fällt, umzustürzen sei. Ein gründlicher Nihilismus auf der Seite der Kategorien käme dann den Sachen zugute. Sie hofft, den Graben im Schwung der Verneinung überwinden zu können, und setzt auf eine neue »Positivität« der Nachgeschichte. – Einer der wenigen, die die Krise, den Bruch, den Graben selbst thematisiert und dergleichen Aufklaffen sowohl in gegenständlicher Hinsicht wie in methodischer Rücksicht für historisch und anthropologisch konstitutiv gehalten haben, war Jacques Lacan.[24] Er erklärt die Bahn des Subjekts für eine der Verkennung, die genau dort enden müsse, wo die Markierungen der größten Angst stehen – wenn es nicht gelänge, aus dieser Bahn herauszuspringen. Einzig mittels einer De-Zentrierung sei es möglich, den Fallen der Macht, die auf eine frühe Ohnmacht mit lebenslänglichen Omnipotenzphantasien zu reagieren neige, zu entgehen.

Das aber kommt einer symbolischen Logik des Bruches selbst gleich, einer »gezogenen« Differenz zweier Unmöglichkeiten, denen das menschliche Subjekt auf seinem Lebensweg ausgesetzt sei: dem »Realen« und dem »Imaginären«. Für Lacan geht dieser Weg vom

Trauma zum Phantasma und erst von dort zur Wahrheit des »vollen Sprechens«. Im Phantasma verbirgt sich gleichsam das Reale wie hinter einem Bildschirm, auf dem sich permanent allerhand abspielt. Dieser Bildschirm – man darf durchaus an das Fernsehen denken – ist einer der Angst, gewissermaßen die Bekleidung ihrer rohen Nacktheit. Die Bilder, die auf ihm erscheinen, zeigen weniger als sie verbergen. Das macht sie tückisch. Sie werden, weil sie den Blick ablenken, immer bedeutungsloser und attraktiver. Darin liegt die gegenwärtige Crux einer Logik des Imaginären, daß es das Reale vertritt – und daß beide, je für sich genommen, nur entweder eine neurotische oder eine psychotische Existenz erlauben. Auch wäre ein Konglomerat aus beiden, wie es im »borderline«-Syndrom angesichts der gesamtgesellschaftlichen Simulation immer häufiger auftritt, keine Lösung, sondern nur Anlaß weiterer Fesselungen menschlicher Denk-, Sinnes-, Bewegungs- und Handlungsfähigkeiten. Einzig die Thematisierung des Schirms selbst – so Lacan – kann vielleicht weiterhelfen. Doch wie thematisiert man Schirme? – unter der Voraussetzung, daß sie jene Folien darstellen, auf denen Themata erscheinen. Lacan wählt nicht den transzendentalen Rückstieg als Lösung für dieses Problem, sondern die paradoxale Anspielung, aus deren Lücken es spricht.

»Das Reale stützt das Phantasma, das Phantasma beschützt das Reale«, schreibt er,[25] um das gegebene Verhältnis der beiden Unmöglichkeiten zu kennzeichnen. Dazwischen herrscht Tragik, eine Zerrissenheit, deren Folgen nur gemildert, aber nicht verwunden werden können. Und genau im Schnittpunkt der sich überkreuzenden Linien situiert Lacan den Narzißmus. Er definiert ihn zunächst konventionell, als Trauer um Verlorenes. In ihm konstituiere sich ein ursprüngliches, aber nicht dauerndes Verhältnis des Menschen zu seinem eigenen Körper. Wie der Schlaf die Erinnerung an das intra-uterine Leben wachhalte, so der Narzißmus das Bild einer Einheit, die an die Stelle einer unerträglichen Erfahrung trete, der Erfahrung einer Zerstückelung unter Lebensgefahr.[26] Diese Frucht eines imaginären Todes ist außerordentlich produktiv. Sie bildet zusammen mit den Träumen die Schubkraft des Überlebens der Menschen: eine Art Urphantasie.[27] So betrachtet, fungiert sie als Narbe, aus der mittels ihrer synthetischen Kraft nach und nach der Wahn der Identität wuchert. Das Imaginäre hat Monadenstruktur und vertritt fortan das Reale, im Sinne der Überlagerung einer unzugänglichen, traumatischen, unverwindbaren Verletzung. Insofern hält Lacan folgerichtig fest, daß der

Narzißmus nur verstanden werden kann in Rücksicht auf die Bedeutung des Imaginären. »Unser Verhältnis mit dem Unbewußten ist gewoben aus unserem Imaginären«, schreibt er in einem Text über Hamlet, »ich will sagen, aus unserem Verhältnis mit unserem eigenen Körper«. [28] An solcher Grenze wird das Unaussprechliche sichtbar, mit dem das Sprechen als Agent des Symbolischen dauernd zu tun hat: Fremdheit, Zerstückelung, Leere. Denn der Reim, den die Phantasie sich darauf macht, ist eine Falle, in die das Subjekt sich verstrickt: das Eigentliche, die Einheit, die Fülle. Der Hang, den die Angst nahelegt, führt in die Abhängigkeit, die von unbewußten Zwängen erfüllt ist.

Wenn das Subjekt zerfällt, kommt nicht gleich das »Gerippe« zum Vorschein, sondern die Geschichte des Körpers. Immer deutlicher zeigt sich, besonders an der forcierten Reparatur beschädigter Identitäten, daß die Struktur des Subjekts importiert ist, daß sie als Außenstelle von Vergesellschaftungsinstanzen funktioniert, oder genauer: nicht mehr funktioniert. Es ist also Zeit für die Artikulation einer Enttäuschung, für die Aufhebung einer Täuschung im Entscheidenden: Selbstbesitz ist nicht möglich; das Ich hat keine Präsenz und Fülle; es gibt kein Eigentum am Körper, nicht einmal im Widerstand gegen fremde Ansprüche. Vielmehr gehören die Körper der Gattungsgeschichte, die in eine Geschichte der Erde eingebettet ist. Sie sind Gedächtnisfolien, auf denen sich Ereignis-Ketten und Ereignis-Brüche eingeschrieben haben. In der Rekapitulation dieser Schrift hat die Kunst als mimetisches Verhalten einen Vorsprung. Sie kann – sogar unter Ausschaltung des Bewußtseins – insbesondere jene Zwänge demonstrieren, die einer Tätowierung gleich sich in die Oberflächen der Haut eingeritzt haben. Soweit das Gedächtnis des Materials reicht, hält die Kunst Verbindungen aufrecht. Dann ist es möglich, daß die Demonstration der Zwänge – wenigstens momentan – die Zwänge löst; dann kann auch die Erfahrung des Narzißmus zu einem Reservoir von Mustern und Signaturen sich auswachsen, die auf den Ausdruck des Zerfalls geeicht sind.

Andererseits machen gerade die vielfältigen Fixierungen der künstlerischen Arbeit, ihre Obsessionen und Prägungen deutlich, daß der bis zur Souveränität subversive Wunsch gegen die chronische Bedrohung des zu früh geborenen Menschen ganz und gar durch Motive jenes Narzißmus' abgedeckt sind, wie Lacan ihn beschreibt: Hilflosigkeit und Ohnmacht versus Machtphantasien, der zerstückelte Körper versus imaginäre Einheit des Spiegelbildes, Leere und Depression versus implantierte Sinnkonstrukte, lebensbedrohende Konfusion versus

Bilder vom imaginären Tod. Lacan macht klar, daß die Menschenkinder – und später immer wieder die »kindlichen« Menschen unter dem Überhang des Imaginären – auf eine unerträgliche Situation mit einer Reaktion antworten, die keine Lösung, sondern den Anfang eines Teufelskreises darstellt, der auf geradezu tragische Weise Strukturen des Anfangs reproduziert und – möglicherweise für immer – mitschleppt. Die Identitätsnorm und die darauf bezogenen Praktiken bilden – so betrachtet – eine Art Todesritual, das keinesfalls mittels der Konservierung (oder der Destruktion) des Subjekts aufzulösen ist.

Der Narzißmus hat also so wenig wie die Identitätstheorie das letzte Wort. Aber man sollte es hören, weil es sich permanent ausdrückt. Es geht um die Überwindung der Macht des imaginären Todes, auf den gewendet jede Alternative von Nichtlieben oder Lieben, von Nichtgeliebtsein oder Geliebtsein einfach zu kurz greift. Lacan erörtert diesen Sachverhalt so:

»Das Subjekt hat ... immer eine antizipierte Beziehung zu seiner eigenen Verwirklichung, die es selbst auf die Ebene einer tiefen Unzulänglichkeit zurückwirft, und bei sich von einem Sprung zeugt, von einer ursprünglichen Zerrissenheit, einer Verfallenheit ... Darin manifestiert sich in allen seinen imaginären Beziehungen eine Todeserfahrung. Eine Erfahrung, die ohne Zweifel konstitutiv ist für sämtliche Manifestationen des Menschseins«.[29]

Das »Imaginäre« ist immerzu unvermeidlich, aber auch unzulänglich. Es antwortet auf eine Frage, die nicht gestellt werden kann, es sei denn durch Stillstellung des Lebens selbst. Die frühe Erfahrung einer äußersten Ohnmacht schlägt in die Richtung eines äußersten Willens zur Macht aus. Die reale Lebensgefahr wird durch die Imagination des Todes aufgewogen – so lautet das Exposé des menschlichen Lebens: »es ist tatsächlich der imaginierte, imaginäre Tod, um den es sich in der narzißtischen Beziehung handelt.«[30]

## 3.5 Mimesis des imaginären Todes

Julia Kristeva hat in ihrem Liebesbuch »Histoires d'amour«[31] (Paris 1983) die Lacan'sche Konzeption weitergetrieben. Der neueste Narzißmus sei hohl, keineswegs produktiv, eine sanfte Klage um Liebe. Das läge an der Aufhebung des psychischen Raumes, den Antike und Christentum im Verein hervorgebracht hätten und der jetzt zerfalle. Der seinem Verlangen folgende Narziß sähe ohne diesen Zwischenraum nur noch sich selbst und lasse sich auf der Stelle versinken. – Damit fällt das Symbolische aus. Ein Geschehen passiert, das in die Bedeutungslosigkeit gerät. Narziß, der Nicht-Held und Nicht-Gott par excellence, spielt mit sich selbst ein »trübes, sumpfiges, undurchsichtiges Drama«. [32]

»Der in sein flüchtiges Spiegelbild Verliebte ist in der Tat jemand ohne eigenen Raum. Er liebt nichts, weil er nichts ist. Als Narziß erkennt, daß der andere in der Quelle nur ein Bild seiner selbst ist, ist er unfähig, diese dargestellte Eigenheit zu ertragen, und er nimmt sich das Leben. Allerdings ersteht er wieder auf und nicht nur in der Blume desselben Namens, die an die Stelle seines Körpers tritt. Narziß wird entschädigt durch den Genius der spekulativen Philosophie.« [33]

Dieser Hinweis ist wichtig und paßt auf die bisherigen Gedankengänge. Er betrifft die Öffnung jenes weit gespannten Raums der »Innerlichkeit«, der von Plotin und Augustinus an die Spekulation des Heilen, Ganzen, Einen ermöglichte. Man darf Hegels »Selbstbefriedigung des Geistes« darin wiedererkennen. Deren Spannung ist in der Tat unerhört, nur begrenzt einerseits vom »Spiegel« der Reflexion (der von einer »cervikalen« Struktur ist) und andererseits durch die »Spindel« des sich selbst generierenden Lebens (das die Form der »Matrix« hat).

Derart ausgedehnt zwischen Geist und Materie liegt also das Feld des wiederauferstandenen Narzißmus, schreibt Julia Kristeva, um sich sofort zu korrigieren:

»Heute ist Narziß ein Exilierter, ein seines psychischen Raumes Beraubter, ein prähistorisch aussehender Außerirdischer, dem es an Liebe mangelt. Ein nicht faßbares, konturenloses, ein wenig abstoßendes Kind, ohne Körper und ohne festes Bild, das seinen Eigenraum verloren hat, das fremd ist in einer von Begierde und Macht bestimmten Welt ...« [34]

Der Raum der Spiegel, der Spekulation und der Reflexion ist also implodiert und mit ihm die Innenräume der Seele. Der Zeitraum dieses Zusammenbruchs muß datiert werden. Denn damit endet die säkulare Übermacht des Sehens, zugleich die Herrschaft des »theoretischen Menschen«, der die Distanz zwischen Blick und Gesehenem auseinanderhielt. Am Schicksal des Narziß wird ein Kapitel aus der Geschichte des menschlichen Begehrens deutlich, das mit der Herausbildung des Selbst, des Subjekts, des abstrakten Menschen verbunden war. Das Kapitel handelt von der Entdeckung des Schreckens im Grunde der Seele, daß der Andere der Selbe ist. Was Narziß sah, war sein Spiegelbild. Diese Wahrheit ist tödlich. Narziß stirbt daran. Im imaginären Tod des Narziß liegt – wie im Schoß der Keim – der Tod des Imaginären.

Er sah sich selbst. Er sah statt eines erwarteten Anderen *sich selbst;* er begriff nicht, *er sah.* Das heißt zweierlei. Erstens: Wahrheitssuche, die vom Hunger nach Wissen getrieben wird, stößt – wenn sie weit genug vorankommt – auf eine Figur der Reflexivität, in der der Suchende unschwer sich selbst erkennen kann, seine eigene Spur. Diese Wahrheitssuche kommt also nicht an, bei keinem Gegenstand, bei keinem Gegenüber. Sie verfängt sich in einer fesselnden Struktur der Erkenntnis selbst, in einem Reflexionsbogen, den die strukturelle Reflexivität dieser Erkenntnis wie ein Netz schon immer ausgelegt hat. Das führt einerseits zur Verstrickung in Metatheorie und Methodologie, andererseits zur Entmaterialisierung der Materie oder härter: zum Tod der Sache. (Man erinnere sich einer Bemerkung von Heisenberg, derzufolge die Menschheit in der Mikro- und Makrophysik endlich soweit ist, daß sie nur noch sich selbst begegnet. Die Spuren, die als solche des Anderen identifiziert werden sollten, erweisen sich nach und nach alle als die eigenen. Bekanntlich hat Heidegger erwidert: der Umstand, daß die Menschen nur noch sich selbst begegnen, bedeutet, daß sie in Wahrheit sich selbst überhaupt nicht mehr begegnen.) Was Narziß vor seinem Tode gesehen hat, ist die Immanenz des Selbst, die unendlich-endliche Selbstverschließung einer Erkenntnis, die sich nur auf das Auge verläßt und Übersichtlichkeit will.

Zweitens: er sah die flüchtige Figur im Umriß, sonst aber nichts, nichts von der Welt, nichts von der Geschichte. Das Auge – in der Leitfunktion der genannten Wahrheitssuche – ist auf Untergang gestimmt. Es sucht den Tod des Sichtbaren und des Sehenden. Insbesondere mikroskopisch und makroskopisch bewaffnet, ist das Auge das Organ der Katastrophe, des Zusammenbruchs und des Einsturzes. Der letzte Augenblick – buchstäblich verstanden – ist das Ereignis, das »Eräugnis« des Endes. Der Umschlag von der Apokalypse zur Katastrophe, von der radikalen Enthüllung der Wahrheit zum Ende der Welt wird vom Blick bewerkstelligt, der die Kontrolle über das Sichtbare um den Preis seiner Vernichtung erreicht. Die Immanenz des Selbst ist unerträglich, deshalb wird die endgültige Zerstörung programmatisch, deshalb ist sie schließlich unvermeidlich. – Dergleichen läßt sich mimetisch nicht überbieten, wohl aber verlangsamen. Die Nachahmung, die eigentlich eine Vorahmung ist (weil es das, was »geahmt« wird, nicht gibt – noch nicht gibt), läuft in die Richtung des Schlimmsten voraus, damit es nicht eintritt. Das ist die gute alte Tradition des Vermeidungszaubers, die noch in jeder »self-destroying-prophecy« der gesellschaftlichen Praxis am Werk ist. Insofern besteht die »Ästhetik des Verschwindens« in der Tat in einer Mimesis des imaginären Todes, in einer Dehnung der Apokalypse als Katastrophe. [35]

## 3.6 Die Schonung der Dinge

Mit einem fulminanten Plädoyer für das dramatische Fundament der europäischen Aufklärung seit der Antike beginnt Peter Sloterdijk sein Buch über Nietzsches Materialismus. [36] Erst durch die Entdeckung der Wahrheit des Dramas sei es überhaupt möglich, die verkrampften Alternativen gegenwärtigen Nachdenkens und die verkeilten Fronten der verfeindeten Lager zu lockern.

> »Wenn die dramatische Struktur von Aufklärung bedacht wird – wenn also das rationale Denken seine eigene Ereignishaftigkeit in seine Reflexion aufnimmt –, dann zerfällt das leidige theoretische Selbstmißverständnis der neuzeitlichen Philosophie. Nur ein vom Drama belehrtes Bewußtsein ... kann den komplementären Fehlwüchsen der losgelassenen Theorie und der entfesselten Praxis entkommen – um von den Bastarden einer Dialektik beider nicht zu reden. Im Drama der bewußten Existenz begegnen einander nicht Theorie und Praxis, sondern Rätsel und Transparenz, Ereignis und Einsicht.« [37]

Das Buch, das in einer wiederholten »Algodizee«, also in einer Verteidigung des Schmerzes gipfelt, handelt von den Wirkungen Nietzsches anhand seines Erstlingswerkes, der »Geburt der Tragödie aus dem Geist der Musik«, von seinen Wirkungen insbesondere heute aufgrund einer »Schwäche«, der bis zur Fassungslosigkeit vorangetriebenen Gedankenarbeit am »Urschmerz der Individuation«, der nur jeweils ästhetisch und einzig mittels der Kunst auf ein erträgliches Maß reduziert werden kann.

Die Einschätzung aus der zweiten Reihe, daß Wahrheit tröstlich und erstrebenswert sei, liegt Nietzsche vollständig fern. Wahrheit ist in ihrem dramatischen Kern seit jeher immer und überall schrecklich. Die Täuschungen, die darüber verbreitet werden, gehören ins Arsenal der imaginären Verkennungsstrategien. Dazu gehört die Moral wie die Wissenschaft. Einzig die Kunst, falls sie den Alternativen entgangen ist, läßt sich in dieser Richtung nicht täuschen. Sie setzt an die Stelle der Unerträglichkeit ihrer eigenen Wahrheit den Schein als Schein.

»Nietzsches Lehre von der ästhetischen Rechtfertigung des Lebens erweist sich als das Gegenteil eines zynischen Ästhetizismus; sie gründet in einer Algodizee, welche den Pol der dionysischen Passion ganz in die Immanenz eines nicht mehr erlösungsbedürftigen Lebens zu ziehen versucht ... In der dionysischen Passion spielen Rausch und Traum die Rolle von diesseitigen Erlösern. Sie tragen zusammen dazu bei, jene Mittelwelten und Erträglichkeiten aufzubauen, die ... nötig sind, um an der Unmittelbarkeit nicht zugrunde zu gehen.« [38]

Die Strategie des Scheins, den die Kunst verfolgt, wird wirksam in einer Rehabilitation körperlichen Denkens und in einer Schonung der Dinge. Schonen heißt »schön sein lassen«, heißt dem Scheinen des Scheins nachgeben können. Hier leuchtet erneut das Licht, das von der Erlösung der Welt her auf die Dinge fällt. Wenn es denn auf Erden noch Orte gibt, an denen der Wahn der Vernichtung unterbrochen ist, dann liegen sie im schwindenden Raum einer künstlerischen Arbeit, die schonen kann. »Schonung« wäre der Name für die riskante Rettung des Materiellen gegen die Mortifikation der Dinge, die immer noch unerkannt aus dem Willen zur Macht ihre abstrakte Gewalt bezieht. So betrachtet wäre Kunst also keineswegs narzißtisch. Man muß unterscheiden zwischen dem imaginären Tod und seiner mimetischen Minderung. Kunst »trinkt, statt sich zu spiegeln«. Das ist ihr Vorsprung. Sie zerbricht die Reflexionsflächen ebenso wie die Matrizen. Sie vervielfältigt die Spiegel und verheddert die Codierungen des Lebens. So ist sie geradezu die Vermeidung jenes Narzißmus (unter Einschluß des ihn strukturierenden Todeswunsches), der seit langem die systematischen Selbstreferenzen der Wissenschaft in Bastionen besetzt hält.

Endlich ist alles sehr einfach – wie es Francis Ponge an den »Böschungen der Loire« festhielt:

»Nichts mehr soll mich abbringen von meiner Bestimmung: das Objekt meiner Wißbegierde keinem Vorzeigen irgendeines gelegentlichen Wortfunds zu opfern, auch nicht dem Arrangieren einiger solcher Funde zu einem Poem. Immer wieder zurückkommen auf das Objekt selbst, auf das Rohe an ihm, auf das, was es unterscheidet ... kein Gedicht ist je ausgenommen von einer Nichtigkeitsbeschwerde seitens des Gedicht-Objekts, auch nicht von einer Anklage der Fälschung.« [39]

Noch deutlicher:

»Dann haben die Dinge sich aufgerichtet, und jetzt machen sie Front gegen uns: ihre Augen sind das Licht dieser Zeit.« [40]

## 4.
## Das autistische Neutrum. Soziale Kontrolle und menschliche Depression

»Leben heißt ein anderer sein.«
(Fernando Pessoa)

Vom Ende her betrachtet gewinnen Geschichten oft eine Plausibilität, die sie in ihrem Verlaufe nirgends zeigen. Ein solcher Gesichtspunkt soll hier für die Geschichte der »Vereinzelung« des Menschen in Anschlag gebracht werden. Wo noch nicht vollendet, so scheint dieser Prozeß doch tendenziell ein Resultat zu haben, das zu akzeptieren eine mit dem »Sinn« abendländischer Zivilisation vertraute Deutung sich weigert . . . Irgendein Nadelöhr des Entkommens aus der Falle müsse es doch geben. Vielleicht ist aber zunächst Konsequenz erforderlich, nämlich darin, so genau wie möglich zu beschreiben, was gegenwärtig sichtbar ist.

Das Ergebnis, das dem »Selbstbewußtsein« der am historischen Prozeß Beteiligten diametral widerspricht, lautet: Der einzelne Mensch ist unter dem Diktat fortgeschrittener abstrakter Vergesellschaftung ein »autistisches Neutrum« geworden, ein in sich verschlossenes Wesen ohne belangvolle Differenz; er versinkt immer mehr in einer noch unfaßlichen Schwermut, von der die »klinische« Seite, die grassierende Depression, nur die Außenansicht darstellt; als hauptsächlicher Faktor im Komplex der Ursachen erweist sich eine über Etappen der Zudringlichkeit verschärfte soziale Kontrolle, die von äußerer Wirkung nach und nach – wahrscheinlich über Prozesse der »Internalisierung« – zu innerer Wirksamkeit gelangt ist.

(Es ist hier nicht beabsichtigt, in die ziemlich verworrene medizinische Debatte einzugreifen. Allerdings sind die Thesen zum Thema in Kenntnis jahrelang verfolgter Presseberichte formuliert worden. Diese sprechen von bedrohlichen Zahlen. Mehr als 25 % der Bewohner westlicher Industriegesellschaften seien vorübergehend oder dauernd »depressiv«. Es gebe erhebliche diagnostische Schwierigkeiten. Zwei Hauptformen seien zu unterscheiden: monopolare (!) und bipolare Depressionen (letztere als Wechsel von Niedergeschlagenheit und Hochstimmung gefaßt) zeigen Veränderungen der Nervenzellschaltung, im Stoffwechsel und an der Schlafarchitektur. Neuerdings scheint ein gewisser therapeutischer Erfolg mit körpereigenen Morphinen, sogenannten Endomorphinen sich einzustellen, die 30- bis 40mal stärker sind als Morphium und offenbar nicht süchtig machen.)

Zunächst sollen im folgenden die Umstände verdeutlicht werden, die eine Wahrnehmung des genannten Sachverhaltes »contre sens« ermöglichen: Es sind die Überkreuzung von Realität und Fiktion, die den Blick freigibt auf die fiktiven Gründe der sogenannten Wirklichkeit und damit auf den Produktionsaspekt der Normierung, und die erst neuerdings aufgetauchte Spaltung der Phantasie, die es nicht mehr umstandslos erlaubt, von einer Schöpferkraft des Imaginären zu sprechen. Erst mit einer solchen Öffnung des Blicks ist es dann möglich, die paradoxale Geschichte des Subjekts unter dem Banner der »Selbstkontrolle« in Augenschein zu nehmen. Das geschieht mit Norbert Elias und Michel Foucault, mit Freud und Horkheimer/Adorno, um schließlich – mit einer nochmaligen Zuspitzung der Frage nach dem aktuellen Sinn der Individuation – bei einer »Logik des Unscharfen« anzukommen, die Nadelöhrfunktion haben könnte, weil sie die durch Eindeutigkeit und Schärfe mitproduzierten Strukturen der Komplexität und Hyperkomplexität des Gesellschaftlichen aufnimmt.

## 4.1 Schwierigkeiten der Sozialwissenschaften mit der sozialen Wirklichkeit

Zu reden wäre zunächst von einer Überkreuzung: die festgehaltenen Metaphern vom »ehernen Gang der Dinge« und vom »freien Lauf der Phantasie« haben sich neuerdings verkehrt. Die Dinge sind ins Rutschen gekommen. Nach den Bodenrissen lassen sich Erschütterungen verzeichnen, welche die sprichwörtliche Zuverlässigkeit der objektiven Welt in Frage gestellt haben. Andererseits sind an der vermeintlichen Willkür der Subjektivität Gesetzmäßigkeiten von solcher Härte klargeworden, daß die Phantasie als ein einziges Regelwerk der Anthropologie erscheint. Man müßte also vom Vagieren, vielleicht vom freien Fall der Dinge und von einer strengen Zwangsläufigkeit des Imaginären sprechen, womit die Verhältnisse wieder einmal auf den Kopf gestellt wären. Man müßte fragen nach der Genealogie der sozialen Realität und versuchen, die fiktiven Fundamente menschlicher Wirklichkeit freizulegen.

In Anbetracht des sozialwissenschaftlichen Umgangs mit Wirklichkeit und Realität läßt sich zweierlei festhalten: erstens, daß es eine bis zu gängigen Metaphern gediehene Differenz im Realitätskonzept der Sozialwissenschaften gibt, sofern sich diese auf den sozialen »common sense« affirmativ oder kritisch beziehen; zweitens, daß es sich nach beiden Seiten der Differenz hin um Metaphern handelt, die auf eine gesellschaftliche Konstruktion der Wirklichkeit zurückgehen, die gegenwärtig ihre Tragfähigkeit verliert. Damit wird – wiederum zweierlei – vorausgesetzt, einmal daß die Sozialwissenschaften wie immer hinter der Realität her sind. Zum anderen aber wird angenommen, daß die Wirklichkeit selbst sich in einer Art Fluchtbewegung von den Wissenschaften entfernt, deren Wahrnehmung gleichwohl möglich ist.

Schon daß die Realitätskonzepte in Frage gestellt werden können, verweist auf ihre Brüchigkeit. Trotzdem halten sich die »common-sense«-Vorstellungen von ihrem dinglichen Charakter mit Hartnäckigkeit. Das Normale wird nicht als ein Normalisiertes begriffen. Das Selbstverständliche herrscht wegen Verständnislosigkeit weiter. Es kommt sogar zu Forcierungen, d. h. zu Behauptungen wider besseres Wissen – was gewiß etwas mit der Angst zu tun hat, die anläßlich zusammenbrechender Gebäude auftritt. Wie aber läßt sich halten, was auf die Dauer nicht zu halten ist? – Auf diesem Feld, das umstritten und von gewissen Heroismen der Konservierung *und* der Destruktion »besetzt« ist, kommt man nur mit einer enthusiastischen Nüchternheit voran. Deshalb handelt es sich um Fragen, die vorsichtig sind, um Antworten, die – im Staub einstürzender Alt- und Neubauten – einige Klarheit über den »Stand« der Versuche versprechen, Wirklichkeit über eine Kritik sozialwissenschaftlicher Realitätskonzepte neu und anders wahrzunehmen.

In Anbetracht der gesellschaftlichen Verhältnisse des 19. Jahrhunderts waren die Sozialwissenschaften von Anfang an auf eine Dinghaftigkeit der sozialen Tatsachen konzentriert, die eingereiht in die Dynamik der Entwicklung jenen »ehernen« Gang ausmachen, auf den die Theorie sich zu beziehen und zu begründen vermochte. Es wurde etwas Notwendiges angenommen, was unabhängig von der Art der Betrachtung unterstellt werden konnte und somit als verläßlich galt. Diese Unterstellung einer mit dem härtesten Eisen konnotierten Wirklichkeit findet man übrigens in gleicher Weise bei Verteidigern und Kritikern der damaligen Verhältnisse nach der französischen Revolution. Demgegenüber wurde als etwas Freies und Flüchtiges die Phantasie gesetzt:

die bloße Einbildung, die wechselnde Meinung, die »schlechthinnige« Subjektivität, die zwar als Vorkommnis zugestanden, aber doch für eher beiläufig und die ernsthafte Erkenntnis der Dinge verwirrend gehalten wurde. Besonders da, wo es um praktische Eingriffe ging: in Medizin, Pädagogik, Politik, Ökonomie usf. galt die Imagination als ein Gegner der Realität.

In der berühmten Rede über den Geist des Positivismus von Auguste Comte findet man genau diese Konstellation. Es wird historisch eine Anthropologie in Anspruch genommen, die Tatsachen zu setzen und zu beschreiben erlaubt, die unabhängig von der alten Spekulation gelten. Die positive Wissenschaft (heißt es da):

»anerkennt von nun an als Grundregel, daß keine Behauptung, die nicht genau auf die einfache Aussage einer besonderen oder allgemeinen Tatsache zurückführbar ist, einen wirklichen und verständlichen Sinn enthalten kann. Die Prinzipien sind selbst nur echtere, lediglich allgemeinere und abstraktere Tatsachen, als die, deren Band sie bilden sollen ... Die reine Einbildungskraft verliert dann unwiderruflich ihre alte geistige Vorherrschaft und ordnet sich notwendig der Beobachtung unter, so daß ein völlig normaler Geisteszustand herbeigeführt wird.« [1]

Gegenwärtig hat sich (wie eingangs angedeutet) das Verhältnis fast umgekehrt: eine unablässige Entwirklichung der Wirklichkeit ist im Gange und revoziert das bekannte Verhältnis des Durchlässigen und des Widerständigen. Medizin und Pädagogik sind zunehmend mit Sachverhalten konfrontiert, mit Leidenssymptomen und Handlungssymbolen, die nur noch als eingebildete Strukturen interpretierbar sind. Auch Politik und Ökonomie müssen sich auf das schlechthin Subjektive beziehen, auf Bedürfnisse und Wünsche, die tendenziell unberechenbar werden. In einer Art Flucht nach vorne erhofft man sich von ihrer Simulation einen nötigen Rest der Beherrschbarkeit.

Diese Verstörung eines säuberlich auseinandergelegten Kompetenz-Modells menschlicher Kräfte macht deutlich, daß es sich um einen geschichtlichen Konsens gehandelt haben muß, aber keineswegs um eine immergültige zweifelsfreie Grundlage konsensunabhängiger Art. Der mit solcher Einsicht aufscheinende Horizont läßt vielmehr erkennen, daß bei dem konsensuell konstruktiven Unternehmen eine grundlegende transindividuelle Einbildungskraft im Spiel gewesen ist, die vorübergehend in den Bedingungen der Dinglichkeit verschwunden war und mit jener vagierenden Phantasie innerhalb des Modells nur den Namen gemein hat. Hier wäre eine Unterscheidung fällig, welche die aktuelle Spaltung der Imagination noch einmal zurückbezieht auf eine geschichtliche Abspaltung. Die Vernunft scheint als ein Keil gewirkt zu haben, der eine fundamentale Produktivkraft ins Unterschwellige verdrängte und deswegen eine kleine Tagtraumfähigkeit an der langen Leine laufen zu lassen erlaubte.

Eine These könnte grob formuliert werden: die Differenz von Notwendigkeit und Freiheit ist ein historisches Konstrukt; das davon profitierende Realitätskonzept ist eine Erfindung mit dem Charakter einer »realen Fiktion«, die während datierbarer Zeiten für wahr gehalten wurde und noch wird; die Einbildungskraft wird verdoppelt und zweifach maskiert. Sie geht inkognito durch, jedenfalls im Zeitalter der Aufklärung.

Die nachdrängenden Fragen: wie es zur Durchsetzung der Fiktion kam, die normieren konnte, und wodurch ihre Geltung gestützt wurde, müssen hier noch offenbleiben. Lediglich die Annahme, daß die Moderne in Einbildungsstrukturen hängt, ist soziologisch einigermaßen plausibel.

## 4.2 Die Spaltung der Phantasie durch die Macht

Das Inkognito der doppelt maskierten Imagination scheint durch den Gang der Dinge selbst gelüftet zu sein. Der normale Geisteszustand, auf den Comte hinauswollte und den er für das dritte Stadium des Fortschritts der Erkenntnis reklamierte, ist eine spezielle Form der Willkür, ein Effekt der Macht, jedenfalls ein historisch normierter, normalisierter Zustand, auf den das Prädikat »wie gewonnen, so zerronnen« eher zutrifft als der Name »Objektivität«. Die Entdeckung der fiktiven Grundlage des Verhältnisses von Realität und Fiktion hilft mit an der Lösung der Sicherheiten und trägt zur Verwirrung bei. Das Aufhören der Realitätskonzepte in den Sozialwissenschaften bedeutet faktisch einen Gegenstandsverlust, der allerdings noch verschwiegen werden kann. Andererseits muß man das Unbeliebige der Situation unterstreichen: daß einige Autoren mehr als andere das Schwinden der Wirklichkeit und das Schwinden von Realitätskonzepten reflektieren, ist keine Ursache, sondern selber ein Symptom, für das es im gesellschaftlichen Prozeß Gründe gibt.

Wer heute in den Sozialwissenschaften das Stichwort »Soziologie der Imagination« hört, denkt zunächst an Negt/Kluge,[2] an Bloch,[3] die in ihren Argumentationsgängen immer wieder auf eine gesellschaftlich verdeckte, aber gleichwohl wirksame utopische Grundkraft rekurrieren, die der Spaltung, zumindest der Spaltung von Subjekt/Objekt vorausliegt: »das Ding an sich ist die objektive Phantasie«.[4] Neuerdings hat Cornelius Castoriadis in seinen auch auf Deutsch erschienenen größeren Werken »Durchs Labyrinth«[5] und vor allem »Gesellschaft als imaginäre Institution«[6] an diese mit Hoffnung besetzte Kraft erinnert. Castoriadis denkt (wie Negt/Kluge, wie Bloch) im Horizont emanzipatorischer Praxis und nimmt als Hauptquelle für die Möglichkeit einer »sich selbst instituierenden Gesellschaft« ein »radikales Imaginäres« an, das als kollektives und individuelles, schöpferisches Ingenium notfalls zu einer »creatio ex nihilo« fähig ist.

»Ohne ein produktives, schöpferisches oder ... radikales Imaginäres, wie es sich in der untrennbaren Einheit von geschichtlichem Tun und gleichzeitiger Herausbildung eines Bedeutungsuniversums offenbart, ist Geschichte weder möglich noch begreifbar.«[7]

Eine solche Verteidigung, so recht sie gegen die Tradition einer Selbstbegründung der Vernunft mit ihrer Phantasiefeindlichkeit und ihrer Kontinuitätshörigkeit in politischen Systementwürfen hat, kommt in gewisser Weise zu spät. Das Imaginäre selbst ist zwiespältig und zwieschlächtig geworden. Der Riß geht tiefer, als eine Philosophie der Praxis vermutet. Einbildungskraft, Imagination, Phantasie haben Ort und Stelle in der Gesellschaft gewechselt, seitdem das Schöpferische (und jegliche andere Produktivkraft) als »Grundqualifikation« für Verwertungsprozesse gebraucht wird. So betrachtet haftet der Phantasie nicht partout das Befreiungspotential an, das seine Verteidiger unterstellen und gegen Zwänge in Anspruch nehmen. Dabei ist das Imaginäre längst zwangsläufig. Es hat die Durchschlagskraft einer archaischen Logik. Nicht erst in der neuen Supermacht der Groß-Medien (Fernsehen, Video etc.), sondern schon in der als Fortschritt gefeierten Abstraktion des Äquivalenten-Tausches steckt diese Gewalt der alten Götter.

Damit ist dem Irrealis ein Stellenwert zuerkannt, der in diametralem Gegensatz zur offiziellen Verwahrung der Realität steht. Das, was schließlich zur Überkreuzung von Realität und Fiktion führt, ist nicht ein beiläufiger Fehler, sondern das innerste Konstruktionsprinzip der bürgerlichen Gesellschaft. Insofern darf man, muß man, von einer Wiederkehr sprechen: die Gewalt, die mittels Vernunft distanziert werden sollte, taucht in der Gestalt der Distanzierung wieder auf. Der »völlig normale Geisteszustand« ist eine Obsession, in der das Älteste als das Neueste vorkommt: eine Transformation des Festen ins Flüchtige, des Dinglichen ins Vorgestellte, des Materiellen ins Geistige, in den Blitz hochexplosiver Energie.

Von daher wird alles in Mitleidenschaft gezogen: nach der Ökonomie die Politik, die Pädagogik, die Medizin usf. Überall dringt die Simulation ein, deren Unterscheidung und Kritik schließlich unmöglich wird. Jean Baudrillard hat in der Konsequenz solcher Gedanken nachgewiesen, wie unaufhaltsam die Realität zum Satelliten der Fiktion wird, wie die Batterien eines Simulationsprinzips zu Agenturen der hergestellten Wirklichkeit werden und wie ohnmächtig gerade das wissenschaftliche Denken solchen Transformationen gegenüber sich verhält. [8] Das hat zu erheblichen, teilweise schroffen Kontroversen geführt, die noch nicht ausgestanden sind. Eine leere Stelle anstelle ihres Gegenstandes ist für keine Wissenschaft annehmbar. [9]

Gesetzt aber, das Kontinuum der Realität und der Phantasie wäre aufgespalten: die Permanenz der ursprünglichen Akkumulation hätte in der systematischen Verschrottung der lebendigen Arbeit (Negt/Kluge) aufgehört, die menschlichen Leidenschaften wären nicht mehr Fundamente der Verwertung, sondern Effekte einer Simulation jenseits der Nachahmung, . . . gesetzt also, die Schraube der kapitalistischen Logik sei in ihre Materie überhaupt nicht fest eingelassen, sondern lokker, müßte dann nicht die Annahme einer Allianz von Kapital und Phantastik, so verrückt sie ist, zu denken geben? – Muß man nicht den Blick weiter öffnen, ohne die Berechtigung der Bloch'schen Insistenz aus den Augen zu verlieren?

Wiederum wäre vom Ende her zurückzuschließen. Die Spaltung der Phantasie als gegenwärtiges Ereignis ist wahrscheinlich die Spätfolge einer historischen Entscheidung, die noch unter völlig anderen Prämissen stand und auch anders gedeutet wurde. Jetzt aber ist es möglich, auch die vergangene Entscheidung »umzudeuten«. Historische Bilanzen zwingen zum Neuschreiben der Geschichte. Aus der Identifizierung der einschlägigen Phänomene ergibt sich eine Unerträglichkeit, die erneut zur Verdrängung tendiert. Doch auch bei theoretischer Fassungslosigkeit ist es nicht zwingend, die Augen zu schließen.

Auffallend ist, daß gegenwärtig die Indikatoren der Phantasie, d. h. soziale Phänomene und soziologische Probleme der Imagination an den Extremen eines Spektrums der menschlichen Wirklichkeit erscheinen: auf der Seite einer zunehmenden Macht reproduzierbarer Phantastik und auf der Seite einer wachsenden Ohnmacht produktiver Einbildungskraft. [10] Während »science fiction« und »fantasy« geradezu überschwappen, zieht sich das Träumerische an der »Beziehungsarbeit« immer mehr zurück. Derart eingeklemmt zwischen Apparaturen, in denen die Flut der Bilder über Illustrierte, Film, Fernsehen weiter ansteigt, und Traumprojekten, die es nicht mehr wagen, aufs Ganze zu gehen, ist die Phantasie einer rätselhaften Spaltung ausgesetzt, die ähnlich der Schizophrenie des Subjekts vorerst unabsehbare Wirkungen zeitigt. Während also einerseits der Siegeszug der technisch wiederholbaren Imaginationen über die ganze Welt weitergeht und den betroffenen Menschen Kraft und Zeit raubt, wird andererseits, an der Front einer bürokratisch abstrakten Vernunft noch immer um die Freiheit der Phantasie gekämpft, obwohl der Schatten des Mißlingens fast alle Akteure erreicht hat und auch die Unentwegten in ihrem Elan dämpft. Es scheint, daß die historisch bekannte Konstellation einer Trennung von Bild und Begriff, d. h. einer Einbildungskraft, die von Anfang an als Feind der Aufklärung fungierte und von geschichtsmächtigen Institutionen ins Verlies des Unbewußten verdrängt wurde, überholt ist und die neueste Entwicklung eines Fiktivwerdens der Realität und eines Realwerdens der Fiktionen nicht mehr abdeckt. Zwar läßt sich die Übermacht imaginärer Obsessionen (vor allem der sexuellen) noch immer als »Rache« für lang dauernde Einsperrung, Unterdrükkung, Zurichtung der Phantasie lesen, aber die Wiederkehr einer archaischen Logik in den Zwangsverhältnissen des beschleunigt fortschreitenden Kapitalismus verweist auf einen tiefliegenden Zusammenhang von Imagination *und* Abstraktion, von Mythos *und* Wissenschaft. – Damit wäre implizit das Programm der zweiten Aufklärung wiederholt: Genealogie der Spaltung in Rücksicht auf eine Geschichte des Subjekts; Verlassen der bisherigen Spielfelder und Eröffnung eines neuen Spiels: Übungen in einer Ästhetik des Verschwindens, die der Produktionsmanie gewachsen wäre.

Denn eine phantastische Produktivität erscheint nun auf beiden Seiten: Phantastik des Kapitals und Phantastik des menschlichen Arbeitsvermögens. Die Ambivalenz, die noch historisch zu akzentuieren und biographisch zu deuten war, ist von einer Spaltung abgelöst worden, die irritiert und erschüttert. Denn die gesuchte und immer aufs Neue der Vergewisserung überantwortete »Ungleichung«, die Nicht-Äquivalenz zwischen Ausbeuter und Ausgebeuteten scheint sich in Luft aufgelöst zu haben. Die Ungleichzeitigkeit von Eigentum und Eigenschaft, die an der Verschiebung von Prozeß und Resultat abzulesen war, ist offensichtlich einer Gleichzeitigkeit gewichen, in der es weder Vergangenheit noch Zukunft gibt, sondern nur noch leere Gegenwart. Der Menschentyp, der dieser Zeitform entspricht und sich freiwillig unterwirft, gibt andere Rätsel auf als jener, der bis ins Tiefste Protestant war. Demgegenüber hilft keine Formel der Zuversicht mehr, sondern eine andere Strategie der Unterscheidung, eine negative Fassung der Einbildungskraft, die es erlaubt, deren alte Plätze zu markieren, ohne sie neu zu besetzen.

## 4.3 Autismus-Verdacht. Befunde aus der Geschichte des Subjekts

Rückblickend auf die Geschichte des Subjekts in Europa, bleibt man fassungslos vor dem schrecklichen Ende, das sich symptomatisch abzuzeichnen beginnt. Was da sich angeschickt hatte, die Welt zu erobern – der abstrakte Mensch, der erkennend seine Herrschaft über das Gegebene aufrichten, fühlend die alten Zwänge der Natur und der Gesellschaft in immer neuen Freiheitsbewegungen diskriminieren und handelnd die Bedingungen des Lebens zum Besseren wenden wollte –, ist zum Gespenst geworden. Der Wille, der es zur Macht leiten sollte, wurde an diese und ihre Institutionen verspielt. Und das Verhängnis einer verfehlten Vorgeschichte ist mit eherner Gesetzmäßigkeit als offenbar härtester Bestand im Untergang der Geschichte wiedergekehrt. Als Ende mit Schrecken erscheint ein gesellschaftsunfähiges, geschlechtsloses Wesen, ein Ne-utrum, ein »Keines-von-Beidem», das in nichts als körperlicher Schwere versinkt, indem es alle Kräfte an die flüchtigen, verselbständigten Apparate der Macht abgibt – changierend zwischen Caliban[11] und Marionette.[12]

Erst vom Ende her ist – wie angedeutet – eine Geschichte entschieden: die Stationen bleiben in der Ambivalenz historischer Wahrheiten. Aber in Anbetracht des bereits von Norbert Elias skizzierten »homo clausus«[13] wäre eine Feststellung nötig, die das, was passiert, vielleicht vor der Sackgasse einer erschöpften Zivilisation bewahren könnte. Denn das Merkwürdige an der Sache ist die durchgehende Paradoxie: die Hauptmechanismen der gegenwärtigen Vergesellschaftung wirken wie ein Arsenal von Isolationsfoltern und genau das Insistieren auf dem Geschlechtsunterschied führt zum Übermaß des Neutralen. Man muß wohl – nach Art der Kippbilder-Regel – den höchstgeschätzten Wert verkehrt darstellen: wie wäre es, wenn jener Inbegriff der europäischen Zivilisation – die Selbstkontrolle – präzise für das verantwortlich ist, was immer als ihre Bedrohung ausgegeben wurde? So daß im Kern gar keine Bewältigung der Angst vor dem Tod und vor der Liebe stattgefunden hat, sondern ihre bloße Perpetuierung? und statt der Verwindung des Schreckens der Natur nur seine mimetische Verdopplung? also keineswegs fruchtbare Identität, sondern lediglich schlecht kaschierte Verwesung?

Damit wären dann auch alle Strategien obsolet, die sich zur Sicherung der Identitäts-Balance oder zum Hort der Selbstkontrolle aufgeschwungen haben: die Praktiken der Askese, diese ältesten Körper-Übungsrituale, die ökonomischen und moralischen Varianten der Zucht und der Erziehung, die Batterien der Kontrolle, von der Insassenüberwachung bis zur Autobiographie ... Es ist auf der Stelle gar nicht möglich, alle Konsequenzen eines solchen Zusammenbruchs zu erfassen, aber schon die wenigen, die in den Blick rücken, ergeben einen Reim auf das allumfassende Gleichgewicht des Schreckens, der den in Literatur und Wissenschaft noch immer üblichen Zwang zur Retuschierung des Schicksals ablösen könnte. Denn trotz der Flut apokalyptischer Prophetien mit Blick auf das Ende einer naturalen Natur und einer sozialen Gesellschaft mangelt es an jener radikalen anthropologischen Skepsis, die hinsichtlich der Mächtigkeit der hochgehaltenen Kräfte des Menschen angebracht wäre. Immer noch werden die entscheidenden Destruktivkräfte für Produktivkräfte gehalten.

Bei der überfälligen Bilanz des Zivilisationsprozesses, der – nach Darwin, Marx, Freud, Nietzsche – eine Reihe außerordentlich konsequenter Untersuchungen dient (man denke, neben Elias, an die »Dialektik der Aufklärung« von Max Horkheimer und Theodor W. Adorno[14] und an Michel Foucaults unvollendetes Werk[15]), ist ein Gesichtspunkt noch nicht mit der entsprechenden Klarheit verdeutlicht worden: der Zusammenhang von sozialer Kontrolle und menschlicher Depression, wie er sich am Menschentyp der zugespitzten Moderne zeigt. Zwar ist das Zwanghafte der Dialektik festgestellt: daß nämlich die Anstrengungen der Selbsterhaltung zur Tendenz einer Automatik konvergieren, in der kein Selbst von Belang noch irgendeines Erhalts wert zu sein scheint. In jeder operativen, mit der Macht koalierenden Überlebensstrategie kommt es (nach Horkheimer und Adorno) dahin, daß die Operationen überleben und der Patient unter der Hand stirbt. Nichts an der Bewältigung des Wahns erweist sich als persistenter als der Wahn der Bewältigung. Was an diesem Befund jedoch fehlt, ist ein Vorschlag zum Verständnis der Paradoxie.

Auch Michel Foucault wiederholt bei seinen Versuchen einer progressiven Kritik der Moderne immer wieder seine Verdachtshypothese: daß das Subjekt (das Individuum, die Seele, der Mensch) ein kompliziertes Resultat äußerer Zucht- und Kontrollmaßnahmen sei und somit den produktiven Mechanismen einer verteilten Macht zugerechnet werden müsse, daß aber andererseits diese Maßnahmen in der Machtübernahme durch das Subjekt gipfeln, das sich schließlich selbst kontrolliert, wobei das, was als »Ich« firmiert, nur als Statthalter der Macht oder als Instanz verinnerlichter, äußerer Kontrolle gelten könne. Offen bleiben hier die Fragen: Wie war es möglich, daß das Subjekt (oder was immer ihm noch tiefer zugrunde gelegen hat) zu einer Macht verführt werden konnte, die nach abenteuerlichen Expeditionen über die Ozeane der Welt am Ende bei der Suspendierung ebendieses Subjekts landet? Was für ein Geschmack an sich selbst mußte induziert werden, damit ein derart universales Opferritual passieren konnte? Waltete da die Dummheit quasi göttlicher Selbstüberhebung? Handelt es sich also um ein tragisches Schicksal, um eine Verstrickung in Hybris und Rache, Vergehen und Selbstbestrafung? Geht es gar um einen Todestrieb der Menschheit?

Bei Freud heißt es über »Trauer und Melancholie«,[16] daß die zweite wie die erste den Verlust eines geliebten Objekts darstellt, daß sie jedoch im Unterschied zur ersten diesen Verlust introjiziert und als Auflösung des Ich ausagiert. Aufgrund einer narzißtischen Grundstörung werde die Leere, die das Verschwinden des Anderen hinterläßt, als eigener Defekt erfahren und somit eine Selbstvernichtung betrieben, welche die vorausgehende Selbstobjektivierung annulliere. Der melancholische Komplex verhalte sich wie eine offene Wunde, aus der sich das Ich bis zur völligen Leere verliert. Im weiteren Unterschied zur Melancholie – so könnte man die psychoanalytischen Bemühungen nach Freud zusammenfassen – bleibt das Geschehen in der Depression vollends unbewußt. Ohne die Fähigkeit, Trauerarbeit leisten zu können, ist das Subjekt ohne Objekt verhängnisvoll in einer weitgehend automatischen Blockierung seines Begehrens gefangen. Es kann weder zum Anderen hin, noch von sich selbst weg; doch bei sich ist es nur, um in irgendeiner unkontrollierten Weise der Selbstkontrolle ein Ende zu machen.

Verkoppelt man die historischen und die biographischen Befunde, liest man Foucault mit Freud und Freud mit Foucault, dann ergibt sich ein Zusammenhang mit wuchtigen Umrissen: das autistische Neutrum leidet an doppelter Gegenstandslosigkeit. Nach dem Anderen hat es auch das zum Anderen gemachte Selbst verloren. Es verharrt in einer bewußtlosen Trauer, die als Folge des Verlustes jenes Selbst angesehen werden muß, das als Objekt der Selbstkontrolle dienen sollte, aber gerade durch die Internalisierung der Außenkontrolle ausgelöscht wurde. Es ist unfähig zu trauern – wobei auch diese Unfähigkeit noch von der Furie des Verschwindens angesteckt ist: es verläßt den Raum von Subjekt und Objekt, jedoch nach rückwärts, ins Pränatale und Prähistorische ... Mitscherlichs Kennzeichnung eines Syndroms der deutschen Nachkriegsgeschichte scheint wesentlich tiefgreifender zu sein als beabsichtigt. Wenn man die Depression als »Unfähigkeit zu trauern«[17] apostrophiert und sie in den historischen Rahmen einer Geschichte der Selbstkontrolle stellt, erweist sie sich zunehmend als ungewolltes Resultat einer allzu forcierten Macht über das Gegebene. Nicht nur das jeweilige Liebesobjekt ist verlorengegangen, sondern Objektivität überhaupt. Doch die Menschen wissen nicht, wie ihnen geschieht, und reagieren konfus: wie Lemminge.

### 4.4 Die Kette der Verschiebungen, von der Kontrolle zur Depression

Die Ursprünge einer derart paradigmatischen Selbstkontrolle sind verstreut: sie liegen sowohl in den Mönchsorden als auch in den Kasernen und Schulen; sie haben sich – viel später – in den Fabriken gezeigt, am Sport und im Verkehr der Menschen; aber sie sind ebenfalls aufzuspüren in den Duell- und Exerzierregeln, den Anstandsbüchern, den Ethiken, den Gruppendynamiken, den Vorschriften fürs Denken und, last not least, in den Regeln der Ausschweifung. Von daher lassen sich – grob gefaßt – drei Stationen der Geschichte definieren: Askese, Zucht und Erziehung, Emanzipation, die allerdings in aufschlußreicher Weise mit dem Schatten, den sie werfen, verbunden bleiben: mit der Acedia, dem verstockten Weltschmerz, mit der Melancholie, der schwarzen Schwermut und mit der Depression, der abstrakten Körperschwere. Denn weit davon entfernt, daß das jeweilige Gegenteil eines Ideals ausgenommen bliebe von der implodierenden Macht, haben sich nach und nach gerade die Kehrseiten der anthropologischen Norm (ohne als solche erkannt zu werden) als Tummelplätze von Kontrollen erwiesen: die »Sinnlichkeit«, die »Unzucht«, die körperliche »Anomie«.

Der Übersichtlichkeit halber und nicht ohne eine gewisse Willkür an den Rändern kann man also drei Typen von »Haltung« bezeichnen, die das Subjekt einzunehmen genötigt wurde: eine christliche, eine bürgerliche, eine kapitalistische. Ihre Abstände sind durch Fortschritte der Abstraktion markiert; quer dazu verläuft die rätselhafte Linie der »Internalisierung«, die so zu denken ist, daß erst jene Seele produziert werden mußte, die dann als Innerlichkeit den Stempel fortschreitender Kontrolle aufnehmen konnte – und wollte. Denn um noch einmal die Frage zu wiederholen: wie es denn möglich war, daß das Subjekt sich an seiner Zurichtung selbst beteiligt hat, so muß man auf den Lohn der Anstrengung verweisen, auf den Triumph des Willens, der in Verbindung mit der Macht immer auch ein Wille zum Schicksal ist. Zwar sind vom Gipfel des Erfolges aus die Kosten kaum abzuschätzen, aber für die kurze Strecke dahin wäre die Obsession vollkommen, d. h. ohne Verstörung der Illusion, die Macht über den Körper wirklich auszuüben. Die Introjektion bzw. die Internalisierung wäre mithin eine jener Emanzipationsfiguren, denen die Rechnung immer erst nachträglich aufgemacht werden kann.

Bemerkenswert ist, daß als geschichtliches Ergebnis der jeweils weiterreichenden Anstrengungen der Kontrolle weder das angestrebte Ziel, noch das befürchtete Gegenteil desselben eingetreten ist, sondern eine charakteristische Verschiebung. Die Askese hat es zwar mit dem sinnlichen Widerstand der Bilder und Träume zu tun, aber die Resultante ist ein Weltschmerz von solchen Ausmaßen, daß die mittelalterliche Kirche sich dazu entschließen mußte, ihn zur einzigen unverzeihlichen Sünde, zur Sünde wider den Heiligen Geist zu erklären. Zucht und Dressur des Bürgertums evozieren zwar die Unzucht und das Vagantentum – interessant ist das Beispiel de Sades, der der Ausschweifung genau die Regeln der Vernunft antut, die diese fürs normgerechte Leben vorbehalten wollte –, aber es ergab sich eine gesellschaftsverstörende Melancholie, der weder die Gewissenspolizei, noch die Medizin je wirklich beikommen konnte. Schließlich ist die Kontrolle immer aufs Neue mit einer totalen Anomie der Hyperkomplexität konfrontiert, die ihr ein Dorn im Auge ist, aber das Parallelogramm der Kräfte (aus Macht und Widerstand) führt fast zwangsläufig zu einer von niemand gewollten Depression, die jede nachfolgende Generation wie eine unendliche Last schier erdrückt und derart bedroht, daß auch professionalisierte Sozialtherapeuten zunehmend ratloser werden.

Mag es also in der christlichen Acedia, auch noch in der bürgerlichen Melancholie der Verlust eines geliebten Anderen (der Natur, der Gesellschaft) sein, der die Leere intoniert, so ist es zur Zeit des autistischen Neutrums (des Menschentyps des Kapitals) das Aufhören von Subjekt und Objekt. Der schöne Zusammenhang mit der Schöpfung, den die Sinne geboten haben (mit Stein, Pflanze, Tier), und mit der Gesellschaft, den das polymorph perverse Begehren stiftete (mit der Familie), verkümmert während des Endspiels so gründlich, daß auch noch der eigene Körper zur bloßen Metapher wird. Hier kann die Depression dann einbrechen, in all ihren Varianten: symptomloses Unwohlsein, Alkoholismus, Identitätsschwindel, Sucht nach Giften, Kontaktverweigerung, Persönlichkeitszerfall, schleichende oder brutale Selbsttötung – und zwar als Normalfall. Was sich wie ein Extrem ankündigte und mit herkömmlichen Kategorien auch so wahrgenommen wurde, wird über kurz oder lang zum selbstverständlichen Bestand des Humanen gehören.

Man muß nur die Bestimmungen, die Karl Abraham in seiner Psychoanalyse der Depression[18] als pathologische Kategorien aufgestellt hat, als »Existenzialien« verstehen. Dann hat man eine Charakterisierung der leidenden Mehrheit: Fixierung der Libido auf der oralen Entwicklungsstufe, schwere Verletzung des kindlichen Narzißmus vor der gelungenen Bewältigung der Ödipuswünsche, dauernde Wiederholung dieser Enttäuschung. Darauf stimmt die grassierende Fettleibigkeit aufgrund ungezügelten Konsums ebenso wie das sich häufende Mißlingen der ödipalen Struktur mangels der wirklichen Tradition der Vaterautorität. Schließlich trifft die permanente verletzende Enttäuschung, daß kein Anderer als Anderer die Fundamente des Selbst durch Anerkennung festigt, einen flüchtigen menschlichen Körper, der überhaupt das eigentliche Substrat aller Zurichtungen durch die Jahrhunderte gewesen ist. Das gibt ihm retrospektiv eine Wichtigkeit über alle Maßen. Die Schrift, die sich geschichtlich einschrieb, besteht in schwer entzifferbaren Spuren und Malen. Sie ist nicht nur das Gedächtnis, das die Menschheit sich gemacht hat (Nietzsche), sondern auch das Unbewußte, das keinen festen Sinn enthält, sondern nur Buchstaben (Freud).

Rede man also nicht – in Anbetracht der Wiederkehr des Verdrängten – von der Wildnis. Der Widerpart der Angst hat längst ein anderes Gesicht, hatte vielleicht nie dasjenige, das in den Diskursen der drei Stationen der Selbstkontrolle an die Wand gemalt wurde: Es ist nicht die Natur oder eine ihrer gängigen Masken: Medusa, Pan, der Basilisk oder eine Hexe; es ist nicht das geile Tier im Menschen; es ist nicht die pure Unordnung zufälliger Massen in unendlichen Räumen. Angst muß man heute haben vor der fortlaufenden Automatik der Übergänge, die nicht aus Ursprüngen oder Absichten stammen, sondern aus Nebenwirkungen oder Spätfolgen. Der Druck halbfertiger Projekte und ungelöster Probleme kann so groß werden, daß der Widerstand der Menschen nur noch als Mimesis des Schreckens gelingt, d. h. in einem Teufelskreis verfangen genau das verstärken muß, was überwunden werden soll. So betrachtet wäre die Depression dann wie ein Totstellreflex in höchster Gefahr, wo alles auf die äußerste Lebendigkeit ankäme.

Dabei handelt es sich nicht um ein äußeres Schicksal. Weder auf einen Priestertrug, noch auf Drahtzieher der herrschenden Klasse, noch auf die verkappten Agenturen des Kapitals wird hier abgehoben, sondern auf einen Effekt, den die denkenden, fühlenden, handelnden Menschen selbst hervorbringen: die Selbstkontrolle und ihre Schatten fassen wie in einem Spiegel eine entschiedene geschichtliche Epoche zusammen, die aus sich heraus ihren Untergang betreibt. Ob man durch Nachdenken daran etwas ändern kann, ist ungewiß. Allerdings könnte es, indem es der Obsession in ihren einzelnen Stationen nachgeht, zur Unterbrechung jenes selbstverständlichen Verhaltens führen, das das Ganze in Schwung hält. Denn worauf dieses hinauswill, bleibt weiterhin ein Rätsel. Die Zivilisation, die Geschichte in weltbürgerlicher Absicht, ist trotz aller Selbstdeutungsversuche noch immer eine enigmatische Figur: die christliche Parusie; die bürgerliche One-World-These zur technischen Herstellung der Menschheit; die kapitalistische Selbstbewegung des Werts, welche die Richtung aufs Verstrahlen der Erde in einer letzten großen Explosion längst genommen hat . . .

## 4.5 Subjektivität als Selbstkontrolle

Ernüchtert läßt sich am Ende feststellen, daß es noch immer nicht gelingt, das betreffende Geschehen wie ein fremdes Geschick zu betreiben. Zuviel überständige Hoffnungen begleiten denjenigen, der die Verdachtsmomente zusammenfaßt, um die Geschichte anders zu erzählen oder eine andere Geschichte zu erzählen. Vielleicht ist es da hilfreich, aus größerem Abstand die Befunde noch einmal zu sichten und die Konturen im Groben zu verschärfen.

Der Sachverhalt, den der Terminus »Selbstkontrolle« meint, ist einigermaßen vertrackt. Daß man sich selbst kontrollieren können muß, gilt als akzeptierte ethische Norm des Verhaltens und jeder, der dagegen verstößt, wird noch immer – falls er nicht krank ist – vehement diskriminiert. Alle Varianten der Kritik haben daran nichts ändern können. (Es wäre nicht einmal möglich, Selbstkontrolle zu thematisieren, ohne sich an Selbstkontrolle zu halten.) Dennoch kommt schon ein oberflächliches Nachdenken auf die Zweideutigkeit eines »besseren« und eines »bösen« Selbst, wie Luther es bereits formulierte, eines Selbst, das gleichzeitig kontrolliert und kontrolliert wird. Weil aber auch Kontrolle gespalten ist – der Begriff »contre rôle« kommt aus der doppelten Buchführung – vervielfältigt sich das Problem. Erst recht gerät eine historische Rekonstruktion in Kalamitäten, insofern sich zeigt, daß die Selbstverständlichkeit des Terminus das Resultat eines unerhört vielschichtigen Prozesses ist, der eher einem Schlachtfeld mit unklaren Fronten als einer kontinuierlichen Entwicklungslinie ähnelt. Der obengemachte Vorschlag einer Unterscheidung nach Epochen: *Askese, Zucht und Erziehung, Emanzipation* vereinfacht diesen Sachverhalt in grober Weise. Anders aber läßt sich die zivilisationstheoretische Annahme, daß vor Zeiten ein Umbruch von schwer erträglicher Außenkontrolle zu irgendwie freiwilliger Mitbestimmung stattgefunden habe, schwerlich plausibel machen. Andererseits gerät man durch Vergröberung in die Gefahr, die maßlosen Opfer an Lebenskraft, die epochalen Torturen des menschlichen Körpers zu unterschlagen, die der genannte Umbruch gekostet hat. Darf der Verlauf somit hyperkomplex genannt werden, so bleibt das momentane Ende vorerst rätselhaft: daß die Selbstkontrolle dauert, obwohl sie zur durchschauten Geste einer Macht geworden ist, mit der ein fremdes, internalisiertes Selbst ein entfremdetes, internes Selbst in Schach hält.

Diese gespenstische, spukhafte, durch und durch fiktive Realität ist »mächtiger« als alle Macht und realer als jede dingfest gemachte Tatsache. Sie scheint als Fixpunkt der unterschwelligen Geschichte des Imaginären noch den Zerfall des Realen zu überstehen. In ihr manifestiert sich jener eherne Gang der Phantasie, der zunächst eher ironisch apostrophiert wurde und sich nun als das Härteste des Harten herausstellt:

ein schwarzer Stein der Weisen. – Mindestens dreifach wird der Prozeß, den sich ein Selbst macht, das erst entsteht, neu begonnen ... Dabei werden die entstehenden Widersprüche in die Geschichte als verstärkende Motive wieder eingefädelt. [19]

*Askese* der Mönche: Übung des Körpers, Sorge um Aufrichtigkeit, »Beten« gegen den Hochmut des Geistes, »Arbeiten« gegen die Niedertracht des Fleisches, Aufbau einer »Innenarchitektur« bzw. einer »Geographie des Herzens«, Verleugnung des Selbst zum Zwecke seiner Verbreitung ...

*Zucht und Erziehung*: Diskriminierung der Sinnlichkeit, Erfindung der Unzucht, »Streben nach Höherem«, Haß auf die Imagination, Reglements für Exzesse, Einführung abstrakter Vorschriften zur Parzellierung des Raumes und zur Zerstückelung der Zeit, Verführung zur Freiwilligkeit, schließlich die Straßenverkehrsordnung als meistverbreitetes Exempel des kategorischen Imperativs ...

*Emanzipation*: Kampf gegen Fremdbestimmung, neuerdings flottierende Phantasie, ebenso vollständig wie unbemerkte Internalisierung der Zwangsrituale des Spiels, Versöhnung von Regel und Freiheit, die Kristallisation des Revolutionären im Katechismus einer universellen Moral, die endlich befreite Natur als oberster Kontrolleur, die Stunde der Therapie, transparente Reflexivität ...

... all das bildet eine dreifach gegliederte Anatomie der europäischen Seele, in der die Befunde, die z. B. Norbert Elias am Zivilisationsprozeß herausgearbeitet hat, nun endlich mit dem »bösen Blick« Foucaults wahrgenommen werden können. Es zeigt sich eine verblüffende Kontinuität: trotz verschiedener Anläufe, trotz mancher Brüche, trotz der Negationen und Verschiebungen, trotz Anpassung und trotz Widerstand sieht es schließlich so aus, als habe immer nur ein Ziel, nämlich »Selbstkontrolle«, bestanden und als hätten Parteigänger und Gegner an ein und demselben Strick gezogen, an jenem Strick, der – immer deutlicher – die stumme Aufforderung darstellt, Schluß zu machen mit dem Leben, mit dem, was von ihm blieb. Darin wäre der Autismus vollendet: Selbstkontrolle als Selbstbestrafung für eine Tat, die der Täter nicht begangen hat, die ihm angetan wurde, jahrhundertelang ...

Es ist skandalös, daß die zentrale anthropologische Errungenschaft der europäischen Zivilisation – dieser Sockel für ein Monument: *den* Menschen – sich als eine »Obsession« herausstellt, als eine enigmatische Figur, die offenbar durch ihr Gelingen endgültig scheitert. Dafür kann man nur Bilder der Hölle heranziehen. Gelungen wäre Selbstkontrolle nämlich durch den genannten »Schluß«. Solange das kontrollierende und das kontrollierte Selbst eine Distanz halten, solange sie weder radikal verschieden noch identisch sind, sondern eine Differenz/Relation mit zeitlich versetzter Rückkoppelung bilden, ist der Krieg nicht total und die Zeit nicht ruiniert. Aber die abstrakte Übertreibung der Kontrolle stellt heutzutage den Ver-Schluß her und führt heran an den Punkt, an dem die Bemächtigung die Entmachtung hervortreibt, an dem die Dominanz über das Objektive der Dinge unbedingt Unterwerfung bedeutet, an dem die Rettung des Selbst seine Zerstörung ist.

Es gibt ein Zitat des Therapeuten Carl Rogers, eines Protagonisten der endgültigen Selbstbefreiung, das hier paßt:

»In der Therapie hat sich der Einzelne wirklich zum vollen Menschen entwikkelt. Er ist wirklich in der Lage, sich selbst zu kontrollieren und er ist fest sozialisiert durch seine Bedürfnisse. Es gibt keine Bestie im Menschen. Es gibt nur den Menschen im Menschen und diesen haben wir freisetzen können.« [20]

## 4.6 Parzellierter Raum, zerstückelte Zeit

Die spezifische Ohnmacht, die aus der Übernahme der Machtfigur ins Innerste der Menschen entstanden ist, zeigt sich gegenwärtig darin, daß der Raum in seiner abstrakten Parzellierung und die Zeit in ihrer Zerstückelung nicht wirklich restituierbar sind, sondern nur auf dem Wege der Phantastik, der imaginären Strategien. Deshalb sind die Menschen präpariert für einen weiteren gesellschaftlich induzierten Omnipotenzwahn, den der »neuen Medien«, der strenggenommen nur ein Thema kennt: den Krieg der Sterne. Die Wirklichkeit jenes ebenso isolierten wie vergesellschafteten Subjekts zerfällt jetzt zur Unwirklichkeit. Damit gibt der Zivilisationsprozeß sein Geheimnis preis. Die Herrschaft der Bilder verrät eine militärische Monadologie, deren »Weltinnenraum« tapeziert ist mit imaginärer Gewalt und dem Willen zur Vernichtung des Anderen.

Im Widerstand gegen solchen Zerfall ist eine mimetische Verdopplung aufgetaucht, die wie eine Todesmelodie klingt: Imagination des Krieges als Krieg des Imaginären mit dem Realen. Dabei verschwindet der Gefängnischarakter dieser Isolationsfolter, solange die Befreiung *gespielt* werden kann. Der Bildschirm der Angst muß jederzeit angestellt bleiben, damit er »als« Schirm unsichtbar ist. Dabei kursiert die

Angst längst in ihrer rohesten Form: als Angst, daß es den Anderen, daß es das Andere wirklich nicht gibt. Denn auf der medialen Abstraktionsstufe, die inzwischen erreicht ist, funktionieren die alten Techniken der Realitätsvergewisserung nicht mehr. Der kontrollierende Blick, der das Subjekt schuf, kann vom Subjekt nicht repliziert werden. Von einem bestimmten Punkt der Sichtbarkeit an wird alles zur Falle. Das Vergessen des Anfangs spielt in ein Vergessen des Endes hinüber in der Form, daß das Vergessen vergessen wird. Dann können die Menschen sich endlich vergessen ...

Man darf allerdings nicht außer acht lassen, daß seit Beginn der Neuzeit die Kontingenz des Denkens und Handelns jederzeit gespannt war zwischen zwei Übeln: entweder gleich zu sterben oder die Strategie des Überlebens zu wählen, die immer eine Todesmacht im Gepäck hat. Was war in den Wirren der sich auflösenden Religion, in den täglichen Schrecken der Bürgerkriege und in den nächtlichen Ängsten, die ein »täuschender Gott« dem »cartesianischen Cogito« bereitete, für die zweifelnden Menschen ausschlaggebend, die Figur der Macht: das Subjekt zu wählen? Was war historisch attraktiv an der »Subjektivität«? – Ohne ein Minimum des Einverständnisses und der Freiwilligkeit wäre diese Form gesellschaftlicher Verbindlichkeit sicher nicht zustande gekommen. Aber der Druck aus dem Dunkel der Geschichte: die überwältigende Erfahrung eines unaufhörlichen Krieges hat den Anstoß gegeben, die Ordnung der Welt in Raum und Zeit zukünftig mit dem Vermögen des eigenen Kopfes zu bauen.

Erst jetzt, am Ende dieses Versuchs, wird sein Anfang nach und nach klar und mit ihm das Verhängnis, daß der Krieg als Horizont persistiert hat. Das Subjekt ist Machtfigur gegen den Krieg, aber die Macht bleibt Kriegsfigur, Medium eines zutiefst feindlichen Verhältnisses zu allem, was ist. Das kann nicht gestrichen werden. Aber mit der Transformation der Verhältnisse ins Mediale – die von der gesellschaftlichen Macht angestoßen, doch zu ihrem »Schaden« durchgeführt wurde: sie totalisiert sich bis zum Punkt eines imaginären Wahns – kommt die Wahrheit ans Licht. Die Steigerung der Subjektivierung und Individuierung über den Punkt ihrer theologischen Mucken hinaus funktioniert wie ein photographischer Entwicklungsprozeß: plötzlich schlägt der Sachverhalt (parzellierter Raum, zerstückelte Zeit) bis zur Deutlichkeit durch. Vielleicht ist der Vorschlag Foucaults: die präziseste Erinnerung an die Unlösbarkeit der Knoten der Geschichte zu verschwenden, und dann alles zu vergessen,[21] mit diesem Prozeß identisch. Denn Spielregeln umkehren heißt nicht, dieselben Regeln gegen diejenigen zu kehren, die sie bislang diktierten. Es heißt vielmehr, ein neues Spiel zu beginnen.

## 4.7 Eine Logik des Unscharfen

Nicht erst seit gestern gibt es Überlegungen, wie man der Gewalt entkommt, die einem im Nacken sitzt. Es sind offenbar Konstellationen möglich, in denen es weder gelingt, fortzufahren noch stillzuhalten, in denen überhaupt die Alternative völlig ungeeignet ist, Lösungen aufzutreiben. Deshalb soll als »Schlußfigur« eine neuartige Logik zitiert werden, die weder affirmativ noch kritisch ist, die weder durch Forcierung einer ohnehin verlorenen Erkenntnis, noch durch Hypostasierung eines aussichtslos-ohnmächtigen Widerstandes den Zerfall des Realen wie die Konjunktur des Imaginären beschleunigen muß. Es dürfte klar sein, daß in solcher Lage keine Radikalisierung der den Prozeß begleitenden Theoreme und Dispositive herhalten kann. Vielmehr müßte es eine mit mimetischer Subtilität gesteigerte Wahrnehmung der Verhältnisse selbst sein, die hier eintritt.

Der Mathematiker und Wissenschaftstheoretiker Michel Serres, der seit vielen Jahren die Sackgassen und Einbahnstraßen der abendländischen Metaphysik und der neuzeitlichen Wissenschaft studiert hat, plädiert angesichts der festgefahrenen Möglichkeiten gegenwärtigen Denkens für das Intermediäre: für eine topologische Unschärfe.

»These oder Antithese? Die Antwort ist ein Spektrum, ein Band, ein Kontinuum. Wir werden niemals mehr mit Ja oder Nein auf Fragen der Zugehörigkeit antworten. Drinnen oder draußen? Zwischen Ja und Nein, zwischen Null und Eins erscheinen unendlich viele Werte und damit unendlich viele Antworten. Die Mathematiker nennen diese neue Strenge unscharf: unscharfe Untermengen, unscharfe Topologie. Den Mathematikern sei Dank: Wir hatten dieses *unscharf* schon seit Jahrtausenden nötig.« [22]

Das mutet einfach an. Doch muß man die schier unwiderrufliche Arbeitsteilung der Disziplinen in Rechnung stellen. Eine entmoralisierte und erst recht eine entästhetisierte Wissenschaft scheint angesichts des passierenden Gegenstandsverlustes völlig ratlos zu bleiben zwischen der Hoffnung auf noch vorhandene außerwissenschaftliche Kompetenzen und dem Rückzug auf eingegrenzte Felder mit zweitrangiger Relevanz. Serres macht aber klar, daß die Abfälle, Reste und Nicht-

Identitäten, die der Positivismus und die Kritik übrigließen, alle Aufmerksamkeit verdienen.

»Wir sind, wir denken und wir leben am Rande, im Wahrscheinlichen, das vom Unerwarteten genährt, im Gesetzmäßigen, das von der Information gefüttert wird. Es gibt zwei Arten zu sterben, zwei Arten zu schlafen, zwei Arten Tier zu sein: Man kann sich kopfüber ins Tohuwabohu stürzen oder sich fest in der Ordnung und im Chitinpanzer einrichten. Wir sind hinreichend mit Sinn und Instinkt ausgestattet, um uns der Gefahr der Explosion zu erwehren, aber wir sind wehrlos gegen den Tod durch Ordnung oder gegen die Einschläferung durch Regel und Harmonie.

Unsere Chance liegt auf dem Grat. Unser lebendiger und erfinderischer Weg folgt der eigensinnig gewundenen Kurve, auf welcher der einfache Sandstrand mit der tosenden Brandung zusammentrifft. Eine einfache und geradlinige Methode erbringt keinerlei Information; ihre Nutzlosigkeit und Plattheit ist letztlich kalkulierbar. Die Intelligenz, das weiß man schon lange, bleibt unerwartbar wie eine Erfindung oder die Gnade; sie überschreitet das Überraschende nicht in Richtung auf Beliebiges. Die Strenge liegt niemals im Einfachen, das zur Identität strebt, sie wäre nichts, wenn sie nicht das vereinte und zusammenhielte, was nicht verknüpft sein dürfte. Zu Neuem gelangt man nur durch die Einbringung des Zufalls in die Regel, durch die Einführung des Gesetzes in den Schoß der Unordnung. Organisation wird aus den Umständen geboren, wie Aphrodite aus dem Schaum.« [23]

# Die Höllen Boschs. Raumvisionen eines Zeitgenossen

»... jene inneren Verfolgungen ..., die der Visionär Bosch in seiner Malerei für immer festgehalten hat, als sie im fünfzehnten Jahrhundert zum imaginären Zenith des modernen Menschen heraufstiegen«

(Jacques Lacan)

## Zur Aktualität der »Hölle«

Es ist heute nicht mehr erforderlich, die extremen Bilder der ewigen Verdammnis zu zitieren: die »Hölle« ist wie das Böse banal geworden. Das Wort geht leicht über die Lippen. Es steht zwar weiterhin für eine äußerste Belastung, markiert aber längst einen Ort innerhalb menschlicher Gewohnheiten. Man kennt die Hölle mindestens vom Hörensagen: von Unfällen, Lebenskrisen, Naturkatastrophen. Vorbei ist die Zeit, da sie – wie die Sünde – schaurige Anziehungskraft ausübte. Jede Form von forciertem Satanismus, wie er noch das Ende des neunzehnten Jahrhunderts fesselte, scheint im laufenden »fin de siècle« obsolet zu sein. [1]

Auch sind es nicht in erster Linie die apokalyptischen Konstrukte des größtmöglichen Ernstfalls, die das Bewußtsein besetzt halten, indem sie ins Unvorstellbare hinüberspielen. Die »Hölle« gehört vielmehr zum alltäglichen Inventar gegenwärtiger Erfahrung. – Was also hat Hieronymus Bosch damit zu schaffen? Was können die als schwer verständlich geltenden Bilder eines spätgotischen Malers zum Verständnis der Gegenwart beitragen? Was heißt »Raumvisionen eines Zeitgenossen« angesichts eines derart stumpfsinnigen reflexionslosen und inzwischen nichtssagenden Wortes?

Einen Schlüssel für das eminent Schwierige des genannten Malers könnte der Gedankengang eines Aufsatzes von Hans Sedlmayr bieten, der in seinem Buch »Der Tod des Lichts« [2] abgedruckt ist. Der Aufsatz »Die Säkularisation der Hölle« schlägt die Brücke von Bosch zur fortgeschrittenen Moderne und formuliert mit der hochentwickelten Sensibilität kulturkritischen Engagements einen fundamentalen Verdacht: daß nämlich die ästhetischen Avantgarden von Goya, Ensor,

Kubin bis zum Expressionismus, Futurismus, Surrealismus nichts anderes als Apotheosen der Hölle darstellen, wie Hieronymus Bosch sie gesehen habe. Diese zunächst eigene Welt der Imagination, für die es in der Natur und der Geschichte kein Vorbild gebe, habe sich mit dem Ende des Mittelalters aus ihrem Verhältnis zum komplementären Bild des Paradieses und des Himmels abgelöst und sei gleichzeitig mit der Austreibung der Dämonen ins Pro-Fanum »materialisiert« worden. Die Hölle – so Bosch, so Sedlmayr – sei die von allen guten Geistern verlassene Erde. Das Höllisch-Imaginäre habe im Irdischen Platz gegriffen, wie es vordem nie für möglich gehalten wurde. Die Säkularisation der Hölle, ein durch und durch modernes Ereignis, bestünde mithin in nichts anderem als in ihrer endgültigen Verwirklichung.

Man muß dem Gedankengang Sedlmayrs eine Wendung geben, die er selbst nicht beabsichtigte. Dieser Versuch der Distanzierung und der Abwehr der geschehenen Geschichte (mit vielen denunziatorischen Anspielungen) ist gänzlich ungeeignet, die äußerste Konsequenz aus dem erhobenen Verdacht zu ziehen. Es gibt keine historischen Reservationen, in denen das Schlimmste vermieden werden könnte. Was einzig hilft, ist die größtmögliche Klarsicht. Jede kurzschlüssige Kritik verstärkt das, was sie ablehnt. Um dergleichen zu lernen, kann man bei Hieronymus Bosch in die Schule gehen. Seine Visionen sind keine Endzeitapokalypsen, sondern Ent-deckungen der Realität, welche die Neuzeit auszeichnet und die – mit den Mitteln dieser Neuzeit selbst wahrgenommen – weitgehend verdeckt ist. Wenn Nietzsche sagt, daß das Problem der Wissenschaft nicht auf dem Boden der Wissenschaft erkannt werden kann, dann gilt dasselbe für die Moderne. Man braucht einen anderen Blick und eine aus der Gewohnheit ver-rückte Erkenntnis. Nur so ist es möglich, dem, was geschieht, seine eigene Dignität zu lassen und es dennoch, eindringlich bis auf den Grund, zu erkennen.

Zweierlei soll also mit Hilfe Boschs erläutert werden: erstens, daß nur Visionen das Reale in seiner gründlichen Struktur erreichen[3] und zweitens, daß dieses Reale heute nach Art von Höllen strukturiert ist. Das heißt umgekehrt: was normalerweise für wirklich gehalten wird, ist zunächst nichts als ein Bildschirm von Konventionen, hinter dem sich Ungeheuer verbergen. Das normalisierte bzw. normierte Bewußtsein, dem historisch und biographisch die Einbildungskraft ausgetrieben wurde, stellt eine Instanz der Abwehr dar, die wirkliche Einsichten nicht zuläßt; es ist ein Organ der Verhinderung von Erfahrung, der brauchbar wohltuenden Beschränkung, die – fürs Überleben – zweifellos unerläßlich ist.

Aber gelegentlich wäre es notwendig wahrzunehmen, was heute geschieht. Wenn man Bosch folgt – und ihn nicht nach Art gängiger Interpretationen abwehrt[4] –, mag man in ihm einen Zeitgenossen finden, dessen visionäre Einsichten auf dem Grat gegenwärtigen Geschehens balancieren. Insofern gehört er zur Kunst dieser Zeit. Vielleicht ist er gar der kommende Mann. Jedenfalls ist es erforderlich, eine Zeitgenossenschaft von Lebenden und Toten anzunehmen. Das Problem besteht nur darin, auf die Höhe der Zeit zu kommen. Denn jede Wahrheit ist datierbar. Das Meiste, was sich derzeit öffentlich breitmacht, entstammt den popularisierten Deutungssystemen des späten achtzehnten Jahrhunderts. Wer also lebt schon *nach* den Weltkriegen? Die Frage nach dem »Wann?« muß jedoch endlich aufgeworfen werden, damit zur Wahrnehmung aktueller Probleme nicht immer wieder völlig veraltete »Brillen« angezogen werden.

## Fraenger oder die Rehabilitierung des Visionären

Wer Bosch näherkommen will, muß sich heute mit Wilhelm Fraenger beschäftigen.[5] Nicht seine umstrittene Hauptthese (daß Bosch der Maler einer häretischen Sekte, der »Brüder vom Freien Geist«, gewesen sei) ist es, die weiterführt, sondern die konkreten Beschreibungen dessen, was er – Fraenger – durch die Bilder des Malers hindurch gesehen hat. Nach wie vor gilt Husserls Diktum, daß derjenige mehr recht hat, der mehr sieht. Man sollte es jedoch weiterdrehen: solange es ums Rechthaben geht, verfolgt das Sehen noch falsche Rücksichten. Aber dort, wo im Detail des Erschließens die Schlüsselfrage selbst kaum noch eine Rolle spielt, fällt es einem wie Schuppen von den Augen. Die Höllenbilder Boschs sind im Grunde keine Allegorien, Symbolismen, häretischen Sinnkonstrukte (obwohl ein unerhörtes, esoterisches Wissen sich auslegt), sondern visionäre Protokolle der kommenden Neuzeit, die an ihrem Anfang wie mit dem Wissen ihres Endes aufgezeichnet wurden. Was Fraenger gesehen hat – während des Zweiten Weltkrieges –, ist das geradezu nachmoderne Realitätskonzept der Malerei Boschs: seine prophetische Vision vom Stand eines »futur antérieur« aus, so als ob schon geschehen wäre, was erst geschehen wird, die genaue Bestandsaufnahme der Zustände und Verhältnisse der Moderne, ihre tiefsten Widersprüche und klaffendsten Gegensätze.

Das Spezifische der Bilder liegt in den dargestellten Räumen: die Höllen sind situiert auf einer verwüsteten Erde, die zum Schauplatz von Ausbeutung, Krieg, Folter und – immer wieder – obsessiver Selbstvernichtung geworden ist. Es wird gebaut, in Ruinen. Es herrscht Schrecken. Es gibt Quäler und Gequälte. Ein exorbitanter Wiederholungszwang strukturiert die Szenen und läßt sie changieren – zwischen blutigem Ernst und zynischem Spiel. Die Erde, ein ausgebrannter, stinkender Stern, ist übervölkert von kleinen und großen Körpern, die ausnahmslos Gespenstern gehören, selbst dort, wo Menschen in ihrer Nacktheit beteiligt sind. Das Geschehen ist nicht koordiniert: eine Vielzahl gegeneinander gleichgültiger Ereignisse (eine Vielzahl dezentrierter Höllen) wird bestenfalls zusammengehalten von einem eigenartigen, baumähnlichen Ungeheuer, das zurückblickt und das Fraenger als »Baum der Erkenntnis« deutet: als einen Triumph des toten, maroden Wissens über jede lebendige Wahrheit.

Die folgenden Zitate beziehen sich alle auf das »Tausendjährige Reich« [6] – wie Fraenger Boschs dreiflügeligen »Garten der Lüste« im Prado nannte. Ihm hat er die meiste Aufmerksamkeit gewidmet. Zwar ging es Fraenger um eine radikale, spekulative Neuinterpretation der drei Flügel, um einen von Bosch so vermeinten, historisch dauernden Seelenzustand vor dem Verlust des Paradieses zu rekonstruieren, aber seine Bildlektüre hält auch im einzelnen den dreifachen Kontext von Vorgeschichte, mystischer Intensität und »höllischer« Struktur der neuesten Geschichte fest.

»Urstoffe der Natur und böse Urtriebe des Menschen bekämpfen sich auf dieser Weltbühne des Horizontes, auf der die Hybris menschlichen Erfindungsgeistes, Machtwillens und Eigennutzes nicht nur die Schöpfung vergewaltigt, sondern zugleich auch das Zusammenleben zwischen Mensch und Mensch zerstört. Aus dieser Grundsituation der durch den Sündenfall heraufbeschworenen Weltzerrüttung schreitet der Maler in die Gegenwart, deren Gesellschaftsordnung er der nämlichen Zersetzung preisgegeben zeigt. Bosch ist dabei noch nicht so weit gegangen, wie er auf seinem späteren ›Heuwagen‹ zu gehen wagte, auf dessen Mitteltafel er die höchsten Würdenträger: Papst und Kaiser samt ihrer Klerisei und Fürstenschaft im Zug der Erntefuhr zur Hölle treibt. Zur Brandmarkung der weltlichen und geistlichen Gewalt hielt er sich vielmehr, wie die landläufige Zeitsatire, nur an die Ritter und die Mönche. Doch wenn er diese beiden Stände zu Zerrbildern blutrünstigen Strauchrittertums oder scheinheiliger Bekehrungssucht entwürdigt, geht er mit solcher aggressiven

Schärfe vor, daß sie die Vordermänner glatt durchschlägt und deren unsichtbare Hintermänner und das Obrigkeitssystem als solches trifft.« [7]

Solche Zeitkritik, so treffend sie sein mag, verbleibt noch im Schattenwurf urteilender Zuschreibung, die dem Kritiker einen Punkt außerhalb sichert. Bei der Weltgeschichte der Neuzeit als Weltgericht [8] geht es zwar auch um die Schuldigen. Doch liegt die subtilere Einsicht im durchdringenden Begreifen dessen, was geschieht, geschah und geschehen wird. Denn das Urteil des Gerichts lautet auf nichts anderes: ohne Verhüllung, ohne Verdrängung, ohne Verleugnung zu wissen, wissen zu müssen.

»Als wahre Hölle galt das ›Weitermachen‹, das Eingefangenbleiben in dem Göpel unsinniger Vorstellungen, läßlicher Gewöhnungen und sündhafter Verstokkungen der Lebensführung, wie auch die Höllenstrafen unsres Malers nur in den sturen Wiederholungen bestehen, worin verkehrte Zwecke bis zum Absurden fortgehaspelt werden. Solch infernalischen Automatismus sah der Brüderkreis des Freien Geistes überall gegeben, wo nicht ein grundstürzender Umbruch der Erweckung die toten Werke zu lebendigen verwandelt und den alten Adam zu einem geistberufenen neuen Adam umgeschaffen hat.

Von dieser freigeistigen Hölle, die keine Strafen einer Überwelt, sondern im Sinne des fundamentalen Bibelwortes ›Strafen des Lebens‹ auszuteilen hat, legt Bosch im großfigurigen Panorama seines Vordergrundes das umfassendste Zeugnis ab.« [9]

Damit ist Fraenger bei einem Umriß der Neuzeit, der sich im zwanzigsten Jahrhundert vollends ausgewachsen hat. Jener »infernalische Automatismus« hat jeden Versuch einer Umkehr, eines Neubeginns, eines anderen Lebens bislang hintertrieben. Obwohl immer mehr Menschen wissen, was »eigentlich« getan werden müßte, um das Schlimmste zu verhindern, geschieht dergleichen nicht. Das muß an der Übermacht eines Denkens liegen, das auch jene noch beherrscht, die es aufheben wollen. Seit Jahrzehnten stockt nun das Projekt einer Gesellschaftskritik, was nicht allein an den bösen Gegnern liegen kann. Vielmehr versagt sich die bestimmte Negation selbst ihre Radikalität. Das liegt an der Angst vor der Paradoxie und an der Mißachtung des rechten Zeitpunkts. Ein Denken, das wirken will, muß heute seine eigene Zeitlichkeit in Anschlag bringen. Irgendwie scheint es um Peripetie zu gehen und um Gesetzmäßigkeiten einer Rache der Erde. [10] Bosch und Fraenger verweisen auf die »Nemesis«, die als verrottetes Monstrum eines ehemals paradiesischen Baumes des Wissens mitten in der Hölle steht.

»Mitten im Höllengrund steht, übergrell belichtet, in seinen Umrissen scharfkantig und zerspellt, ein Ungeheuer. Auf Füßen, die in großen Kähnen stecken, erheben sich zwei Schenkel, die als zermorschte Baumstämme gezeichnet sind. Ein Übergangsgelenk, halb Knie, halb Ellenbogen, führt zur Schulter, von der sich uns als Rumpf des Höllengespenstes ein aufgeplatztes Riesenei entgegenwölbt. Durch seine leichenfarbene Schale ist dürres Astwerk beider Beinstücke hindurchgedrungen. Über die Schulter wendet sich der Kopf zurück. Aus seinem fahlen und trübsinnigen Gesicht schweifen zwei Augen, die uns nicht begegnen, durch die Höllennacht. Als Kopfbedeckung trägt das Ungeheuer eine Scheibe, auf der ein rosaroter Dudelsack von buhlerischen und vermummten Pärchen zeremoniell umwandelt wird. Verkleinert kehrt der gleiche Dudelsack auf einer Fahne wieder, die über dem zersprungenen Ei befestigt ist. Das Innere des Eies ist ein Nobiskrug: eine phantastische Schenke, worin, vom Feuerschein umflackert, an einem kahlen Tisch drei Gäste vor der Kanne sitzen, indes die Höllenwirtin eine neue aus dem Fasse zapft. Ein Mann, der diesen Spuk schon satt bekam, lehnt an dem Rand der Schale und schaut hinunter auf das eisbedeckte Wasser, in dem die Schiffspedale des Gespenstes eingefroren stehen. Als Ganzes wäre dieses seltsame Gewächs am ehesten mit einer *Ente* zu vergleichen, die ihren schwerfällig hintüberhängenden, gedrungenen Rumpf auf ungeschickte, krumme Beine stützt. So könnte sich in spätgotischer Phantasie die mythologische *Nemesis* gespiegelt haben: die *gans*-gestaltige Urweltgöttin, die – nach Eratosthenes (Katasterismoi, Kap. 25) – das so verhängnisvolle *Weltei* ausgetragen hat.

Bis heute blieb das Monstrum unerklärt, das – wie so viele unenträtselte Symbole unsres Malers – nur als Ausgeburt einer dämonomanischen Zwangsvorstellung betrachtet wurde. Es mochte dabei sein Bewenden haben, solange man auch an dem tiefgründigen Sinn des Lebensbrunnens verständnislos vorbeigegangen war. Seitdem wir aber dessen magische Funktion und spiritualistische Bedeutung nachgewiesen haben, wächst der Zentralfigur der Hölle zwangsläufig eine gleichgewichtige Bedeutung zu. Denn beide stehn als Bild und Gegenbild einander gegenüber, wie ihre Umwelten in folgerichtiger Antithetik voneinander abgehoben sind.«[11]

Der Lebensbrunnen und der Erkenntnisbaum – beide verbleiben zunächst in einem Verweisungszusammenhang; dann – durch die Säkularisation der Hölle - werden sie im Bewußtsein und im Leben voneinander getrennt und nach und nach vergessen: das Paradies geht verloren; die Hölle nimmt hautnah Gestalt an; und im Dämon des Erkenntnisbaumes vermag sich eine moderne Menschheit bald nicht mehr zu erkennen. Obwohl später alle ihm huldigen, vermag ihn keiner als diesen Baum zu identifizieren. Die Welt der Neuzeit ist auf ihn projiziert, ohne den Begriff davon zu haben, daß ihre Hauptprojektionsfläche ein spezifisches Höllenraum-Bild ist. Wenn es gelänge, diese Verblendung aufzuheben, wäre auch die Hölle überwunden.

»Der Weltbaum ist zermorscht, das Weltei faul geworden und geborsten, das Weltmeer zugefroren und das Schiff der Zeit hängt abgetakelt in dem Eis. Der Dämon, dessen Glieder diese abgestorbenen Elemente bilden, steht als Verkörperung des seelischen Todes in der Höllennacht, denn – scheinbar ohne Aussicht auf ein besseres Los – bleibt ihm nichts als die Rückschau auf das Abgelebte, und er verzehrt sich in der Wiederholung des Gewesenen, wie er selbst nur ein Ausbund der Verwesung ist.

Auch in der Schenke seines Bauchs herrscht Aschermittwochsstimmung, in der die trübselige letzte Neige rinnt, wenn auch ein später Gast sich sehr beeilt, noch in den Nobiskrug hineinzukommen, indes sein nackter Kamerad am Fuß der Leiter noch ein Abenteuer mit einer – Motte abzuwickeln hat. Diese chimärische Begegnung zwischen dem verlorenen Menschen und dem mit farbigem Staub geschminkten zudringlichen Nachtschmetterling führt aus dem grellen Höllenschrecknis zu der Schwelle einer herzlähmend düsteren und tiefen Traurigkeit.«[12]

Überhaupt wird die Melancholie, die gallenbittere Trauer, die im Verlust des einzigen, was zählt, versinkende Depression zur unterschwelligen, aber schlechthin bestimmenden Gemütslage der Moderne. Aus ihr oder gegen sie sind alle kulturellen und technischen Errungenschaften von Belang entstanden, welche die nachmittelalterliche Zeit charakterisieren. Durch sie ist aber auch jenes Verhängis wirksam, das den Raum, schließlich den leeren Weltraum zur alles entscheidenden Größe macht.

## Höllische Strukturen einer raumfixierten Imagination

Nach einem Satz E. M. Ciorans[13] – gegenwärtig wohl der »Experte« schlechthin – besteht die Hölle in der äußersten Entfernung zur Vegetation, zu dem, was in Rhythmen wächst, aufgeht, reift und stirbt. Insofern ist die Hölle gezeitenlos und ebenso ohne Leben wie ohne Tod. Der Triumph des Toten über das Lebendige wirkt sich dahin aus, daß niemand sterben kann und daß nichts jemals aufhört. Der Haß auf die Pflanzen muß also nicht erst durch das Waldsterben belegt werden, sondern ist strukturell, modern von Anfang an. Verdeutlichen läßt sich dies am besten durch einen dreifachen Vergleich zwischen der mittelalterlichen Hölle und den Räumen, die Bosch auf seinen Bildern vorstellt.

Statt des Höllensturzes, der in den von Dante her bekannten[14] trichterförmigen Abgrund führt, sieht man bei Bosch Oberflächen der Erde. Die mittelalterliche Unterwelt mit ihren dramatischen Übertreibungen ist ersetzt durch Szenen, die bei näherem Hinsehen geradezu alltäglich anmuten. Menschliche Charaktere bzw. gesellschaftliche Typen werden gemalt bei der Verrichtung ihrer Arbeit: Mönche und Ritter, aber auch Bauern, Handwerker, Erfinder, Artisten usf. Sie alle verharren in kühler Distanz zueinander, wie überhaupt jede Anspielung auf den Lieblingsgedanken der alten Höllenmaler: das Brennen bei lebendigem Leibe nach und nach unterbleibt. Das Feuer wird von Bosch schließlich völlig gelöscht. Die Atmosphäre in den zentralen Bereichen ist frostig. Ein ewiger Winter scheint sich festgesetzt zu haben. Der morsche Baum steht auf Kähnen, die im Eis fixiert sind – Sinnbild der Beziehungslosigkeit noch mit dem Ort der Handlung. Es herrscht totale Vereinzelung bei totaler Vergesellschaftung.[15]

In Schwung gehalten wird der Betrieb durch ein System von illusionären Obsessionen, wobei jeder dem anderen bloß Instrument für ein unerreichbares Ziel sein kann. Dieses instrumentelle Verhältnis generiert Räume, die – Gefängnissen gleich – alle Betroffenen absolut einschließen. Die »un-menschlichen« Wesen, die Gespenster, meist gefräßig, immer aber aggressiv, sind leicht als »Institutionen« zu entlarven, die dem System der eingebildeten Bedürfnisse Halt geben. Die großen, meist zerfledderten Körper: Tiere, Geräte, Maschinen und Mischformen (»Biomechanismen«) machen mit ihren Dimensionssprüngen den Zwang zur Ergänzung deutlich, den die kleinen Körper als imaginäres Kompensat in ihre Beziehungen projizieren müssen. Bosch lokalisiert genau: die Institutionen der Moderne sind nicht getrennt, aber unterschieden von den Individuen. Es ist die Art des Verhältnisses, die sich gespenstisch ausbildet.

Das Verhältnis der Menschen untereinander ist ebenso maschinenhaft wie das zu den Dingen. Einmal Moment der Instrumentalisierung, haben die Beteiligten keine Wahl mehr: die Nicht-Beziehung festigt sich zu einem Automaten, der in scheinbarem Selbstlauf vom Mittel zum Zweck mutiert und ein abstraktes, rhythmusfernes Zeitmaß durchsetzt. Ein jeder wird in das verwandelt, was er »liebt«. Das Bedürfnissystem duldet keine Souveränität gegenüber den Regeln. Das zu tun, was einem paßt, ist der sicherste Weg in die Gefangenschaft. Des Menschen Wille ist keineswegs sein Himmelreich, sondern die Hölle.

– Entgegen der apokalyptischen Version des Infernos, daß es nämlich zukünftig sei: eine Folge des Strafgerichts am Jüngsten Tag oder am Ende des Lebens, setzt Bosch das Präsenz. Die Realität des Bösen *ist.* In dieser Zeitform hat die Hölle nur Langeweile zu bieten bei einem unendlichen Mangel an Zeit. Es dominiert eine leere Gegenwart, aus der alle Zeit durch geregelten Zeitvertreib ausgetrieben wurde; ein endloses Warten auf etwas, das nie eintritt, ein Seelenzustand, der permanent seelenlos ist und ebenso unausweichlich wie unerfüllbar.

Das Verhängnis besteht darin, daß ein Unerträgliches nicht mehr aufhören kann. Der rhythmische Lebenslauf ist zur Strecke gebracht. Vom Leben kann nicht gesprochen werden, weil es den Tod nicht gibt.[16] Untote für immer, ein jeder bei seiner Obsession, autistische Automaten sind die Menschen, auf ihre Projekte gespannt, aufgespießt, angenagelt: gerade das Gelingen ist die Verstrickung. Alle Begabungen sind längst selbstmörderisch. Die Gefängnisse der Zeitlosigkeit sind voll von Virtuosen.

Daß dies kein fremdes Schicksal ist, weiß Bosch in der Widerstandslosigkeit der Protagonisten anzuprangern. Die Hölle ist ein zwingender Rückschlag aus unerledigten, abgebrochenen Utopien. Die Art und Weise nämlich, wie der Weg der guten Vorsätze gegangen wurde, manifestiert sich im Effekt. Es ist die Beherrschung des Raumes, seine Vermessung in menschlichen Maßen und in Rücksicht auf ein einziges Zentrum der Macht, die uneinholbar katastrophische Konsequenzen zeitigt.

– Obwohl in Boschs Darstellungen auch der mittelalterliche Thron des Höllenfürsten nach und nach dezentriert wird, bleibt ein Rest übrig, der den räumlichen Zusammenhang stiftet. In der »Mitte« der Hölle steht jener schon mehrfach zitierte Baum, oder das, was von ihm übrigblieb. Das Gesicht, das aus schräggestellten Augen zurückschaut, ist nicht luziferisch. Man darf in ihm vielmehr das Antlitz der enttäuschten Menschheit erblicken. Vielleicht ist es das Gesicht des Hieronymus Bosch. In ihm ist alles versammelt, was gemeint sein kann: von einer Behauptung des Gelingens der Geschichte oder von einem unvollendeten Projekt der Moderne kann nicht mehr die Rede sein. Das Abgestorbene schlechthin zeugt nichts als den Zerfall, aber den Zerfall einer – wie es scheint – rettungslosen Immanenz. Es gibt kein Außen mehr, und das Innen ist ohne Zukunft. Der Raum als vermessene Größe ist für immer tot. Der Versuch seiner Beherrschung, Besetzung, Bewältigung wurde zum Anlaß für einen Sog, in dem auch der Motor der Vernichtung vernichtet wird.

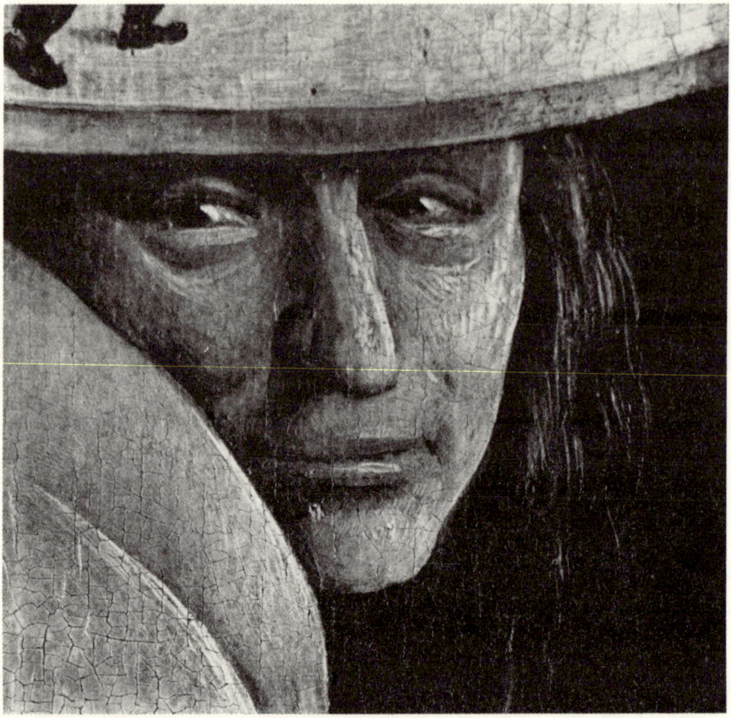

Das Antlitz der zurückblickenden Menschheit (*Hieronymus Bosch*)

Wenn es ein Pendant zum Engel Benjamins gibt, dann ist es dieses ohnmächtige, verzweifelte Antlitz. Noch unterhalb der Schuttberge und Ruinen hat die Entstellung des Raumes zu einem götter-, geist- und menschenlosen Endlager stattgefunden. Nicht genug haben die Mächtigen der Erde sich tun können mit ihrer »Geo-Metrie« und »Geo-Graphie«. Bis in die unmittelbare Gegenwart hinein blieb das Verhältnis der zivilisierten Menschheit zu ihrem Grund und Boden unerlöst parasitär. Die raumfixierte Imagination ist – inzwischen waffenstarrend – eingekeilt und in einem prekären Gleichgewicht des Schrekkens festgefahren. [17]

Vielleicht ist es zu wissen wichtig, daß Galileo Galilei in den Jahren 1587 und 1588 – also vor knapp 400 Jahren – an der Akademie von Florenz Vorträge über die »Topographie der Hölle Dantes« gehalten hat, in denen er eine Antwort auf Vorarbeiten von Christofero Landino (1481) und Alessandro Vellutello (1544) versuchte. Hans Blumenberg hält dafür, [18] daß es sich dabei lediglich um eine »Jugendtorheit« gehandelt habe. Von Bosch her, der ungefähr von 1460 bis 1516 lebte, ergibt sich dementgegen ein direkter Zusammenhang zwischen dem Vermessen der Hölle und den bahnbrechenden naturwissenschaftlichen Erforschungen und Entdeckungen des Raumes überhaupt. Vielleicht ist der Schritt vom Raum der Hölle zur Hölle des Raumes minimal.

## Zur Reversibilität der Geschichte

Ganz und gar aussichtslos wäre die Vision Boschs, wenn es bei den Konnotationen bliebe, die in christlicher Tradition mit der »Hölle« verbunden sind. Da heißt es orthodox: unwiderruflich, endgültig, hoffnungslos. Doch die Größe Boschs, seine wahre Zeitgenossenschaft liegt darin, daß er auf die Frage nach einer Umkehrbarkeit der Menschheitsgeschichte ein leises Ja zur Antwort gibt. Er war – wenn man Fraenger glauben darf – ein Anhänger der Lehre von der »Apokatastasis ton phanton«, der »Wiederbringung Aller«: auch der Teufel, Luzifer, kann und muß gerettet werden.

Schon damals – schreibt Fraenger – handelte es sich um eine kapitale Häresie, obwohl sie vordem von wichtigen Gewährsleuten der Orthodoxie propagiert worden war: von Origines begründet und von Johannes Scotus Eriugena dem Mittelalter überliefert.

»Dem griechischen Kirchenvater und dem irischen Denker stellt sich die Heilsgeschichte als universales Drama in drei Akten dar: Im ersten faltet sich die Gottheit in die Schöpfung auseinander. Im zweiten Akt tritt die Entfremdung zwischen Gott und seinen selbständig gewordenen Emanationen ein. Im dritten werden die abtrünnigen Entfaltungen zurückerhoben. Nach einer stufenweisen Läuterung kehrt, was aus Gott hervorgegangen war: die Steine, Pflanzen, Tiere, Menschen und Dämonen, ja schließlich auch der Teufel in den Urstand heim, wo die Gerechten in vollkommener »deificatio« mit Gott verschmelzen.

Der kosmische und menschliche Universalismus dieser Lehre schließt jene für den Freien Geist so kennzeichnende *Toleranz* mit ein, welche die Unterscheidung: Christen, Juden, Heiden sub specie aeternitatis überwunden hatte. Vor allem gilt für diesen Kreislauf der zu Gott zurückstrebenden Kreaturen die Hölle nur als zeitbedingte Prüfungsstätte, gleich dem Erdenleben, wodurch die Lehre von der »Wiederbringung Aller« in ihrer Allversöhnlichkeit in strikten

Gegensatz zu der dogmatisch festgelegten Ewigkeit der Höllenstrafe tritt, die auch die Kirche Martin Luthers übernahm, deren Augsburger Konfession im 17. Artikel »die Wiedertäufer, so lehren, daß die Teufel und verdammten Menschen nicht ewige Pein und Qual haben werden«, abgeschüttelt und verketzert hat.

Von hier aus bahnt sich offenkundig eine totale Umwälzung für das Verständnis der Höllenbilder unsres Meisters an. Wie schon das Paradies der Mitteltafel, das man bisher für eine Vorstufe der Hölle statt des Himmels hielt, ... so tritt jetzt auch die Höllentafel, die allgemein als bildgewordener »Hexenhammer« gilt, als Zeugnis einer optimistischen Humanität zutage«. [19]

Man hat sehr früh vermutet, daß Bosch – weil er nicht an den mittelalterlichen Teufel glaubte – sich selbst wirklich mitten in der Hölle gemalt habe. [20] Die Überzeugung, daß diese nicht endgültig sei, kann aber nur aus seinem visionären Durchblick stammen. So wie der Raum Götter, Menschen und Dinge trennt, so verbindet sie die Zeit. Sein Wesen ist die Grenze, ihre Wahrheit der Augenblick. Insofern liegt in der Zeitgenossenschaft die Quelle für ein unbesiegbares Trotzdem. Gerade die Visionen des größten Schreckens, des wahren »horror vacui« helfen beim Standhalten. Die gebannte Raumidolatrie der Moderne ist durch verstandesmäßige Aufklärung allein nicht zu lösen. Dazu bedarf es vielmehr einer »zeitigenden Einbildungskraft« (Heidegger), die an der genannten Apokatastasis ein historisches Exempel hat, aber keineswegs erschöpft ist. Die Konstruktion der jüdisch-christlichen Heilsgeschichte insgesamt, vom Engelsturz über den Sündenfall und die Himmelfahrt bis zum Jüngsten Gericht steht zur Disposition. Mit der Umdeutung des Infernos zur Präsenz der Neuzeit ist eine andere Erfahrung des Himmels und der Erde eingeleitet. Man kommt jedoch nicht umhin, das, was man tut, zu wissen. Das führt durch das Schlimmste hindurch. Auch die Höllen Boschs sind ein solcher Durchgang.

# 5. Das Reale als das Unmögliche. Zur Topographie des Subjekts

»den lieb ich, der Unmögliches begehrt«
(Goethe)

Manche wollen mit dem Kopf durch die Wand, an der längst das Menetekel steht, das sie betrifft. Andere reißen sich in Stücke, sobald ihr Name bekannt wird. Einige wollen durch den Spiegel gehen, um dem imaginären Tod ein Duell anzubieten. Sie weigern sich, den verfallenen Raum der Seele zu akzeptieren und scheuen selbst das Bild des zerstükkelten Körpers nicht, das der Baum der Erkenntnis heute zeigt. – Von solchen und anderen dramatischen Verwicklungen handeln die Schriften Jacques Lacans. Sie sind deshalb für eine »Soziologie der Imagination« unverzichtbar. Noch gibt es eine erhebliche Rezeptionssperre in den Sozialwissenschaften. Dabei steht das kursierende Verdikt, Lacan sei schwierig, unverständlich, verworren in einem auffallenden Gegensatz zum Enthusiasmus derer, die ihn für sich entdecken. Es gibt andererseits geschlossene Kreise, die ihn mit Beschlag belegen wollen. Wer sich also mit Lacan beschäftigt, muß sich nach mehreren Seiten vorsehen.

Im folgenden wird ein Versuch unternommen, das zentrale Problem einer historischen Anthropologie: das geschichtliche Schwinden ihres Gegenstandes, mit Lacans Einsichten einer Topographie des Subjekts, einer »Ortsschrift des unterworfenen Einzelnen«, in Beziehung zu setzen. Diese Topographie, die auf eine Neubestimmung der »Zeit des Subjekts« hinausläuft, ist eine Art Sprachdenken, das einerseits das Unbewußte ins Spiel bringt, andererseits den »Stand« einer unterschwelligen Geschichte: des Todes Gottes in der Sprache der Menschen, d. h. des Symbolischen reflektiert. Die Lacansche Bestimmung des Ortes des Subjekts ist also ausladend. Man muß ihr auf dem weitesten Bogen folgen, um sie nicht zu verfehlen. Das bedeutet andererseits, Einzelheiten zu vernachlässigen, die einem bei der Lacan-Lektüre schon vertraut waren. Doch geht es nicht um ein Kapitel über Lacan, sondern über ein Thema mit Lacan.

Das Thema hat es insofern in sich, als es sprachlich als das bezeichnet wird, was kein Thema sein kann. »Das Reale wäre ... das, was stets an derselben Stelle wiederkehrt – an der Stelle, wo das Subjekt als denkendes ... ihm nicht begegnet«.[1] Damit könnte man bereits Schluß machen, wenn es beim Denken weiterhin nur ums Urteilen und Schließen ginge. Was ansteht, ist vielmehr ein genaues Hinhören und ein Aufnehmen der Orts-Zeit des Denkens in das Denken. So kommt es zu einer Bewegung, deren Sinn nicht mehr darin bestehen kann, in Definitionen festgestellt (oder in Urteilen zerstückelt) zu werden. Diese Bewegung nimmt einen mit – oder läßt einen zurück. Ihr Sinn erschöpft sich einzig darin, wie weit man mitzugehen bereit und in der Lage ist. Denn die schonungslose Demaskierung der Obsession der Selbstverkennung, die Lacan betreibt, ist nicht das Letzte. Der Spiegel der Moderne, der in der Hölle steht, zeigt – neben der faktischen Zerstückelung – auch ein Gesicht. Dieses aber beginnt erst zu leuchten, wenn das Subjekt sich in Bewegung gesetzt und seine Topographie akzeptiert hat.

»Die Zerrissenheit offenbart einen ›emanzipierten‹ Menschen, dessen deutlichen Riß bis auf den Grund. Es ist die Selbstbestrafungsneurose mit ihren hysterisch-hypochondrischen Symptomen, ihren funktionalen Hemmungen mit den psychasthenischen Formen ihrer Entwirklichung des Anderen und der Welt, mit ihren sozialen Folgen von Versagen und Verbrechen. Es ist dieses rührende Opfer, das aus einem unverantwortlichen Anderswo ausgebrochen ist und den Bann gebrochen hat, der den modernen Menschen zu der schwersten sozialen Zwangsarbeit verurteilt, – dieses Opfer ist es, das wir auflesen, wenn es zu uns kommt. Diesem nichtigen Sein müssen wir tagtäglich von neuem den Weg seines Sinns in diskreter Brüderlichkeit öffnen, nach deren Maßgabe wir immer zu ungleich sind.«[2]

## 5.1 Lacan als Soziologe und Anthropologe

Um den Beitrag Lacans zum besseren Verständnis des Sozialen adäquat rezipieren zu können, ist ein Umweg über die philosophische bzw. historische Anthropologie vonnöten, wie sie – als »Vermittlung« von Geschichte und menschlicher Natur – in den letzten Jahren wieder an Relevanz zugenommen und in verschiedenen sozialwissenschaftlichen Disziplinen erneut Aufmerksamkeit auf sich gezogen hat.[3] Bei der genannten »Vermittlung« handelt es sich hauptsächlich um den Status des Subjekts, der im Spannungsfeld von Kontinuität und Diskontinuität, von vergesellschafteter Natur und geschichtlichen Vergesellschaftungsprozessen, von menschlicher Identität und anthropologischer Differenz erörtert wird. Die spannungsreiche Verkoppelung von auseinanderdriftenden Disziplinen (z. B. von Geschichte und Anthropologie) korrespondiert also mit einer tiefreichenden Paradoxie des Problems. Gehlens Annahme eines »Mängelwesens« Mensch und Plessners Modell der »Exzentrizität der menschlichen Natur« sind – meist ohne ausdrückliche Bezugnahme – fortgeschrieben worden, um am historischen Schicksal des Körpers und der menschlichen Bedürfnisse die Wirksamkeit sozialgeschichtlicher Mechanismen der »Repression« oder der »Produktion« nachzuweisen. Die Formel von der »anthropologischen Differenz«, die im Rückgang auf verkappt anthropologische Prämissen der Anthropologie-Kritik (Frankfurter Schule, Heidegger) gewonnen wurde, sollte einerseits die Unzulänglichkeit eines monolithischen Menschenbildes bzw. einer selbstverständlichen Subjekthaftigkeit des Menschen demonstrieren, andererseits den Blick auf die unerhörte Dynamik und Dramatik der phylo- und ontogenetischen Menschwerdung richten.

Durch Radikalisierung und Konkretisierung dieser Formel, die per se einen sozialen Sachverhalt meint, nämlich die gesellschaftliche Konstituierung von Identität (die mißglücken kann), ist es möglich, den Zugang zur Psychoanalyse Jacques Lacans zu finden, die in äußerster sprachlicher, metaphorischer und logischer Konzentration eine Strategie der biographischen und historischen Dezentrierung des Subjekts und der Subjektivität darstellt. Die Radikalisierung besteht in der Erweiterung und Vertiefung der Bedürfniskategorie zugunsten der Theorie eines Begehrens, das in der Tat exzentrisch, skandalös, paradox genannt werden muß, das unbewußt bleibt, aber als Unbewußtes wie eine Sprache strukturiert und in einer Signifikanten-Kette angelegt ist, und das immer nur als Begehren des Anderen (genetivus subiectivus et obiectivus) funktioniert. Die Konkretisierung betrifft die drei Instanzen des Imaginären, des Symbolischen und des Realen, an die der menschliche Körper vergeben ist: wie das durch die Geburtstrennung verletzte Individuum seine verlorene Einheit im Imaginären sucht, wie es mittels der familialen Triangulation von den Inzestwünschen abgelenkt in das Gesetz des Vaters oder die symbolische Ordnung eingeführt wird und wie doch ein Rest bleibt, der nicht aufgeht: das Reale. Zentral ist dabei das rätselhafte Wiedererkennen des Spiegelbildes, das die frühkindliche Erfahrung des zerstückelten Körpers scheinbar beendet; doch das Phantasma überlagert nur das Trauma der Ur-Separation und stellt einen Bild-Schirm dar, der ein Inkommensurables abschirmt und so den Anfang der Kette der abgelenkten und verschobenen Wünsche bildet.

»Man kann das Spiegelstadium *als eine Identifikation* verstehen im vollen Sinne, den die Psychoanalyse diesem Terminus gibt: als eine beim Subjekt durch die Aufnahme eines Bildes ausgelöste Verwandlung ... Die jubilatorische Aufnahme seines Spiegelbildes durch ein Wesen, das noch eingetaucht ist in motorische Ohnmacht und Abhängigkeit von Pflege, wie es der Säugling in diesem *infans*-Stadium ist, wird von nun an – wie mir scheint – in einer exemplarischen Situation die symbolische Matrix darstellen, an der das Ich (je) in einer ursprünglichen Form sich niederschlägt, bevor ... ihm die Sprache im Allgemeinen die Funktion eines Subjekts wiedergibt ... Aber von besonderer Wichtigkeit ist gerade, daß diese Form vor jeder gesellschaftlichen Determinierung die Instanz des Ich (moi) auf einer fiktiven Linie situiert, die das Individuum allein nie mehr auslöschen kann ...«[4]

Diese Rückbezüglichkeit von »je« und »moi« eröffnet den Raum, den die Differenzanthropologie zum Problem erhoben hat. Es geht um die Möglichkeit der Wandlung des Menschen und um deren Gefährdung durch die Definitionsabsichten der Anthropologie.

## 5.2 Rückblick auf die Anthropologie

Um mit dem letzten, der Gefährdung der Wandlungsfähigkeit zu beginnen, so kann in Anbetracht der Anthropologie heute insofern ein »Erfolg« annonciert werden, als die Wissenschaften vom Menschen, in der Konsequenz ihrer Deskriptionsgenauigkeit, den Gegenstand ihrer Disziplinen weitgehend »abgeschrieben« haben. *Der* Mensch als abstrakte Größe, als gesellschaftliche Norm, als Kriterium für Menschliches und Unmenschliches ist – wie Claude Lévi-Strauss[5] es vorausgesehen hat – durch theoretische Bearbeitung liquidiert worden. Der Ort des Menschen ist freigeräumt; ein ehemals konstruierter Gegenstand ist durch präzise Rekonstruktion nach und nach dekonstruiert worden. Das geschah hauptsächlich durch Verschiebung des »Rätsels« des Humanen von der Seite des »Tiers« (homo: animal rationale) zur Seite der »Maschine« (selbstreflexiver Apparat mit Phantasie).[6] Auf dieser Linie hat Nietzsche vollkommen recht behalten. Dabei notiert er eine frühe Verbindung zwischen Tier und Maschine.

»Wir haben umgelernt. Wir sind in allen Stücken bescheidner geworden. Wir leiten den Menschen nicht mehr vom ›Geist‹, . . . ab, wir haben ihn unter die Thiere zurückgestellt . . . Was die Thiere betrifft, so hat zuerst Descartes, mit verehrungswürdiger Kühnheit, den Gedanken gewagt, das Thier als machina zu verstehn: unsre ganze Physiologie bemüht sich um den Beweis dieses Satzes. Auch stellen wir logischer Weise den Menschen nicht bei Seite, wie noch Descartes that: was überhaupt heute vom Menschen begriffen ist, geht genau so weit als er machinal begriffen ist. Ehedem gab man dem Menschen als seine Mitgift aus einer höheren Ordnung den ›freien Willen‹: heute haben wir ihm selbst den Willen genommen, in dem Sinne, daß darunter kein Vermögen mehr verstanden werden darf: . . . der Wille ›wirkt‹ nicht mehr, ›bewegt‹ nicht mehr . . . Ehemals sah man im Bewußtsein des Menschen, im ›Geist‹, den Beweis seiner höheren Abkunft, seiner Göttlichkeit: um den Menschen zu *vollenden*, rieth man ihm an, . . . die Sinne in sich hineinzuziehen, den Verkehr mit dem Irdischen einzustellen, die sterbliche Hülle abzuthun: dann blieb die Hauptsache von ihm zurück, der ›reine Geist‹. Wir haben uns auch hierüber besser besonnen: das Bewußtwerden, der ›Geist‹, gilt uns gerade als Symptom einer relativen Unvollkommenheit des Organismus, als ein Versuchen, Tasten, Fehlgreifen, als eine Mühsal, bei der unnöthig viel Nervenkraft verbraucht wird, – wir leugnen, daß irgend Etwas vollkommen gemacht werden kann, so lange es noch bewußt gemacht wird. Der ›reine Geist‹ ist eine reine Dummheit: rechnen wir das Nervensystem und die Sinne ab, die ›sterbliche Hülle‹, so *verrechnen wir uns* – weiter nichts! . . .«[7]

Zur Auszeichnung der Linie mag es hilfreich sein, die Stationen noch einmal durchzugehen, die von der bürgerlichen Anthropologie (als Theorie und Praxis des abstrakten Menschen) zurückgelegt wurden. Wie überall, so läuft es auch auf dem Boden der Wissenschaften vom Menschen von der »Substanz« zur »Struktur«, ein Kategorienwechsel, der den realen Abstraktionsprozeß abbildet, ihm aber auch einen »Fortschritt« des Symbolischen abgewinnen will. Der Weg von der unterstellten »kompakten« Natur des Menschen zur strukturellen Matrix einer »menschlichen Natur« ist nicht einzig ein Niedergang.

Die Anthropologie des Bürgertums: das war der Ort und die Mitte eines Abstraktionsprozesses, der mit Praktiken des Ausschlusses und des Einschlusses arbeitete, um die Maßgeblichkeit einer gesellschaftlich gesetzten Norm des Menschen (»Natur«) zu definieren und zu kontrollieren. Die Ausgrenzung in Richtung des Animalischen hat sich nach und nach erübrigt; es handelte sich um den Spezialfall einer vielfältigen Kette von Grenzziehungen, z. B. zu den »Wahnsinnigen«, zu den »Wilden«, den Fremden, den Kindern, den Frauen, den Vaganten (ohne daß dies gelungen wäre). Die gesetzte Norm in ihrer Tendenz bestand in selbstkontrollierter Kontrolle eines Selbst, das jeglicher Konkretheit bar ist: bloße Form ohne Inhalt, Bild des Menschen als Spiegel der abstrakten Verhältnisse; internalisierte Machtfigur gleich Subjekt.

Der Körper als Störenfried des fortschreitenden Abstraktionsprozesses, der zunächst Widerstand gegen die Zurichtung der Einschluß-Ausschluß-Praktiken in Familie, Öffentlichkeit, Arbeitswelt leistete, wurde schließlich auch abstrakt. Das führte zu einer Stillstellung des menschlichen Willens in einer Dialektik, die zur Paradoxie mutiert. Aktuell ist es eine Anomie des Körpers mit hauptsächlich depressiven Syndromen, die zu denken gibt: die Schwere, das »Gewicht der Welt« steht gegen eine zur reinen Energie transformierte Kontrollmaschinerie. Vermutlich ist das ein letztes Zwischenspiel. Denn die Verflüchtigung des Konkreten, der materiellen Momente körperlichen Widerstandes in einer »Szene«, die in zitatreicher Sprachlosigkeit die Gesetzmäßigkeiten dessen, wogegen sie ist, formbestimmt verdoppelt, stellt in ihrer Übertreibung eine Entwertung der Norm und der Grenze dar. Selbst die Körper werden flüchtig.

Parallel dazu findet eine seltsame Wissenschaftsentwicklung statt: Installierung und gleichzeitiger Widerruf eines Begriffs vom Menschen; Konstrukt und Auflösung der Einheit eines Allgemeinen; Verschwinden der Anthropologie und Verschwinden des Menschen. Währenddessen geht die Arbeit am Körper weiter: weiterer Ersatz seiner Mängel, weitere Zersetzung seiner historischen Gestalt; Prothesen, Organprojekte, Biotechniken sind Momente einer großangelegten Transformation ins Un-Menschliche; kommt dabei ein »deus qua machina« auf? – Vor diesem Maschinenwesen in der Menschenleere versagen sowohl die externen wie die wissenschaftsimmanenten Ethiken; die Grenzüberschreitung ist längst konstitutionell; vielleicht bleibt einzig eine Theorie des Körpers in reflexiver Biegung wahrnehmungsfähig für ihr Material, das sich weitgehend aufgelöst hat.

Für Human- und Sozialwissenschaftler allerdings, die sich aus der zwingenden Umklammerung einer abstrakten (d. h. von der menschlichen Körperlichkeit absehenden, substrahierenden) Anthropologie zu lösen versuchen, hat sich seit einigen Jahren ein neues Panorama ergeben: nicht die Natur des Menschen, sein Wesen (im Sinne der »Natur der Sache«), sondern die »menschliche Natur« (im Sinne eines kostbaren Schatzes der Anthropogenese). [8] Dieses Spektrum zeigt sich als vielfältig differenziertes Resultat einer unerhört langwierigen, phylogenetisch wie ontogenetisch geradezu dramatischen Geschichte. »Historische Anthropologie«, so heißt seitdem das Stichwort, das kursiert und neue Perspektiven eröffnet. Historische Anthropologie, also die Verbindung einander bisher ausschließender Perspektiven, könnte das Erbe der bürgerlichen Anthropologie antreten, die ihren Gegenstand »auf Null« gebracht hat. Sie müßte gegen die Abstraktionsgeschichte andere Quellen mobilisieren, ohne ihr abstrakt zu widersprechen. Ihr Medium ist das Paradox (als unfreiwilliges Ergebnis des Versuchs, die Welt eindeutig zu machen) und ihr Ziel ist die »Differenz«, die Unterscheidung der paradox auseinandergetriebenen Momente der menschlichen Natur.

Quellen einer derartigen, aufs Konkrete zielenden Anthropologie sind die Ethnologie (unter Einschluß einer Soziologie der Kulturbeziehungen) und die Historie (unter Einschluß der Frühgeschichte und der Archäologie, wenn man will auch der Paläontologie).

In Raum und Zeit geht es um jene Bruchstellen der europäischen Zivilisation, die es ermöglicht haben, von *dem* Menschen als einem Abstraktum zu reden. Die politischen, d. h. kolonialistischen und psychiatrischen Konsequenzen dieser Norm sind ja gerade erst in vollem Umfang sichtbar geworden, was nicht nur zu einer Erschütterung »menschlichen« Selbstverständnisses, sondern auch zu Anläufen vehementer Anthropologie-Kritik geführt hat. Wenn man sich bei dieser Kritik nicht verlaufen will, ist es erforderlich, genau zu unterscheiden, das heißt: Tendenzen freizulegen, ohne mit ihnen zu kollaborieren. Versuche, über die Kritik hinauszugehen, sind immer gefährlich. Auf die Dauer gefährlicher aber sind die Stagnationen der Kritik selbst, das pure Positivwerden des Negativen.

Die Gewaltförmigkeit einer normativen Anthropologie ist bekannt: man muß nur in der Geschichte der Entdeckungen der Welt, der »äußeren« und der »inneren« Natur nachlesen, um die wahnwitzigen Opfer der »Selbstverständlichkeit« zu verstehen. Daß aber auch die simple Umkehrung der Norm nicht ohne gewaltsame Konsequenzen auskommt, weiß man – wegen deren Subtilität – erst neuerdings. Erst eine Konversion zu den »Objekten« könnte von den Zwängen dieser normierenden Begriffsbildung befreien, eine Rückkehrbewegung aus der Sackgasse ermöglichen, die Chance bieten, ungewollte Komplizenschaften zu beenden. Ansätze dazu finden sich seit langem in der sozialwissenschaftlichen Kritik an den anthropologischen Konstanten und bei einer »negativen Anthropologie«,[9] die – um der Spontaneität willen und wegen der unvordenklichen Produktivität der Natur – die begrifflich mitbewirkte Leere des »Wesens« *als* Leere zu denunzieren versuchte.

Durch die Intensivierung der Bewegung des Ersatzes muß jedoch noch einmal angesetzt und weitergegangen werden: mit dem Begriff einer beliebigen Natur des Menschen, in der weder substantielle noch relationale Bestimmungen übriggeblieben sind, hat jene abstrakte Anthropologie ihr Ziel erreicht. Sie ist am Ende ihrer tendenziell »nihilistischen« Aufgabe: den Menschen durch beschreibende Identifikation aufzulösen und ihn durch Entlarvungsstrategien und Erkennungsdienste zu liquidieren. Der völlige Ersatz der Natur konnte nur als deren Vernichtung funktionieren. Da hilft es nichts mehr, eine »bestimmte Negation« zu leisten oder die noch vorhandenen Restbestände »positiv« umzuformulieren. Man muß vielmehr – wenn man noch etwas ändern will – aus der Bahn der Abstraktion springen: mittels der »anthropologischen Differenz« und der Lacanianischen Fassung des »gespaltenen Subjekts«.

## 5.3 Noch einmal: die anthropologische Differenz

Annonciert wurde die Tragweite der Anthropologiekritik Anfang der siebziger Jahre folgendermaßen:

»Ein Begriff vom Menschen, der es erlaubt, die Unmöglichkeit eines Begriffs vom Menschen begrifflich nachzuweisen, steht noch aus. Dies genau wäre aber die Aufgabe gegenwärtiger Anthropologiekritik, die auf der Spur des gesellschaftlichen Wandels das Konzept einer ›anthropologischen Differenz‹ entwickeln müßte«.

Seitdem persistiert die Logik dieser »Unmöglichkeit«: weder die Sache, noch den Begriff loszulassen, immer nach zwei Seiten zu argumentieren und in Erwartung des Sachverhalts die Schneise offenzuhalten. Die Differenz selbst war als »offene« bestimmt. Sie sollte das Verhältnis zweier Momente nach Art einer Schleife strukturieren, die es unmöglich macht, ein Heiles, ein Ganzes, ein Einheitliches zu denken, wenn es um den Gegenstand der Anthropologie geht. Die traditionellen Termini »Person« und »Individuum« wurden so aufeinander bezogen, wie eine »Polarität« sich zu einem ihrer »Pole« verhält, eine unbestimmbare »Zweiheit« zu einer bestimmbaren »Einheit«. »Person« war der eingeschlossene Unterschied, »Individuum« der ausgeschlossene Unterschied – beides noch Momente der »Differenz«, die als hochdramatisches Geschehen gefaßt wurde. Als Gefährdung solcher Dramatik, solcher Wandlungsfähigkeit fungierte schließlich eine Unterschiedslosigkeit, eine Indifferenz, die durch Verwechslung des »Individuums« (je) mit der »Person« (moi) zustande kommt. Die Intention der Kritik lag also in einer Rückkehr aus der versachlichten »abstrakten« Indifferenz in das Geschehen der Differenz, darin der Wissenschaftskritik Heideggers folgend.

Zwar haften an der Darstellung der »anthropologischen Differenz« die Spuren der Abstraktion, gegen die sie gerichtet war, doch hatte sie – lange vor der ersten Lacan-Rezeption in Deutschland – eine logische Matrix formuliert, in der das Problem der menschlichen Natur und die Geschichte der Subjektwerdung des Menschenkindes hinlänglicher gefaßt werden konnte, als es bis dahin möglich war: den Konflikt einer »Logik der Herrschaft« mit einer »Logik der Interaktion«, den ins Dramatische reichenden »Streit« zwischen imaginärer Knechtschaft und symbolischer Bindung, den Aufbruch der Unschuld zwischen Omnipotenzwahn und Sprache.

»›Individuum‹ ist der Mensch, wie er sich, zu Bewußtsein gekommen, denkend vorfindet, als Mittelpunkt einer Welt, sich durchsetzend und selbstbehauptend, weil in einem Kampf ums Dasein verwickelt, sich unterscheidend von anderen Individuen und deren Bedrohlichkeit für die eigene Selbstbehauptung mit Hilfe einer mehr oder weniger sublimen Begriffsherrschaft neutralisierend. ›Person‹ ist der Mensch, wenn er seine individuelle Selbstbehauptung als unvermeidbares Unrecht an anderen Individuen durchschaut hat, den rücksichtslosen Kampf um die Beherrschung des Mittelpunktes als ›Mord‹ an anderen und als einen Verlust seiner selbst erfährt und den nach außen projizierten Unterschied durch eine Rücknahme seiner Begrifflichkeit wieder eingeholt hat . . . Der Mensch ist immer beides: ein den Mittelpunkt behauptendes *Individuum,* das leben will, und ex-zentrische *Person,* die zu lieben versucht; er muß lernen, beides zu unterscheiden.«[10]

Begrifflichkeit als Selbstbehauptung ist ein Fall des Imaginären; das Erlernen des Unterschieds erweist sich als Exempel des Symbolischen. Das Reale ist für beides inkommensurabel; es ist eine Schnittstelle, eine Kreuzung, die Spaltung des Subjekts selbst, in der sich der Skandal des Begehrens ereignet. – Um hier überhaupt noch zu wissen, wovon man spricht, ist die Rede über die Wünsche zuzulassen, auch innerhalb der

Wissenschaften. Was der Anthropologiekritik mangelte, war diese Abstinenz: ein strukturelles Muster zu entwerfen, das aus der Not des Verschweigens eine Tugend machen mußte. Erst Jahre später ist dann das »Materielle« nachgeholt worden, auf das die Matrix der anthropologischen Differenz paßte. [11]

## 5.4 Zwischen imaginärer Knechtschaft und symbolischer Bindung

Die Aufsprengung des Bedürfnisses zum Begehren stellt gleichzeitig die Frage nach Geschlecht und Tod, die im Schattenwurf der Angst liegt und die nicht mehr (ohne weiteres) versachlicht behandelt werden kann. Jedenfalls gibt es für sie – Lacan zufolge – keine befriedigende Antwort. Die drei Instanzen: das Imaginäre, das Symbolische, das Reale, stehen nicht in Harmonie. Das Subjekt ist gespalten, vermag aber weder seiner Spaltung standzuhalten, noch sie auf Dauer zu verdrängen bzw. zu vergessen. Darin wurzelt die Unruhe seines Entsetztseins über sich selbst. Andererseits hält Lacan – entgegen der Suspendierung des Subjekts durch Surrealismus und Post-Strukturalismus – an einer Wahrheit desselben fest: daß es sich in der dramatischen Bewegung des Begehrens und unter dem Diktat des Mangels auf die Bahn seiner Dezentrierung begibt, daß es in der Sprache, die weiser ist als alle Sprecher, über sich hinauskommt und daß es im Namen des toten Vaters den Omnipotenzwahn der imaginären Obsessionen, in denen das Begehren der verlorenen Mutter sich abspielt, überwindet.

»Wir setzen, daß die normierendste Situation des ursprünglichen Erlebens des modernen Subjekts, in der reduzierten Form, die die eheliche Familie ist, an die Tatsache gebunden ist, daß der Vater sich als der Repräsentant, die Inkarnation einer symbolischen Funktion erweist, die in sich das verdichtet, was es in anderen kulturellen Strukturen an Wesentlichstem gibt, nämlich die friedlichen, oder vielmehr symbolischen, kulturell determinierten und fundierten Genüsse der Liebe der Mutter, das heißt des Pols, an den das Subjekt durch ein seinerseits unbestreitbar natürliches Band gebunden ist. Die Übernahme der Vaterfunktion unterstellt eine einfache symbolische Beziehung, wo das Symbolische das Reale völlig decken würde. Der Vater müßte nicht nur der *Name-des-Vaters* sein, sondern in all seiner Fülle den in seiner Funktion kristallisierten symbolischen Wert repräsentieren können. Nun, es ist klar, daß diese Deckung des Symbolischen und des Realen völlig ungreifbar ist ... Bevor die Freudsche Theorie mit der Existenz des Vaters eine Funktion betont hat, die gleichzeitig

Funktion des Sprechens und Funktion der Liebe ist, hat die hegelsche Metaphysik nicht gezögert, die ganze Phänomenologie der menschlichen Beziehungen um die tödliche Vermittlung herum zu konstruieren, das wesentliche Dritte des Fortschritts, wodurch der Mensch sich vermenschlicht in der Beziehung zu seinesgleichen. Und man kann sagen, daß die Theorie des Narzißmus, so wie ich sie Ihnen vorhin dargelegt habe, Rechenschaft gibt von bestimmten Tatsachen, die bei Hegel rätselhaft bleiben. Denn schließlich, damit die Dialektik des Kampfes auf Leben und Tod, des Kampfes um das reine Anerkanntsein, überhaupt ihren Anfang nehmen kann, ist es wohl nötig, daß der Tod nicht realisiert wird, denn die dialektische Bewegung würde aus Mangel an Kämpfern abbrechen, ist es wohl nötig, daß er imaginiert wird . . . Es ist auch der imaginäre und imaginierte Tod, der sich in die Dialektik des ödipalen Dramas einführt, und er ist es, um den es sich handelt in der Bildung des Neurotikers – und vielleicht, bis zu einem gewissen Grad, in etwas, das weit über die Bildung des Neurotikers hinausgeht, nämlich in der existenziellen Haltung, die für den modernen Menschen charakteristisch ist.« [12]

Insofern die Verschiebung der Wünsche unabwendbar ist, haftet am menschlichen Lebenslauf (und an der Geschichte der Menschheit) eine Tragik, die nicht gestrichen werden kann. Im Ödipuskomplex als »Struktur des Sozialen« (Lacan) liegt das Verhängnis, daß die Selbstverkennung des Subjekts (nämlich Zentrum einer Welt und Herr des Begehrens zu sein oder sein zu wollen) gleichzeitig Anlaß und Falle aller Wunsch- und Körperschicksale darstellt. Um seine strukturellen Einsichten zu belegen, holt Lacan weit aus. Er verweist auf das dramatische Fundament jeden Menschenlebens und besonders der Moderne. Ohne Rücksicht auf die Verspannung von Ödipus und Narziß, die in ihrer Konstellation das imaginäre Szenario des Symbolischen bilden und deswegen nicht so sehr epische als dramatische »Helden« sind, kann nicht begriffen werden, was die Unmöglichkeit eines Begriffs vom Menschen ausmacht.

»Was also in den Bedürfnissen sich entfremdet findet, bildet eine Urverdrängung, weil es, per Hypothese, sich nicht im Anspruch zu artikulieren vermag: was aber dennoch erscheint in einem Abkömmling, der das darstellt, was sich beim Menschen als Begehren zeigt, die Phänomenologie, die sich aus der analytischen Erfahrung herausschält, ist sehr wohl geeignet, den paradoxen, abweichenden, erratischen, exzentrischen, ja sogar skandalösen Charakter des Begehrens zu demonstrieren, wodurch dieses sich vom Bedürfnis unterscheidet. Diese Tatsache ist sogar so gesichert, daß sie kaum einem Moralisten der Vergangenheit, der dieses Namens würdig war, entgangen ist. Der Freudismus von ehedem schien dieser Tatsache den Status einer sicheren Erkenntnis geben zu sollen. Heute befindet sich die Psychoanalyse [*sc. amerikanischen Zuschnitts, die eine Theorie der Ich-Stärke vertritt*] aber paradoxerweise an der Spitze des ewigen Obskurantismus und übt ihre einschläfernde Wirkung nur um so mehr, als sie die Tatsache leugnet, gestützt auf ein Ideal der theoretischen und praktischen Reduktion des Begehrens auf das Bedürfnis.« [13]

In diesem Zusammenhang erweist sich also die »Ich-Identität«, das Lieblingskonstrukt kritischer Sozialwissenschaft der letzten Jahrzehnte, als eine Kategorie des Imaginären mit den entsprechenden zwanghaften Effekten; ihre Identifikation von Wunsch und Bedürfnis verharmlost die »anthropologische Differenz« radikal; überhaupt hält Lacan dafür, daß die sozialwissenschaftliche Begriffsbildung dieselbe Struktur hat wie die Zwangsneurose, die allerdings – mit Blick auf den psychoanalytischen Diskurs – den Keim ihrer Aufsprengung enthält.

»In diesem Punkt, wo sich Natur und Gesellschaft treffen und den die heutige Anthropologie so hartnäckig erforscht, erkennt allein die Psychoanalyse jenen Knoten imaginärer Knechtschaft, den die Liebe immer neu lösen oder zerschneiden muß.

Für ein solches Werk erweist sich nach unserer Meinung das altruistische Gefühl als eitel; wir setzen Aggressivität ins Licht, welche unter den Aktionen des Philantropen, des Idealisten, des Pädagogen, sogar des Reformators liegt.

In der Zuflucht, welche wir vor dem Subjekt für das Subjekt retten, kann die Psychoanalyse den Patienten bis zu der Grenze der Entzückung begleiten, wo sich ihm in der Formel ›du bist es‹ die Chiffre seiner irdischen Bestimmung enthüllt, aber es steht nicht allein in unsrer Macht als Praktiker, ihn dahin zu führen, wo die wahre Reise beginnt.« [14]

## 5.5 Am Kreuz der Partialtriebe

Wer eine solche Reise unternehmen will, muß sich seines Gepäcks vergewissern. Was daran ist theoretischer Ballast? Was ist Werkzeug der Art, das erst unterwegs seinen Sinn zeigt und wie ein Schlüssel in vorerst unbekannte Türen paßt? – Man beachte zunächst den »Boden der Tatsachen«. Die Fraglosigkeit einer gegenständlichen, dinghaften realen Welt ist erschüttert. Man spricht inzwischen auch in den Sozialwissenschaften von der »Agonie des Realen«. Also muß man, noch einmal, mit dem fragenden Zweifel anfangen, warum denn die Dinge schwinden und die Gegenstände nicht standhalten, so als ob man in einem imaginären Universum wie in einer Wolke eingesperrt wäre. Dieser Zweifel antwortet auf die Angst, daß nichts sei. Zwar gibt es auch andere »Antworten«: etwa das ausufernde Versicherungswesen oder die fortschreitende bürokratische Verwaltung oder die massiv einsetzende Politik von Schauspielern, die alle in säkularisierter Form das Geschäft der großen religiösen Institutionen weiterbetreiben, nämlich die Menschen bei Trost zu halten, d. h. sie in einer todsicheren Realität zu verwahren. Aber trotz aller Versorgung brennen die Sicherungen durch, häufen sich die Kurzschlüsse, spielen immer mehr Menschen nicht mehr mit. Gerade die fix und fertige Realität normaler Erwachsener erweist sich zunehmend als Prototyp eines Gefängnisses, in dem eine Gesellschaft ihre Vergangenheit vergessen und ihre Zukunft verbaut hat. Auf diesen Sachverhalt einer Normalität, die in Wahn umschlägt, daß also das Naheliegende nicht die Lösung enthält und der Wunsch nach Geborgenheit – direkt realisiert – genau das Gegenteil der Absicht nach sich zieht, ist einer der Wahlsprüche der Studentenbewegung gemünzt gewesen, das für das Thema der »Unmöglichkeit des Realen« einschlägig ist: »Seien wir realistisch! Fordern wir das Unmögliche!«

Dabei geht es um eine doppelte Front: das Unmögliche zu fordern gilt schon als unmöglich; aber solche Forderungen auch noch »realistisch« zu nennen, muß als der Gipfel des Irrealen erscheinen. Gegen solche Verschanzungen im Unbeweglichen wird in Form eines Nadelöhrs die Angst gesetzt, von der Lacan sagt, daß sie tatsächlich das sei, was nicht täuscht. Im Annehmen und Aushalten der Angst, die immer Angst vor dem Tod oder vor der Sexualität ist, liegt das Versprechen einer »anderen« Realität, in der die Gegenstände »stehen« und die Dinge »gegenwärtig« sind. Somit werden Dinglichkeit und Gegenständlichkeit an eine Anstrengung gebunden, die nicht als Anpassung ans Gegebene, sondern als immer neue Arbeit an der Bewegung des Begehrens begriffen wird, die auch mißglücken kann.

Die Kunst des Möglichen, die Anpassung ans Gegebene, die verordnete Tröstung einerseits und die Anstrengung, das Unmögliche zu begehren, andererseits, stehen in demselben Verhältnis wie die beiden genannten Todesarten: der ausgeschlossene Tod, der dem Leben selbst einen tödlichen Charakter verpaßt und das Reale fremd, feindlich und flüchtig werden läßt, und der in der Angst vorweggenommene Tod, der das Leben lebenswert zu machen und der Welt des Menschen ihre reale Substanz zu geben verspricht. In dieses Verhältnis, das wie die Konstruktion einer Nuance anmuten mag, ist das Schicksal des Subjekts eingeschrieben. Es ist die Differenz, die sich aus zwei unterschiedlichen »Strategien« des Begehrens ergibt, nämlich entweder das »Reale« als das Unbestreitbare, Fraglose in Anspruch zu nehmen und bei den Verhängnissen eines zwingenden »Imaginären« zu enden, oder das Reale gerade als das Unmögliche zu erfahren und den endlosen Umweg über das »Symbolische« zu nehmen, wohl wissend, daß die theoretische Differenz mit einer Fülle lebenspraktischer Risse, Brüche, Knicke, Nischen, Spalten usf. einhergeht.

Um eine derartige Struktur, bei der man kaum noch etwas sieht, zu verdeutlichen, dürfte es nicht verfehlt sein, dem europäischen Tafelbild Aufmerksamkeit zu schenken. Lacan selbst hält diese Malerei für einen Versuch des Subjekts, sich abzuzeichnen. Der Maler als Subjekt »gibt etwas, das eine Augenweide sein soll, er lädt aber den, dem er sein Bild vorsetzt, ein, seinen Blick in diesem zu deponieren, wie man Waffen deponiert.« [15] Im Tableau gehe es um eine »Blickzähmung«, in dem derjenige, der sieht, seiner selbst innezuwerden vermag. Denn der »Blick kann in sich selbst das Objekt der Lacanschen Algebra enthalten, in dem das Subjekt zu Fall kommt.« [16] Es ist also nicht übertrieben zu behaupten, daß auf dem Bild, wie es seit der Renaissance bekannt ist, auf dem Bild mit Rahmen und Sujet, wie es noch als Fernsehbildschirm überdauert, das europäische Subjekt zu Fall gebracht wird.

Man nehme eine beliebige »heilige Familie«, eine »Sacra Conversazione«, eine »Kreuzigungsgruppe«; immerzu wird die Geschichte des Subjekts erzählt, das, was daran wahr ist, das, was kommen wird, das, was gewesen ist. Eine exorbitante Zeitstruktur, die den Anlaß jeden Bildes ins Allgemeine übersteigt, drängt sich geradezu auf. Sie antwortet auf die Kollision der binären Ordnung der Natur mit der ternären Ordnung der Kultur, auf das Schicksal des Begehrens, das ein unauslöschliches Zeichen aufgedrückt bekommt. Es ist etwas an den Wünschen der Menschen, das sich nicht stillen läßt, ein »brüllender« Hunger und ein »schreiender« Durst. Davon berichten die Bilder auch. Gleichwohl greift die Triangulation des Begehrens ein und bringt eine quaternäre Struktur zustande, die den vier Seiten des Bildes entspricht. Die symbolische Ordnung hat Kreuzform; sie ist ein »Geviert«, das den »Körper« des Begehrens im Erwachsenwerden vierteilt und kreuzigt.

Von der Mutter zur Welt gebracht und während des extrauterinen Jahres durch die erogenen Zonen seines Körpers geführt, besser: über die Öffnungen des Leibes hinweg in die Sprache gezogen, gibt es für das Menschenkind kein Zurück mehr aus einer derart symbolischen Kultur. Seine äußerste Not kann nur eine Wende finden. Daran läßt Lacan keinen Zweifel: die Not-wendigkeit des Symbolischen entspricht genau der Unmöglichkeit des Realen, das für die Psychoanalyse das Unbewußte ist. Und genau diesen Punkt des Umschlags: das momentane Unerreichbargewordensein eines pränatalen, erfüllten Lebens haben Maler festgehalten. Es ist der Augenblick der Trauer, der Durchbruch der Irreversibilität der Zeit, der gewaltige Vorschein des Opfertodes.

Nur noch unter extremen Bedingungen, in der Perversion, bei Mord und Totschlag, in den Krankheiten zum Tode oder anläßlich der Psychose sind jene vier Restobjekte zugänglich, die nach Lacan mit der oralen und analen Lust, mit dem Voyeurismus/Exhibitionismus, mit dem Sadismus/Masochismus zu tun haben. Für jede »normale« Erfüllung sind sie »verboten«. Das Gesetz des Mangels, auf den das Begehren von nun an bezogen bleibt, ist mit der Einführung der Sprache ein und für allemal in den Körper eingeschrieben. Es bleiben nach solcher Brandmarkung nur die beiden schon genannten Strategien der imaginären Direktheit und der symbolischen Vermittlung. Wenn das Subjekt sich gebildet hat, gibt es einzig die Wahl zwischen einer imaginären Verkennung seiner selbst in Omnipotenzphantasien oder einer Selbstrelativierung, der Einfügung in den Kontext der gegebenen symbolischen Ordnung, was jedoch nie auf Dauer gelingt.

Zwar konzediert Lacan:

»Die erogenen Zonen sind mit dem Unbewußten verbunden, denn an ihnen haftet die Gegenwart des Lebendigen«[17]

und er führt weiter aus:

»Unsere Entdeckung ist, daß eben das Organ der Libido: die Lamelle eine Verbindung vom sogenannten Oraltrieb zum Unbewußten bzw. vom Analtrieb zum Unbewußten zustande bringt. Ich möchte hier noch den Schautrieb anfügen und jenen Trieb, den man beinah ›Anrufungstrieb‹ nennen könnte«.[18]

Aber die Verbindung Unbewußtes : Organe : Objekte steht unter dem Trauma, das zum Imaginären tendiert. Die Schrift auf dem Körper kann das Subjekt jener Objekte nicht mehr abschütteln. Ihm bleibt bestenfalls der Sprung aus der Mitte der Welt auf einen Fleck, der den entscheidenden Platz jederzeit einem Anderen freihält.

Auch ohne eine Exkursion in die modale Logik ist die Anordnung der vier Triebrichtungen und der drei Modalitäten: des Realen, des

Imaginären und des Symbolischen nachzuvollziehen. Mit Hilfe des Symbolischen, das den Horizont seiner Auslegung selbst bietet, kann eine strenge Differenz zwischen dem Möglichen und dem Unmöglichen, zwischen dem Imaginären, das das Reale beschützt, und dem Realen, das das Imaginäre stützt, [19] getroffen werden: wer das Imaginäre für real hält und das Reale für imaginär, überschreitet die Grenze zur Gewalt. Erst in der Differenz zeigt sich die Richtung des Begehrens als eine Wendung der Not, insofern das Opfer unter dem Symbolischen ein symbolisches Opfer sein darf.

Bei den Schülern Lacans scheint sich an dieser Stelle eine Gabelung der Rezeption einzustellen. An der Frage der Gewalt scheiden sich erneut die Geister. Doch ob die Alternative zwischen einem Weitergehen in Richtung des Imaginären oder einer Rückkehr zum »Gesetz«, zum »Namen des Vaters« und zu einer (traditionell bestimmten) symbolischen Ordnung die Fassung des »Tragischen« noch abdeckt, die Lacan immer wieder zur Sprache gebracht hat, muß bezweifelt werden. Der Riß, der das Subjekt spaltet, ist unverwindlich, sowohl in der einen wie in der anderen Richtung.

Das Begehren geht – so oder so – nicht auf. Auch das symbolische Opfer bleibt ein Opfer, das zwingt. Und mit dem Tod gibt es selbst in der kühnsten Vorwegnahme kein Einverständnis. Die Geheimnisse des frühesten Anfangs werden am Ende preisgegeben: die Trauer, die wie ein Schatten über den Bildern der frühen europäischen Malerei liegt, ist konstitutionell. Das Gesetz, das sich ins Begehren einschreibt und den Mangel zum Motor immerwährender Ablenkung der Triebrichtung macht, führt zwangsläufig zur Depression, zur unaufhörlichen Schwere der Körper. Die von Lacan ausgesprochene Wahrheit markiert eine Grenze des Historischen, über die noch hinausgegangen werden muß.

## 5.6 Zeit als Topographie des Subjekts

»Die Psychoanalyse ist weder eine Weltanschauung noch eine Philosophie, die vorgibt, den Schlüssel zum Universum zu liefern. Sie wird regiert von einer besonderen Absicht, die historisch durch die Herausarbeitung des Subjektbegriffs definiert ist. Sie setzt diesen Begriff neu, indem sie das Subjekt auf seine signifikante Abhängigkeit zurückführt.« [20]

Lacan hat mehrfach sein Vorhaben derart klar formuliert: es geht nicht um eine Überwindung oder Abschaffung des »Subjekts«, sondern um seine Dezentrierung, um die Reduzierung der am Imaginären hängenden Selbstverkennung zu einem akzeptablen Platz im Diskurs, der je nach der Richtung des Begehrens mindestens vierfach sich auslegt, im Diskurs des Herrn, im Diskurs der Hysterie, im Diskurs des Wissens, im Diskurs der Analyse. [21]

Hier geht es um die Stellung zum Realen, also um das Vor-Diskursive. Lacan behauptet, daß das Subjekt in Rücksicht auf das Reale sich immer nur selbst verabschieden könne. Er schreibt,

»daß das Interesse des Subjekts an seiner eigenen Spaltung an das gebunden ist, was diese Spaltung determiniert – nämlich ein privilegiertes Objekt, das aus einer Urseparation entstanden ist, aus so etwas wie einer durch das Nähern des Realen induzierten Selbstverstümmelung, wofür wir in unserer Algebra die Bezeichnung Objekt/a haben.« [22]

Es ist also eine Crux mit dem Realen: obwohl es über die Partialtriebe bestimmend an der Konstituierung des Subjekts beteiligt ist, hat dieses in der Rückwendung auf das erste Schicksal keine Chance. Es ist so, daß jedes Rendez-vous mit dem Realen verpaßt wird, weil es nicht da getroffen werden kann, wo man es erwartet oder wo man es sucht. Es ist hinter einer Barriere, die sich für das Subjekt qua Subjekt als ein Trauma darstellt. Wenn man den Ort des Realen bestimmen will, so Lacan, muß man die zwangsläufige Bewegung vom Trauma zum Phantasma verfolgen –

»sofern nämlich das Phantasma immer nur einen Schirm darstellt, dessen Funktion es ist, ein absolut Erstes, in der Funktion der Wiederholung Determinierendes, jedem Zugriff zu entziehen.« [23]

Derart abgeschirmt ist das Reale unzugänglich und nur an seinen »Früchten« zu erkennen, an Spuren, Brandmalen, Narben, Rissen, Lücken usf. Die Phantasmata sind Vor-Wände, die das genau zustellen, was sich in ihnen darstellt. Diese paradoxale Fallenstruktur gilt auch und besonders für das Bild, das Tableau, das europäische Tafelbild.

»In dieser Materie des Sichtbaren wird alles zur Falle und ist auf sonderliche Weise ... Flechtwerk.« [24] »Das Bild ist eine Blickfalle.« [25] »Das Bild ist in meinem Auge. Aber ich, ich bin im Tableau.« [26] »Über das Auge triumphiert der Blick.« [27]

Zwar zeichnet das Subjekt sich im Bild ab, jedoch auch nur in der Weise der Lücken, Risse, Narben usf. Deshalb bedarf es einer analytischen Anstrengung besonderer Art. Mindestens im Sprung vom Imaginären zum Symbolischen muß sie erprobt sein. Denn »das, was man anblickt, ist das, was sich unmöglich sehen läßt.«[28] Vielmehr muß man hören und lesen können. Denn das Unbewußte spricht und schreibt sich ein.

»Soll die Psychoanalyse sich als Wissenschaft vom Unbewußten konstituieren, ist davon auszugehen, daß das Unbewußte wie eine Sprache strukturiert ist. Ich habe daraus eine Topologie abgeleitet, die den Zweck hat, Rechenschaft zu geben von der Konstituierung des Subjekts.«[29]

Der Sprung vom »Subjekt« als Zentralgewalt konstituierender Macht – wie es in der neuzeitlichen Philosophie nicht nur, sondern auch in Pädagogik, Politik, Verwaltung unterstellt wird – zum »Subjekt« als entmächtigtem, konstituiertem Moment einer transsubjektiven Struktur (Begehren, Sprache, symbolische Ordnung) ergibt genau die Differenz, auf die es Lacan ankommt. Es ist zu beachten, daß die Topographie dieser Differenz eine zeitliche ist. Die innere Spannung springt von der Unzulänglichkeit auf die Antizipation über. Nicht das »Ich bin« der europäischen Identitätsphilosophie mit ihrer Behauptung der Selbstpräsenz, auch nicht ein einfaches Futur, das die Hoffnung anspricht: »Ich werde sein«, sondern ein mögliches »Ich werde gewesen sein«, ein zweites Futur ist die Zeitform, die Lacan dem Subjekt reserviert. Seine Interpretation des Freudschen Satzes: »Wo Es war, soll Ich werden« steht unter dieser Reservierung. Das »war« und das »werden« sind betont. (Dort, wo es war, muß ich ankommen.[30]) Der Übersprung von einer Ortsbestimmung zu einer Bestimmung der Zeit ändert alles. Hier ereignet sich die Transparenz der Verstrickung. Die Verzeitlichung der Topographie des Subjekts eröffnet eine Bewegung des Denkens, die in Rücksicht auf das Begehren bei keiner Terminologie sich mehr beruhigen kann.

So bleibt die Frage, ob es sich bei der Differenzbestimmung des Subjekts um einen geschichtlichen Befund handelt und somit die Lacansche Topographie Momente ihrer Überholung an sich hat. Kann die Unzugänglichkeit des Realen auf die Dauer durch die Eigenständigkeit des Symbolischen kompensiert werden? Es bleibt ja andererseits nicht nur – wenn man das Goethe-Motto im Ohr behält – die Möglichkeit des Imaginären, als einer acedia, als einer schwermütigen Verstocktheit, als einer Sünde wider den Heiligen Geist. Die Weisen des Mögens sind vielfach und vielfältig. Ob nicht also noch andere Varianten denkbar sind, die zwischen dem Unmöglichen und dem Notwendigen vagieren?

Lacan selbst scheint dergleichen anzudeuten, wenn er in einer längeren Passage folgendes festhält:

»Es ist eine bemerkenswerte Tatsache, daß das Reale am Ursprung der analytischen Erfahrung sich als ein nicht Assimilierbares zeigt – in Form des Traumas, das für den weiteren Verlauf bestimmend wird ... Wir befinden uns im Zentrum von etwas, woran wir die radikale Bedeutung des Konflikts ermessen können, der durch den Gegensatz von Lustprinzip und Realitätsprinzip eingeführt ist – was allerdings nicht bedeutet, daß das Realitätsprinzip durch seine Überlegenheit auch schon das letzte Wort hätte ... Indessen konfrontiert uns unsere Erfahrung mit der Entscheidung, daß zuinnerst in den Primärprozessen das Trauma ununterbrochen drängt und sich in Erinnerung zu rufen sucht. Dies ist der Ort, wo das Trauma tatsächlich wieder auftaucht, und nicht selten ohne jede Maske. Wie aber kann der Traum als Träger des Begehrens des Subjekts etwas produzieren, was das Trauma immer wieder hochkommen läßt – wenn nicht sein wahres Gesicht, so doch jenen Schirm, der auf es hindeutet als auf ein hinter ihm Liegendes?« [31]

Also ist die Barriere gelegentlich (nicht nur in Perversion und Psychose) doch durchlässig. Also läßt sich das »als« in der Formulierung des Themas nicht nur als Abfuhr, sondern auch als Einladung verstehen? Also wäre das Unmögliche, das Verlorene, das »absolut Erste« zwar nicht zu ändern, aber als solches zu begehren? Wenn dem aber so ist, dann kann vorab nicht ausgemacht werden, was daraus werden soll; dann ergeben sich die Bedingungen eines wirklichen Experimentes; dann hat – gleich dem Realitätsprinzip – auch das Symbolische mit dem konzedierten Mangel, mit dem Gesetz, auch dem Vater-Namen nicht das letzte Wort. Wenn man das Unmögliche (als das Reale) begehren kann, dann erweist sich auch die modale Logik (nach der formalen) als unzulänglich. Die traumatische Angst vor dem Tod muß eben nicht mit der »Urseparation« enden. Eine solche Fassung des Unbewußten ist zwar historisch verbürgt, kann deshalb jedoch keineswegs ein »Non plus ultra« für die Deutung von Ereignis-Ketten in Anspruch nehmen.

## 5.7 Der Tod Gottes in der Sprache der Menschen

Es ist kein Geheimnis, daß die »symbolische Ordnung« der Deckname für ein geschichtlich wirksames Mysterium ist, für das Mysterium der

Menschwerdung Gottes. Schon Hegel hat es thematisiert (in Gestalt seiner Phänomenologie des Geistes), Nietzsche hat es zugespitzt und mit seinem Wahnsinn bezahlt. Lacan übernimmt es in seine »Theorie« des vollen Sprechens. Was folgt, ist ein »experimentum crucis«, um die Frage nach dem unmöglichen Begehren schließlich noch einmal anders aufnehmen zu können.

Wo das Wort ist, hat das Reale keinen Platz. Dort herrscht stellvertretend für Körper und Dinge die Sprache. Diese Lehre Lacans bleibt solange ein Eckstein seines weitläufigen Gedankengebäudes, wie die Umstände außer acht gelassen werden, die heute Sprechen und Sprache der Menschen belasten. Bezogen auf das große Allgemeine der europäischen Tradition ergibt sich eine prekäre Frage: wie weit läßt sich der Abstraktionsprozeß treiben, ohne daß sein Sinn vollends verlorengeht? Wenn Gott sterben muß, damit das Wort sei, das gehört werden kann, was ist dann mit dem Tod des Wortes? Muß man nicht wenigstens eine Ehrenrettung des Gesprächs versuchen, wenn man als wahre Nachfolger des kultischen Gottessens die schrankenlose Kommunikation rund um den Erdball ausgemacht hat, die wie eine Seele ihren Körper umgibt?[32] Nachdem das moderne Projekt der Installation eines Allgemeinbegriffs anstelle des Gottes gescheitert ist, liegt die einzige Chance in einer treffenden Unterscheidung des Sprechens: Was vermag und wieweit reicht die Sprache der Menschen, unter der vorausgehenden Bedingung, daß Gott das Entscheidende nur durch seinen Tod bewirken konnte?

Die weltgeschichtlichen Errungenschaften des Christentums, vor allem seine prinzipielle (nicht faktische) Abschaffung des Menschenopfers, haben mit dieser Abstraktion zu tun: das Wort ist Fleisch geworden, damit aus dem Fleisch Wort werden konnte. Alle blutigen Opfer sind – so betrachtet – vorchristlich. Christus war das letzte Lamm, das wirklich zerrissen wurde. Das Reale wird seitdem durch das Symbolische vertreten. Anstelle des Essens tritt das Hören. Das Wort wirkt wie ein Körper, der – symbolisch – in den Essenden/Hörenden aufersteht und sie zu *einem* Körper macht. Diese Seite der sozialen Akustik ist bis heute unerhört. Bei den Menschen einer Volkssprache, die zu einer Nation zusammengewachsen sind, ist dergleichen immerhin noch wahrscheinlich. Unwahrscheinlich jedoch wird das Allgemeinverbindliche des Hörens seit der Anonymisierung der Lebensverhältnisse. Systematisch nämlich entzieht sich der Grund, auf den man bauen muß. Die gesellschaftliche Synthesis, also der Inbegriff jener Prozesse, die den

Zusammenhang der mit der Zeit gegeneinander gleichgültig werdenden Menschen bilden, ist selbst eine geschichtliche Größe: Arbeit als Notwendigkeit der Lebensfristung; Kult und Spiel als »Regelung« der Verschwendung; Vertrag, Vernunft, Schiedsspruch als Organisation des profanen Daseins; neuerdings eine mittels der Einbildungskraft wirksame »Körperlichkeit« des Sprechens/Hörens als »Ästhetik des Posthistoire«, situiert auf der »unteren« Ebene der ins Abstrakte fortgeschrittenen Opfer . . . Notwendigerweise tritt also das Ohr in neue Rechte ein. Das Auge als Kontrollorgan kann nur distanzieren, isolieren, auflösen. Das Ohr im Umkreis der Stimme hat dagegen mit dem Vermögen des Hörensagens das Vermächtnis des gestorbenen Gottes geerbt: durch einen Tod zu einem Leben zu finden. Damit gibt es den Zwang des Weitersagens und das Einstehen für die Wirklichkeit der eigenen Worte.

Wieso ist Sprechen Opfer? – Im Unterschied zum Denken im Horizont des Allgemeinbegriffs, das sich außerzeitlich wähnt, weiß Sprechen wie Hören, daß es Zeit kostet: dies sowohl in Rücksicht auf Zeitspannen als auch im Hinblick auf den rechten Augenblick. Das Gespräch, das die Menschen sind (oder sein können), ist eine Angelegenheit des Zeitopfers, das mit den neuesten Zuspitzungen des Zivilisationsprozesses korrespondiert. Die Stationen des Abstraktionsprozesses sind nämlich unumkehrbar wie die fallende Zeit. Die überholten Formen des Opfers wurden deshalb sinnlos. Aber es besteht die Not, den Sinn dessen, was einer sprechend und hörend tut, an die Kette zu legen. Niemand kann sich außerhalb stellen. Auf dem Grunde der Geschichte gibt es Vorschriften, die in jeder Lebensgeschichte wie Gesetze wirken. Um aus dem Gefängnis der sterbenden Zeit ausbrechen zu können, müssen sich die Menschen, indem sie hören, was sie sagen, unter die Gewalt ihrer eigenen Worte stellen. Es käme darauf an, die Abstraktheit des »Mahls« in Beziehung zu setzen zu seinen weiterhin konkreten Wirkungen. Dabei ist zu beachten, daß einerseits eine bestimmte Form des Gesprächs das Essen vom Körper des Gottes ersetzt hat und vertritt (aus Kommunion wurde Kommunikation), daß andererseits die Verkörperungsfunktion der Sprache in der gesellschaftlichen Synthesis wirksam bleibt und verbindend-verbindliche Sprachkörper generiert. Tod, Zerstückelung, Verteilung des Gottes korrespondiert über Kreuz mit dem Leben, mit dem Zusammenhang, mit der stiftenden Kraft der Sprache, wobei der Kreuzungspunkt für die europäische Überlieferung wahrscheinlich das Bild ist, zunächst das

Altarbild, dann das Tafelbild mit seinen verschiedenen Ausgängen bis zur Postmoderne. Als eine Kette der Abstufungen des Opfermahls kann die folgende Reihe gelten: Menschenopfer, Tieropfer, Pflanzenopfer, Dingopfer, Geldopfer, Zeitopfer . . .

Die für die Zukunft notwendige Differenz liegt also nicht zwischen Handeln und Reden, zwischen Praxis und Theorie, zwischen Konkretheit und Allgemeinheit, sondern am Punkt der äußersten Abstraktion zwischen Hören- und Sprechenkönnen. Sprachgenauigkeit und Wortstrenge sind unerläßlich zur Erneuerung und Verjüngung jener Körper auf Zeit, die die Menschen miteinander und gegeneinander bilden. Insofern werden Schnitte ins Netz der Kommunikation erforderlich sein. Was ausgesprochen wurde, kann nicht mehr zurückgenommen werden, wenn es gehört worden ist, sei es vom Sprecher selbst. Insofern gibt es einen Tod des Wortes nur dann, wenn die Linguistik und die »gehörlose« Kommunikationstheorie mit ihrer nach Art einer selffullfilling-prophecy wirksamen Praxis das letzte Wort haben. Nicht der geschlossene Kreis mit der Rückkopplung von Sender und Empfänger kann Modell sein, sondern die zwischen Ohr und Mund geringfügig verschobene Realität des Labyrinths der Sprache, auch eine »anthropologische Differenz«.

# 6. Zeichen als Narben. Der Graphismus des Schmerzes

»eine Reise in eine andere Schrift«
(Walter Helmut Fritz)

Wer der Haupttendenz der Abstraktion, anstelle der Welt ein Bild von ihr für sie auszugeben, widersprechen will, muß sich mit Sachverhalten der Semiotik beschäftigen. An der Zirkulation der Zeichen aber ist heute ein »Wildwerden« zu beobachten, das sich zur Konfusion verdichtet. Hieroglyphen ohne Sinn nehmen überhand. Wenn es gelänge, diese Verwirrung als Spiegel zu benutzen, müßte etwas Gegenteiliges sichtbar werden: ein Text, ein Kontext, eine Textur – mit einem Wort ein Geflecht von Schriftzeichen, das als reiner Ausdruck gelesen werden kann. Dem stehen zwar viele Gewohnheiten entgegen: das Interpretieren, das Rekonstruieren, das Dechiffrieren. Wer sich jedoch dessen enthalten könnte, würde nach und nach ein Sensorium für Sachverhalte ausbilden, die auf sich beruhen und der Aneignung durchs Verstehen von sich her nicht bedürftig sind.

Im Gegenlauf zur neuesten Konjunktur der Zeichentheorie, die sich im Nachweis der Referenzlosigkeit der Bilder erschöpft, möchten die folgenden Gedanken deshalb eine umgekehrte Spur aufnehmen. Von verschiedenen Fragestellungen aus wollen sie – durchaus fragmentarisch – die Herkunft der Zeichen noch einmal befragen. Es muß nämlich bezweifelt werden, daß die Erinnerung an den Ursprung durch das Funktionieren der Ketten des Imaginären vollständig gelöscht ist. Vielmehr lassen sich im Vergessen des Vergessens Momente eines Niedergangs aufweisen, bei dem die bis zur Waffengewalt vorgetriebene Signifikationsmacht der Menschen buchstäblich zu Grunde geht.

Kaum daß das Programm einer universellen Semiotik artikuliert worden ist, hat ihr Ruin bereits begonnen. Es ist deshalb unwichtig geworden, über »Sinn« und »Bedeutung« der Zeichen, ihren instrumentellen Charakter, ihren totalen Verweisungszusammenhang weiter nachzudenken. Dagegen wäre es an der Zeit, eine Rückreise in die »Genealogie« zu unternehmen, um jenes »Materielle« der Zeichen, das die hinterlassenen Spuren einer Einschreibung trägt, freizulegen. Wenn Zeichen Narben sind, dann werden die Wunden Auskunft geben über eine ungelöschte Vorgeschichte. Dann könnte sich aber auch ein anderer Zugang zu einer Haupttendenz der gegenwärtigen Kunst öffnen, deren unablässiges Buchstabieren der fundamentalen Wahrnehmungsalphabete, weil sie sich von Bedeutung und Sinn entfernt, nach wie vor Rätsel aufgibt.

Es geht bei allem um einen Begriff der Zeit, der die Anschauung verläßt und sich der Anhörung nähert. Beim Umgang mit den Zeichen ohne Sinn stößt man auf eine »Fläche« bzw. eine »Ebene«, die mit rhythmischen Markierungen überzogen ist. Diese »andere Schrift« kann nicht als Bild, als Bedeutungsträger, als mythische Szene dechiffriert werden, sondern verharrt zunächst in purer Buchstäblichkeit. Erst wenn man sie quasi als Zauberformel angenommen hat, als Nacheinander ritueller Unterbrechungen, mag es gelingen, die Zeichen der Zeit, die Male, Kerben und Einschnitte als »schlagende Beweise« einer zeremoniellen Ordnung zu begreifen, die wie ein vor-geschichtliches Körpergedächtnis noch immer funktioniert.

## 6.1 Jenseits der Moderne. Diesseits des Mythos

Wenn es zutrifft, daß etwas um so später begriffen werden kann, je früher es geschah, dann müßte sich bald die Chance ergeben, dem herrschenden Gefängnis des Imaginären gelegentlich zu entgehen und den Zwang zu unterlaufen, der darin besteht, daß man sich immer aufs Neue in Geschichten verstrickt. In den festgefahrenen Streit von Mythos und Moderne sollte endlich Bewegung kommen, die nach zwei Seiten zugleich führt: auseinander, vorwärts und rückwärts. Denn die oft beschriebene »Dialektik der Aufklärung«, die eine Art Selbstblokkierung des Handelns und Denkens bedeutet, dauert schon zu lang. Die Klammer zwischen den frühen und den späten Mustern der menschlichen Erfahrung, daß also Geschichten Theorien enthalten und in Theorien Geschichten verborgen sind, sorgt dafür, daß Mythos und Moderne ineinander verbohrt bleiben und die darüber streitenden Parteien an Fronten zusammengezwungen werden, die historisch längst überholt sind.

Um also überhaupt noch einen Begriff von dem, was vorgeht und in Zukunft kommt, gewinnen zu können, muß man weit zurück, vor die Moderne, vor die Geschichte. Das deutet – in Anbetracht der theoretischen Kompetenzen – eine Gegenrichtung an, die ungekonnte, geradezu »asiatische« Übungen verlangt. Vor den Mythos zurückgehen bedeutet, dem Willen zum Wissen, dem Willen zur Macht, dem Willen zum Willen zu entsagen, also Gelassenheit, also unendlich mehr Leiden als Tun, also Schwermut, also tiefe Trauer. Der Entmaterialisierung, die mit der Zeichenabstraktion einhergeht, der historischen Verlichtungsstrategie, in die das Welt-Konglomerat aus Vorstellung und Willen mündet, muß die »dunkle Materie«, die »pure Schwere« vorgezogen werden. Dabei darf man sich nicht irritieren lassen durch Züge der bekannten »Krankheiten«: Acedia, Melancholie, Depression. Denn im Verzicht auf die Macht des Wissenwollens öffnet sich der Bildschirm der Angst. Denn in der »Meditation« des Schreckens, in der einzigen Trauerarbeit, die zählt, zeigen sich die Quellen der Herkunft. Denn jenseits des Nadelöhrs der Entsagung liegen die Wunden des Geistes blank, tief eingeschriebene Spuren der Anthropogenese, Zahlen eher als Erzählungen, Bausteine der Bilder, andere Zeichen.

Auf eine solche Neufassung der zeichenmachenden Imagination wird es ankommen: wie funktioniert die fundamentale Logik der körperlichen Einbildungskraft? Welchen Stellenwert nehmen die Schemata der radikalen Wahrnehmung ein: Rechts-Links, Oben-Unten, Innen-Außen? Was für eine Chance hat das Materielle gegen die »Form«, die ihm angetan wird allein dadurch, daß es »Gegenstand« der Erfahrung ist? – Damit ist die Frage unabweislich geworden: Was ist Abstraktion?

Wenn man die lebens- und gattungsgeschichtliche Dominanz der Zeichen als Ausdruck einer primordialen Verwundung begreift, dann läßt sich die Prägnanz erklären, mit der die Menschheit ihre Abstraktionen über Sprach- und Kulturgrenzen hinweg durch die Jahrtausende wiederholt und wiedergeholt hat. Von den frühesten Ritzzeichnungen der Altsteinzeit bis zu den heutigen Piktogrammen im Schilderwald des Verkehrs erhält sich – bei aller Varianz – eine erstaunliche Kontinuität. Offenbar ist es auch hier so, daß erst am spätesten herausgearbeitet werden kann, was zum ältesten Bestand der menschlichen Kultur gehört: das Fundament des Ästhetischen, das Ordnungsgefüge der Erfahrung, die Struktur einer »imagination fondatrice«.

Die frühesten Zeugnisse der Signifikation verraten nämlich ein Vermögen, das heute selten geworden ist: das Vermögen, den Schmerz des Materials zu empfinden, in das sich die Zeichen einschreiben. Das Einvernehmen der Empfindung geht bis zur Ungeschiedenheit. Noch ist die Trennung nicht vollzogen: die Trennung zwischen Subjekt und

Objekt, die das Spiel der Macht und der Herrschaft eröffnete. Noch sind die Grenzen durchlässig wie Filter. Diese Sympathie mit dem Stein, mit der Wand, mit der Fläche, mit der Haut ist sensibel für die Effekte der Gewalt, die von einem bestimmten Zeitpunkt an mit dem Menschen auf Erden assoziiert ist. Deshalb gab es eine Vorliebe für jene komplexen Zeichen, die ihr letztlich unbezwingbares Gegenteil, den chaotischen Stoff, an sich und in sich haben. Man denke an das Netz, das die Gewebe strukturiert, an die Kreuzformen, die zugleich Koordinatensysteme und Leidenszeichen bilden, an die Kreise, die ein Wiedererkennen von Heimat und Fremde ermöglichen, an die Umrisse der tierischen und der menschlichen Gestalt, die teilweise der Macht enthoben sind.

An einer solchen Grenze der menschlichen Welt dokumentiert sich die Fähigkeit, Ordnung auch ohne Rüstzeug, ohne Wälle und Waffen, ohne Verteidigungs- und Angriffsarsenale zu errichten. Es handelt sich um Rhythmisierungen, um die gezählte Zeit der Ereignisse, um Protosymbole, die noch keiner Exegese bedürftig sind und durch keine narrative Struktur zusammengehalten werden müssen. Erst damit wäre es möglich, in den Horizont einer Geschichte der Erde einzutauchen und die »Materien« des menschlichen Lebens der Machtform des Mythos zu entkleiden. Ähnlich jenen Tiefschlafträumen, die bilderlos sind und keine Traumdeutung brauchen, haben die abstrakten Schriftzeichen einer derart eingeschriebenen Erfahrung ihren bis heute unersetzlichen Stellenwert.

## 6.2 Die Emanzipation der Zeichen vom Sinn

Wer die Zeichen nicht als Botschaften, als Medien der Verweisung, als Sinnträger liest, sondern als »Buchstaben« einer materiellen Schrift, ist einigermaßen gefeit vor dem Lamento, das heute über Sinnleere und Sinnlosigkeit angestimmt wird. Er mag sich auch gelassen eine Reihe von Fragen anhören, die noch einmal den Blick zurücklenken könnten auf die Geschichte des Körpers. Denn gerade die neueste Abstraktion, die schleichende Auflösung der Differenz von Realität und Fiktion, legt die Grundstruktur frei, nach der das cartesianische Programm einer Bemächtigung der Welt unwissentlich verfahren ist.

Lösen sich die Zeichen vom geschichtlichen Sinn? Und entfallen sie deshalb der Macht derer, die sie brauchen und benutzen? Sind es die

Mittel, die schließlich den Prozeß der Vermittlung ruinieren? Wie steht es um den »homo significans« angesichts von Abstraktionsprozessen, in denen das Reale durch Zeichen des Realen substituiert wurde, die nun eigene Wege gehen? Wenn die Moderne in dem Versuch bestand, die Dinge der Welt eindeutig zu machen, was geschieht dann im Scheitern dieses Versuchs? Bedeutet dergleichen nicht fortlaufend die Verhinderung der Bemächtigung, die programmatisch angestrebt wird? Ist nicht die Entmaterialisierung der Verhältnisse, die Wertabstraktion über den Punkt einer Rückkehr hinaus, so daß es zu einer Negation des Zeichens als Wert, zur absoluten Simulation kommen muß? Und muß diese Simulation nicht zwingend zu einer neuen Verzauberung der Welt führen, mit Hieroglyphen, die niemand versteht?

Bei aller Indirektheit der Fragen bleibt *eine* Antwort unbestreitbar: die Veränderungen, die sich aus dem Vollzug des Programms der Moderne ergeben, zerstören schließlich ihre Grundlagen.[1] Nicht irgendeine fremde Macht entzieht dem Unternehmen, »maitre et possesseur de la nature« zu werden, den Boden, sondern die Rückkopplung der Effekte auf die Intentionen: der »Mensch« als Organisationszentrum, das menschliche Subjekt als Bezugspunkt von Theorie, Praxis und Poesis entfällt unter dem Druck der investierten Macht der Apparaturen der Vermittlung. In dieser ironisch-zynischen Revokation der angestrebten Zeichenherrschaft durch die Zeichen selbst steckt so etwas wie eine Niederlage. Es hilft vielleicht weiter, sie zuzugeben und anzunehmen: gewiß aber liegt hier die »Wasserscheide« zwischen Moderne und Postmoderne.

»Semiotik ist Nihilismus«, schreibt Lyotard in der »Ökonomie des Wunsches« gegen die – nach seiner Auffassung – radikalsten Semiotiker der Gegenwart, Jacques Lacan und Umberto Eco. »Lassen wir die Zeichen beiseite, treten wir außerhalb der Semiotik in die Ordnung der Tensoren ein.»[2] »Tensoren« sind im Lyotardschen Sprachgebrauch Momente einer namenlosen Intensität, die aller Intention vorausliegt und übrig bleibt, wenn die Wirkungen die Absichten neutralisiert haben. Diese Intensität fungiert in einer Körperordnung des Wunsches und bildet gewissermaßen die Schreibfläche der Zeichen, ihre materielle Basis. Um sie genauer orten zu können, bedarf es der Aufklärung über das Schicksal der Wünsche und Bedürfnisse in der aufgeklärten Gesellschaft.

Der Eintritt in das »kybernetische und medial bestimmte Zeitalter« markiert einen Wechsel vom »Warenfetisch« zum »Fetisch des Signifikanten«. Damit ist ein weiterer Abstraktionsschritt vollzogen, der irreversibel zu sein scheint. Dieser bezieht sich hauptsächlich auf die »Modellierung« der menschlichen Natur, d. h. auf die »Naturseite« der Zirkulation.

Zumindest bis zur völligen Verunsicherung der vergesellschafteten Menschen scheint dergleichen Erfolg gehabt zu haben. Dabei sind die »theologischen Mucken« der Warenproduktion gleichsam mitgewandert und haben sich in einer Technologie der Wünsche und Bedürfnisse manifestiert. Man könnte das auch den Einzug der Simulation in die Ökonomie nennen. Von nun an werden die Systeme der Vermittlung selbstreferentiell. Unmittelbares gibt es offenbar hier nur als Effekt. Der abstrakte Wert dreht sich um sich selbst. Einzig Probleme der Steuerung scheinen noch von Belang zu sein. Das ist die Stunde der Kybernetik.

Gleichzeitig ergibt sich ein neues Körperbild der menschlichen Erfahrung. Solange eine irgendwie geartete Natur des Menschen vorausgesetzt werden mußte, wie im Modell der Mechanik, blieb der »ganze Körper« maßgeblich, hatten auch die Zeichen der Zirkulation ihren festen Bezugspunkt: eine unterstellte menschliche Authentizität. Nach dem angedeuteten Abstraktionsschub, der vom »Materiellen« der Verhältnisse noch weiter Abstand nimmt, kommt das Bild eines »zerstückelten Körpers« in Kurs, bei dem einzelne Stücke, getrennte Körperfunktionen und verschieden dimensionierte Strukturen handlungs- und erkenntnisleitend werden. Die Zeichen verlieren damit ihren bekannten Sinnzusammenhang und zirkulieren nun ihrerseits nach einem vorerst unbekannten Muster.

Damit gewinnen die Menschen zwar eine größere Freiheit gegenüber den Voraussetzungen, geraten jedoch andererseits in Unsicherheiten, Unklarheiten und Undeutlichkeiten, die mit den eingeübten Kategorien einer Differenz von Bezeichnetem und Bezeichnendem, von Signifikat und Signifikant, weiter von Wirklichkeit und Fiktion nicht mehr zu meistern sind. Der in der Zirkulationssphäre ohnehin herrschende Schein wird gleichsam undurchdringlich. Eine Erkenntnis der Wahrheit dieses Scheins steht also vor Aufgaben, die einen völligen Umbau fundamentaler Prämissen der Theorie ernötigen. Sie muß sich auf das Geschehen der »Illusion« einlassen, d. h. auf die Frage, ob und wie die Geschichte heute »aufs Spiel gesetzt ist«.

Dergleichen hat Jean Baudrillard versucht, indem er dem Sinnloswerden der Zeichen bis zum Äußersten nachgegangen ist. [3] Seine »fatalen Strategien« sind das Dokument eines überraschenden Auswegs. Anstelle der Zeichen, die, indem sie zu Instrumenten der Bewältigung geworden sind, die marode Waffengewalt des Subjekts vollends desavouiert haben, supponiert er dem Blick die »Souveränität des Objekts«, das dem Machtwillen und den Unterwerfungsabsichten des »Cogito« nur noch Hohn und Verachtung entgegenhält.

Die Katastrophe des Sinns – so Baudrillard – ist unwiderruflich. Sie folgt dem Bild des Erdbebens ohne Ende. Die Emanzipation der Zeichen vom Sinn geschieht nicht in der Weise des Übergangs in ein Gegenteil. Vielmehr wird die Zeichenhaftigkeit insgesamt gesteigert, bis es zu einer »Ekstase« kommt. Das Muster der emanzipierten Zeichen ist, so betrachtet, ein Muster von nichts: semiotischer Nihilismus. Was sich an ihm, jenseits des Sinns, bestenfalls noch fassen läßt, ist die »Zeremonie der Welt«, eine kontext- und deutungslose, rituelle Markierung der Körper auf Erden.

»Wenn die Zeichen nicht mehr von einem Schicksal, sondern von einer Geschichte zeugen, sind sie nicht mehr zeremoniell. Wenn sie die Soziologie und die Psychoanalyse zum Hintergrund haben, sind sie nicht mehr rituell. Sie haben die Kraft der Metamorphose, die dem Akt der Zeremonie immanent ist, verloren. Sie sind der Wahrheit nähergerückt und haben die Kraft der Illusion verloren. Sie sind dem Realen unserer Szene nähergerückt und verfügen nicht mehr über ihr Theater der Grausamkeit«. [4]

Die Rede vom »nicht mehr« erlaubt immerhin, einen verlorenen Ort anzugeben, an dem die Zeichen entstehen: die zeremonielle Ordnung. Sie stellt gleichsam das »Urgestein« dar, von dem die menschliche Geschichte sich immer wieder abstößt. Sie verdient bohrende Gedanken.

## 6.3 Körpergedächtnis.<br>Zeichen machende Phantasie

Es gibt drei aparte Zeilen Hölderlins, die Norbert von Hellingrath der späten Hymne »Mnemosyne« vorangestellt hat. Sie widerstreiten ausdrücklich der Hegelschen Version von der Entfaltung des menschlichen Gedächtnisses, indem sie den Aufstieg der Einbildungskraft zur Vernunft auf der Stufe des Zeichens umdrehen und die Konsequenzen zeichenmachender Willkür ihrerseits kennzeichnen: »Ein Zeichen sind wir, deutungslos / Schmerzlos sind wir und haben fast / Die Sprache in der Fremde verloren«. [5]

Man erinnere sich: Mnemosyne, das tiefe Gedächtnis der Menschheit, war die Geliebte des Zeus für neun Nächte, die Mutter der Musen. Hölderlin hält den Verlust dieses Gedächtnisses für wahrscheinlich, zumindest den seiner Resonanz im Mythos. Zugleich setzt er auf die pure Tatsache einer Erinnerungsspur, die auch von den Göttern nicht ausgelöscht werden kann:

»Nicht vermögen / Die Himmlischen alles. Nemlich es reichen / Die Sterblichen eh in den Abgrund. Also wendet es sich / Mit diesen. Lang ist / Die Zeit, es ereignet sich aber / Das Wahre«. [6]

Der Kontrapunkt Hölderlins betrifft einen Graphismus des Schmerzes, der nur ist und nichts bedeutet. Im Zeichen kommt die Zeit zum Tragen. Erst in ihr sind Ereignisse möglich, deren Wahrheit erzählt werden kann, aber für sich ist die Folie der Erfahrung deutungslos. Das Körpergedächtnis erzählt keine Geschichten, sondern besteht aus Markierungen, welche – vielleicht – die Wirklichkeit der Götter bezeugen, die einmal ins Fleisch der Menschen eingebrannt war.

Hier genau geht es um die Grenze, die Scheidelinie von Schrift und Materie. Denn sogar die »Weisheit« der Zellen hat Schriftcharakter. Neueste Erkenntnisse bestätigen in einer unerhörten Weise die Mikro-Makro-Kosmos-These der unterschwelligen abendländischen Überlieferung. Der Körper zeigt dieselben Strukturen wie das Kleinste und das Größte: von der Doppelhelix bis zur Weltall-Spirale gibt es durchgehende Prägungen siderisch-geologischer und genetischer Art, die am Körper als Schriftspuren wiederkehren. Den nackten Körper hat es insofern nie gegeben. Immer diente er als Gedächtnisfolie für prähistorische, geschichtliche und biographische Einschreibungen.

Auch die menschliche Kultur hat von Anfang an als kodierende Schrift, als universelle Tätowierung funktioniert, die nach Maßgabe großer Ordnungen Narben der Erinnerung zeichnete. Etwas davon wiederholt sich noch in jedem Menschenleben. Die sogenannte frühkindliche Prägung, die soviel Entscheidendes vorwegnimmt, ist nichts anderes. Interstellare Strukturen werden in Form von Familienkonstellationen am Körper durchgesetzt, in der Folge der sensiblen Phasen der menschlichen Sinne. So arbeitet die symbolische Ordnung: sie setzt eine Schrift des Körpers durch, die der Betroffene nicht mehr abschütteln kann. Das sogenannte Natürliche wird also, je weiter man der Archäologie der Niederschriften folgt, immer unwahrscheinlicher.

Der Körper ist bis ins Innerste der Platz einer durchgreifenden Einbildungskraft, die wie ein Spiegel des Universums funktioniert.

Und doch ist die Frage nicht verstummt, was es mit der anderen Seite der Schrift, der »Materie«, auf sich hat. Es gab im Nach-Denken eine unentwegte Suche nach dem Schriftlosen, nach dem »Anderen Körper«,[7] der jenseits der Zeichen-Ordnung liegt. Bei dieser Suche war das Problem, innersprachlich eine Nicht-Sprache zu konstituieren, die als Garantie für eine außersprachliche Realität in der Sprache würde gelten können: das ist der Rest, der Abfall, das was übrig bleibt, wenn alles aufgeschrieben worden ist. Wahrscheinlich handelt es sich um den Schmerz, der immer dann in Erscheinung tritt, wenn der verzweifelte Versuch, auf den Spuren der Schrift dem Körper sein Eigenes zu lassen, scheitert. Etwas geht nicht auf in der symbolischen Ordnung. Davon handelt die Kunst. Es bleibt eine Wildnis zurück, die ihrerseits für Grenzen sorgt, an denen der zerstückelte Körper ebenso auftaucht wie der organlose, oder die Wüstensand-Wirklichkeit der menschlichen Haut. Aktuell ist die noch rätselhafte Aufspaltung des Körpers in eine fast-materielose Marionette und einen fast-schriftlosen Erdenkloß, wie er in jenen Ketten von Trauer, Melancholie und Depression sich vordrängt. Vermutlich reagiert der Mensch auf dem Gipfel der Moderne einerseits blindlings, indem er bei seinem technischen Ersatzprogramm des Lebens einer geistigen Verdopplung des beschrifteten Körpers nachhängt, andererseits depressiv, mit unhaltbarer Schwere, auf diese bis zur Selbstkontrolle überspitzte, abstrakt gewordene Schrift der Welt.

Selbst die Version Hegels, der im übrigen keine Zweifel am historischen Sinn der gesellschaftlichen Abstraktion der Verhältnisse duldet, macht wider Willen deutlich, was Nietzsche später »die Schrecklichkeit der Mnemotechnik« genannt hat. In seiner »Psychologie«[8] verfolgt Hegel am Menschen die »Geistwerdung der Natur« und schreibt dem Zeichen dabei die entscheidende Rolle zu. Das in der Signifikation passierende Sich-Fremd-Werden der menschlichen Körper wird von Hegel als der folgenreichste Schritt der frühen Zivilisation gewürdigt und gebilligt. An diesem Punkt übergeht er Hölderlins Klage, obwohl er sie – vermutlich – gehört hat.

»Die Einbildungskraft hat . . . in sich selber . . . drei Formen, in denen sie sich entfaltet. Sie ist überhaupt das Bestimmende der Bilder. Zuerst tut sie . . . weiter nichts, als daß sie die Bilder ins Dasein zu treten bestimmt. So ist sie die nur *reproduktive* Einbildungskraft. Diese hat den Charakter einer bloß formellen Tätigkeit. Zweitens aber ruft die Einbildungskraft die in ihr vorhandenen Bilder nicht bloß . . . hervor, sondern bezieht dieselben aufeinander und erhebt sie auf diese Weise zu allgemeinen Vorstellungen. Auf diese Stufe erscheint sonach die Einbildungskraft als die Tätigkeit des *Assoziierens* der Bilder. Die dritte Stufe . . . ist diejenige, auf welcher die Intelligenz ihre allgemeinen Vorstellungen mit dem Besonderen der Bilder identisch setzt, somit ihnen ein bildliches Dasein gibt. Dieses sinnliche Dasein hat die doppelte Form des *Symbols* und des *Zeichens*, so daß diese dritte Stufe die *symbolisierende* und die *zeichenmachende Phantasie* umfaßt, welch letztere den Übergang zum Gedächtnis bildet«. [9]

Schon im Streit Hegels mit den Romantikern ist diese schöne Abfolge bestritten worden. Friedrich Schlegel hat die »Arabeske«, Novalis das »Bild seiner selbst« das früheste Thema der Imagination genannt. Daß es bei Hegel in der Folge eines Prozesses erscheint, hat mit seiner Auffassung der Abstraktion zu tun, die in der Phänomenologie des Geistes, in der Wissenschaft von der Erfahrung des Bewußtseins einen späten, weil hohen Rang einnimmt. Immerhin bezeichnet er selbst den Kontrapunkt Hölderlins genau:

»Die Zeichen machende Phantasie ist der Mittelpunkt, in welchem das Allgemeine und der Sinn, das Eigene und das Gebundensein, das Innere und das Äußere vollkommen in eins geschaffen sind . . . Als die Tätigkeit dieser Einigung ist die Phantasie Vernunft . . . Das Zeichen muß für etwas Großes erklärt werden. Wenn die Intelligenz etwas bezeichnet hat, so ist es mit dem Inhalte der Anschauung fertig geworden und hat dem sinnlichen Stoff eine ihm *fremde* Bedeutung zur Seele gegeben . . . Die hier hervortretende Willkürlichkeit der Verbindung des sinnlichen Stoffes mit einer allgemeinen Vorstellung hat zur notwendigen Folge, daß man die Bedeutung der Zeichen erst lernen muß . . . Das Zeichen ist irgendeine unmittelbare Anschauung, die einen ganz anderen Inhalt vorstellt, als den sie für sich hat; – die Pyramide, in welche eine fremde Seele versetzt und aufbewahrt ist. Das Zeichen ist vom Symbol verschieden, einer Anschauung, deren *eigene* Bestimmtheit ihrem Wesen und Begriffe nach mehr oder weniger der Inhalt ist, den sie als Symbol ausdrückt; beim Zeichen als solchen hingegen geht der eigene Inhalt der Anschauung und der, dessen Zeichen sie ist, einander nichts an. Als *bezeichnend* beweist daher die Intelligenz eine freiere Willkür und Herrschaft im Gebrauch der Anschauung denn als symbolisierend . . . Diese Zeichen erschaffende Tätigkeit kann das *produktive* Gedächtnis (die zunächst abstrakte Mnemosyne) vornehmlich genannt werden, indem das Gedächtnis . . . es überhaupt nur mit Zeichen zu tun hat. Die Anschauung . . . erhält, insofern sie zu einem Zeichen gebraucht wird, die wesentliche Bestimmung, nur als aufgehobene zu sein. Die Intelligenz ist diese ihre Negativität; so ist die wahrhaftere Gestalt der Anschauung, die ein Zeichen ist, ein Dasein in der *Zeit* . . .« [10]

Was in der Selbsterfahrung des Geistes – das ist Hegels Thema – als Konsekution vom Konkreten zum Abstrakten erscheint, mag sich in der Geschichte des Körpers genau umgekehrt abgespielt haben. Nach wie vor ist nämlich die Tatsache einer frühen Abstraktheit der Zeichen, lange *vor* dem Vermögen des Konkreten, rätselhaft. Was bestimmt zum Beispiel Kinder beim ersten Zeichnen für Mensch, Tier, Baum, Haus, Boot usf. Figuren zu finden, die nicht von realen Erscheinungen abstrahiert sind, sondern eher im Gegenteil Modelle für die Wahrnehmung der Wirklichkeit abgeben? Wie läßt sich zum Beispiel die Fülle der paläolithischen Zeichen verstehen, die den »realistischen« Höhlenmalereien der Zeit nach weit vorausliegen? – In der Antwort auf solche Fragen muß man eine Korrespondenz zwischen dem beschrifteten Körper und dem Vermögen der Zahlen und Figuren annehmen, die auch heute noch keineswegs entziffert ist. Vermutlich hat sie mit der Entstehung der menschlichen Sprache zu tun.

## 6.4 Wunden und Wunder. Die schlagenden Beweise der zeremoniellen Ordnung

Der Etymologie zufolge heißt Zeichen zunächst Wunderzeichen. In der Formel »und es geschahen Zeichen und Wunder« ist dieser Konnex festgehalten. Auch wird in den meisten Zeichentheorien, bevor die zum Wesentlichen kommen, ein solcher Ursprung konzediert, ohne daß klar würde, was das heißt. Ob nun die »Prophetie« mit dem Deuten von Vor-Zeichen oder der »Jagdzauber« mit der magischen Vorwegnahme eines Treffens des Tiers als bedeutungsvoller Horizont angenommen wird, eine solche Reduktion (»Zeichen gehören ursprünglich in die zeremonielle Ordnung«) bleibt solange fragwürdig, wie das Verständnis von Zauber und Magie lediglich konventionell ist, d. h. in der Perspektive der Geschichte, der Aufklärung, der Moderne gewonnen wurde und in einer Retrojektion des Sinns besteht.

So kann man bei Umberto Eco folgende flüchtigen Notizen lesen:

»Kehren wir ... zu den Ursprüngen der Kultur zurück und stellen wir uns einen Primitiven vor, dem seine Subjektivität noch unproblematisch ist. Er muß, wenn er sich der Welt zuwendet und in ihr magische Kräfte findet, die er beherrschen und zur Einflußnahme auf seine Umgebung lenken möchte, Zeichen deuten. *Nachahmungszauber*: Man ahmt die Bewegung des Tiers nach oder malt sein Bild an die Wand der Höhle, um mittels des vom Speer durchbohrten

Zeichens für das Tier Macht über das wirkliche Tier zu gewinnen, das man erlegen möchte. *Kontaktzauber*: Man nimmt einen Gegenstand, der dem betreffenden Wesen gehört hat . . ., und führt an ihm bestimmte Handlungen aus, weil man mittels dieses in irgendeiner Weise mit dem betreffenden Wesen verbundenen Gegenstand Macht über seinen Eigentümer ausüben kann. In beiden Fällen führt man den Zauber an Zeichen aus, die für etwas anderes stehen: Das Bild ist Metapher, Nachahmung der Sache; der Gegenstand, der zu etwas anderem gehört, ist dessen Metonymie, ist Teil fürs Ganze, Ursache für die Wirkung, Enthaltendes für den Inhalt. Man hat Macht über die Dinge durch ihre Zeichen oder durch andere Dinge, die man als Zeichen für sie betrachtet«. [11]

Die Notizen Ecos enthalten zwar die wichtigsten Kategorien der Semiotik (Metapher, Metonymie), erklären aber keineswegs, warum der Zauber funktioniert. Indem eine instrumentelle Logik unterstellt wird und Intentionen der Macht absichtsvoll handelnder Subjekte eingeführt werden, ist vielmehr von vornherein die Dimension der Intensität und der schmerzlichen Korrespondenz verstellt. Es bleibt vom Ursprung kein Rest, der Anstoß geben könnte für ein »Wundernehmen«. So wird mit dem Denken Schluß gemacht, bevor es, sich wundernd, anfangen könnte. Eine wirkliche Genealogie der Zeichen müßte allerdings riskante Verbindungen herstellen: warum nicht solche zwischen Wundern und Wunden?

Nietzsche hat in seinen implizite antihegelianischen Werken zur Geschichte der Menschheit ebendies versucht: die Entstehung des Körpergedächtnisses auf Verwundungen zurückzuführen, die offenbar die Betroffenen zu Wunderzeichen befähigt haben. Als erste Voraussetzung genealogischen Begreifens konstatiert Nietzsche das Auseinanderfallen von Ursprung und Sinn:

»es gibt für alle Art Historie gar keinen wichtigeren Satz als jenen, der mit solcher Mühe errungen ist, aber auch wirklich errungen *sein sollte* – daß nämlich die Ursache der Entstehung eines Dings und dessen schließliche Nützlichkeit, dessen tatsächliche Verwendung und Einordnung in ein System von Zwecken *toto coelo* auseinander liegen . . .; daß alles Geschehen . . . ein Überwältigen . . . und daß wiederum alles Überwältigen . . . ein Zurechtmachen ist, bei dem der bisherige ›Sinn‹ und ›Zweck‹ notwendig verdunkelt . . . werden muß . . .; die ganze Geschichte . . . eines Brauchs kann dergestalt eine fortgesetzte Zeichenkette von immer neuen Interpretationen und Zurechtmachungen sein, deren Ursachen selbst unter sich nicht im Zusammenhange zu sein brauchen . . .« [12]

Hier steht, noch einmal, Intensität gegen Intention, Schrift gegen Botschaft, Buchstabe gegen Geist, Magie gegen Mythos. Die zeremoniellen Wirkungen am Körper, an den Dingen sind nur Male, sonst nichts; die Interpretationen und Sinnkonstrukte entstammen schon der Geschichte des Geistes. Die Wunden, die geschlagen werden, sind Beweise anderer Art als diejenigen, die man aus Argumentationsgängen kennt. Sie können auch nicht vollständig übersetzt werden in eine verständliche Sprache. Man weiß, daß es sie gegeben hat und gibt; und doch entziehen sie sich der Aneignung; sie verhindern aufgrund ihrer Fremdheit die geschlossene Immanenz des Imaginären.

»... vielleicht ist nichts furchtbarer und unheimlicher an der ganzen Vorgeschichte des Menschen, als seine Mnemotechnik. ›Man brennt etwas ein, damit es im Gedächtnis bleibt: nur was nicht aufhört, *wehzutun*, bleibt im Gedächtnis‹ – das ist ein Hauptsatz aus der ältesten (leider auch allerlängsten) Psychologie auf Erden ... Es ging niemals ohne Blut, Martern, Opfer ab, wenn der Mensch es nötig hielt, sich ein Gedächtnis zu machen; die schauerlichsten Opfer und Pfänder ..., die widerlichsten Verstümmelungen ..., die grausamsten Ritualformen aller religiösen Kulte ... – alles das hat in jenem Instinkt seinen Ursprung, welcher im Schmerz das mächtigste Hilfsmittel der Mnemotechnik erriet ... Je schlechter die Menschheit ›bei Gedächtnis‹ war, um so furchtbarer ist immer der Aspekt ihrer Bräuche; die Härte der Strafgesetze gibt insonderheit einen Maßstab dafür ab, wieviel Mühe sie hatte, gegen die Vergeßlichkeit zum Sieg zu kommen ...«[13]

Das Material einer derart grausamen Erinnerungsarbeit, die durchweg auf abstrakte Muster, auf Male, Kerben, Einschnitte setzt, ist zunächst der menschliche Körper, die Oberfläche der Haut, auf der sich die Mnemotechnik gleichsam mimetisch inkorporiert. Aber es gibt von Anfang an Substitute für die Aufzeichnung, die zum Weiterschreiben dienen: die »Haut« der Dinge, die »Haut« der Pflanzen und Tiere, die »Haut« der Häuser, außen und innen, die »Haut« der Erde; und es gibt später Substitute dieser Substitute, von der »Kuhhaut« über das Pergament zum Papier ...

Entscheidend ist, daß die Kette der Substitute in der Erfahrung zusammenhält, daß also jederzeit klar ist, wer gemeint ist mit den wahrnehmungsstrukturierenden Schriftspuren: immer der menschliche Körper, sofern er zeitlich ist. Über die Gesetzmäßigkeiten der Ähnlichkeit, der Korrespondenz, der Sympathie mit dem Schmerz des Anderen wird erreicht, daß in allen Metamorphosen von Wunde, Narbe, Gedächtnisspur, Muster, Zeichen eine einzige verkörperte Zeitordnung zur Geltung kommt.

Wahrscheinlich müssen solche Erfahrungen eine Schleife durchlaufen, um lebendig zu bleiben: die Schleife von Inkorporation und Mimesis, von Einbildung und Ausdruck, wobei die Zeichen machende Phantasie, passiv und aktiv, eine Art Schaltplatz darstellt. Erst das volle Durchlaufen der Bahn ohne Fixierung würde garantieren, daß die Verletzungen des Körpers nicht einfach auf Vernichtungswünsche umgelenkt werden. Der »Normalfall« der zeremoniellen Ordnung bestünde darin, daß einer wegen der Grausamkeit, die er erleidet, sensibel wird für die Grundrisse der Welt. Eine solche Logik ist bislang nur ästhetisch ausgebildet worden.

Anderswo, in der Politik, im Umgang der Menschen miteinander, und in der Ökonomie, im Austausch der Menschen mit der Natur, überwiegt die »Obsession einer Rache«: das Leiden wird mit Gewalt beantwortet. Dabei fungiert das Imaginäre als Katalysator. Wo immer es unwidersprochen bleibt und sich zu einer geschlossenen Welt ausdehnen kann, herrscht Aggressivität gegen alles, was den Innenraum der Bilder stören könnte. Darin besteht buchstäblich das »Verhängnis« des Mythos (und jeder historischen »idée fixe« fanatischen Denkens und Handelns), daß keine Außen-Wahrnehmung möglich ist, keine Unterbrechung der als Raum vorgestellten Zeit.

## 6.5 Materien der Signifikation: die Pünktlichkeit der Opfer

»Die allerersten Beispiele graphischer Zeichen stellen uns vor eine äußerst wichtige Tatsache ... der Graphismus hat seinen Ursprung nicht in der naiven Darstellung der Wirklichkeit, sondern im Abstrakten ... Von besonderem Interesse für unsere Fragestellung ist die Tatsache, daß der Graphismus nicht von einem Ausdruck ausgeht, der in einem gewissermaßen dienenden oder photographischen Verhältnis zur Wirklichkeit steht, daß er sich vielmehr in einer Zeitspanne von etwa 10000 Jahren im Ausgang von Zeichen organisiert, die zunächst einmal nicht Formen ausgedrückt haben dürften. In der Tat tauchen erst um 30000 die ersten Formen auf, die im übrigen auf stereotype Figuren beschränkt sind, bei denen allenfalls einige konventionelle Details die Identifikation mit einem Tier gestatten. Aus diesen Überlegungen läßt sich der Schluß ziehen, daß die bildende Kunst an ihrem Ursprung unmittelbar mit der Sprache verbunden ist und der Schrift im weitesten Sinne sehr viel näher steht als dem Kunstwerk. Sie ist eine symbolische Umsetzung und nicht Abbild der Realität ... Die ältesten bekannten bildlichen Darstellungen stellen daher keine Jagdszenen, Tiere oder ergreifenden Familienszenen dar, es sind vielmehr graphische Pflöcke ohne deskriptiven Bezug, Stützpunkte eines mündlichen Kontextes, der unwiederbringlich verloren ist«. [14]

Wenn man statt Hegel Nietzsche folgen will, ergibt sich allerdings ein genauer Zusammenhang, den André Leroi-Gourhan hier selbst beschreibt und der in nicht viel anderem besteht als in »Pflöcken« und »Stützpunkten«. Das Buchstäbliche der zeitlichen Ordnung aus Zeichen, Schriftzeichen wie Lautzeichen, bedarf nicht der Annahme eines transzendenten Sinns oder einer zusätzlich konstruierten Bedeutung. Es findet seine Wahrheit in der Berührung, in einer taktilen Erinnerung der Narbenspur.

»Die Bedeutung dieser parallelen Striche, die man auf Steinplättchen oder großen Knochen eingraviert findet, ist unbekannt. Zuweilen hat man darin Zähllisten für Jagdwild gesehen, zuweilen einen Kalender ... Soweit sich überhaupt etwas sagen läßt, scheint ihr Zweck die Aufzeichnung von Wiederholung, also Rhythmus zu sein. Schon bei den ältesten Figuren werden die Kerbenfolgen oder die aneinandergereihten Vertiefungen mit weiblichen Symbolen in Verbindung gebracht, was die Darstellung von Rhythmen nicht ausschließt. Was auch immer der Sinn dieser Kerbenfolgen sein mag, in jedem Falle sind sie das erste Zeugnis einer echten bildlichen Darstellung etwa 35 000 Jahre vor unserer Zeit ... Eine ... Tatsache ist recht überraschend: Die rhythmischen Markierungen gehen den eigentlichen Figuren voraus, aber die Figuren integrieren sich durch Addition, so als handele es sich um einen einzigen fortschreitenden Kontext, der sich in visuellen Symbolen explizierte ... Wir können die ersten bekannten Manifestationen der Kunst nur ›primitiv‹ nennen. Die primitive Kunst beginnt also im Abstrakten, ja sogar noch im Präfigurativen ... Abstrahieren heißt im etymologischen Sinne ›etwas im Denken isolieren, einen Teil betrachten, indem man ihn aus dem Ganzen herauslöst‹. Dem entsprechen die ersten Formen der prähistorischen Kunst aufs genaueste ... Erst in den folgenden Jahrtausenden entfaltet sich sehr langsam der Realismus«. [15]

Markierung, Wiederholung, Rhythmisierung machen eine Wirklichkeit des Zählens aus, die erst heute, im Zusammenhang mit der neuthematisierten Zeit, wieder begriffen werden kann. [16] Jacques Lacan hat sie als »Sprachordnung« des Unbewußten dechiffriert. Das »Mathematische« gehört so betrachtet zur Konstitution des sprechenden und hörenden Menschen. Die abstrakte Formel faßt ihn – weil sie taktil ist – tiefer als die Lebensgeschichte. »Der Mensch ist durch sein ganzes Sein eingebunden in die Zahlenprozession, in einen ursprünglichen Symbolismus, der sich von imaginären Repräsentationen unterscheidet.« [17] Dieser Symbolismus darf auf keinen Fall mit der frühen Erzählung, mit dem Mythos verwechselt werden. Die Figuren sind keine Mythogramme, die noch der Auslegung harren; sie sind weder für sich noch im Zusammenhang mit anderen Mustern Momente einer Geschichte, sondern verifizieren die Ebene einer vor-mythischen Magie; sie erschaffen die Erfahrung der Zeit. Sie

»hüllen das Leben des Menschen so vollständig ein in ihr Netz, daß sie, noch bevor er auf die Welt kommt, diejenigen zusammenführen, die ihn ›aus Knochen und Fleisch‹ zeugen; daß sie ihm bei seiner Geburt als Geschenk der Sterne ... das Zeichen seines Schicksals übergeben; daß sie ihm die Wörter zur Verfügung stellen, die ihn treu oder abtrünnig werden lassen ...« [18]

Es handelt sich um dieselbe Spur, die Leroi-Gourhan anderswo als die »Pünktlichkeit der Opfer« beschrieben hat, Unterbrechungen der zyklischen Zeiterfahrung, die zu »Hochzeiten« stilisiert wurden und zunächst nur dies meinten: »Ordnung« vor der Geschichte mit ihren Geschichten. Wichtig ist, daß diese »magische Ebene«, auf der außer den Zahlen und Figuren auch die Namen mitspielen, keine verlorene oder verlierbare Welt ist, sondern ein überlagerter Grund, ohne den die Menschen nicht leben könnten. Insofern gilt alles, was Leroi-Gourhan über das Paläolithikum schreibt, auch heute.

»Einer der interessantesten Aspekte der paläolithischen Kunst liegt in ihrer Nähe zum Ursprung der Figuration. Sie beginnt beim Nullpunkt der Bilder, die sich als abstrakte Ansammlungen präsentieren, und entwickelt sich individuell hin zum photographischen Realismus, ohne daß die Komposition mehr als Konsistenz in den Figuren erreichte. Das folgende Stadium, in dem die Komposition ein narratives Gerüst erhält, beginnt erst zu dem Zeitpunkt, da die paläolithische Kunst verschwindet ... Das paläolithische Paradoxon liegt zu einem wesentlichen Teil in dem Umstand begründet, daß die Bilder, die in ihrer Technik meisterhaft und in ihrer Form äußerst einnehmend sind, in ihrem Zusammenhang als bedeutungslos gelten konnten. Mit den Augen eines modernen Menschen betrachtet, drückt die Zusammenstellung der Tiere und Zeichen keinerlei oder allenfalls parzellierte Handlungen aus, kein Bericht scheint in ihnen durch ... In Wirklichkeit erhält die Frage vor allem im Hinblick auf die neueste Kunst eine wesentliche Bedeutung ... Der Surrealismus hat zu einer Formel gegriffen, in der die Zusammenstellung normaler realistischer Elemente zur Negation des Realismus in der allgemeinen Anordnung führt. Sieht man einmal von der Ablehnung jeder Bedeutung in einem Teil dieser Werke ab, so kommt diese Formel der des Paläolithikums recht nahe. Diese Nähe liegt darin, daß der Sinn in Schlüsselelementen angesiedelt ist, die in einem ultradimensionalen, aber syntaxfreien Raum angeordnet sind. So wird deutlich, daß die Leidenschaft des Surrealismus für die primitiven Künste kein Zufall ist. Die Suche nach einem Ausweg durch die Rückkehr zu den Tiefen der Zeit fällt mit der Ablehnung jenes ganzen Entwicklungsweges zusammen, der die Symmetrie, die Perspektive und die narrative Ordnung der Werte hervorgebracht hat. Der Unterschied zwischen dem Anfang und dem Ende liegt jedoch darin, daß die Menschen des Paläolithikums immerhin eine Innovation entwickelten, während die Surrealisten eine Erneuerung versucht haben, d. h. aus Bruchstücken veralteter Materialien ein Nichtkonstruiertes zu konstruieren ... Das Bedürfnis nach einem schöpferischen Ausweg kommt ... in der Suche nach dem Nicht-Figurativen ... zum Ausdruck. Wenn es offenbar unmöglich ist, sich des Gewichts von 6000 Jahren zivilisierter Kunst zu entledigen, so kann dieser Ausweg nur in einer rigorosen Antithese liegen ...: die schrittweise Ablehnung des Realismus, der Form, jeder Spur von Figuration ... sogar die Ablehnung des Rhythmus in den monochromatischen ... Gemälden ... ein Untertauchen in Infrasapiens-Strukturen ...«[19]

## 6.6 Zeit-Zeichen: Male, Kerben, Einschnitte einer anderen Schrift

Letzteres: der Verdacht, daß die Rückkehrtendenzen der neuesten Kunst ins Unter-Menschliche, Vor-Humane reichen könnten, liegt auf der Linie des Hegelschen Vorbehalts gegen Hölderlin und die Romantiker. Aber es ist unnötig, den »Nullpunkt der Bilder«, von dem kein Bericht möglich ist, der Regressivität zu beschuldigen. Denn die Antithese, von der Leroi-Gourhan spricht, diese unablässige Selbstthematisierung der Kunst, die ästhetische Reflexion der Mittel der Ästhetik seit Jahrzehnten, kann ganz anders wahrgenommen werden. Die herkömmlichen Schlüssel der Interpretation sind angesichts der reflektierten Materialität der Zeichen deshalb unbrauchbar, weil die Sachverhalte, um die es geht, gar nicht verschlossen sind. Das mag nur theoretisch verbohrten Augen und verstimmten Ohren so erscheinen.

Was von der gegenwärtigen »Kunst der Zeichen-Setzung« jeweils rückwärts buchstabiert wird, ist nicht der Sinn der Welt. Wenn nicht alles täuscht, geht es um nichts Geringeres als um eine neue menschliche Stellung zu dem, was ist, eine Stellung, die nicht mehr den katastrophischen Bedingungen von Mythos und Geschichte unterliegt. Es geht darum, den theoretisch eskamotierten Zusammenhang von Wunden und Wundern praktisch ästhetisch derart zu referieren, daß von dort aus eine andere Version der Welt, eine »entrüstete Ordnung« möglich wird. Der Reim, den der Mythos als Katastrophenbericht sich macht und der von den großen historischen Erzählungen in Übersetzungen nur wiederholt wird, ist nicht der einzige und darf nicht der einzige bleiben.

»Das Ende der Geschichte ist in ihren Anfängen vorgezeichnet – da die Geschichte, der der Zeit schutzlos ausgesetzte Mensch die Stigmata trägt, die Zeit und Menschen zugleich definieren«. [20]

Dieses Zitat hat es in sich: es meint nicht allein die Tatsache der Vorzeichnung, sondern auch die Details, die aufgrund tiefsitzender Stigmatisierung rekonstruierbar sind; es meint, daß die Anfänge der Geschichte wie ein Spiegel des Endes funktionieren, wenn man sich traut hineinzuschauen; es meint zudem, daß die Menschen wie die Zeit geprägt sind: mittels Einschnitten, Kerben, Malen, daß an den Menschen, wenn alles andere entfällt, die Wirkung einer fundamentalen Rhythmisierung notiert werden kann, daß die Ordnung des Zählens sie entscheidender betrifft als die Ordnung des Erzählens.

Der Mythos erleuchtet die frühen Räume durch Heldenschicksale, und die Geschichte fährt fort, vom Leben des Geistes und von der Befreiung aus dem Zwang der Natur zu berichten, als ob die Menschheit der Held wäre. Schließlich zeigt sich diese Bahn als eine der Vernichtung: der Raum ist tot und der Mensch versinkt in kosmischer Einsamkeit. – Die zeremonielle Ordnung erzählt nichts, aber sie erschafft die Zeit. In ritueller Einschreibung werden die Oberflächen rhythmisiert: des Körpers, der Dinge, der Erde. Das Ereignis, das den Kalender nach sich zieht, ist erst möglich durch die Unterbrechung des Fließens, den »Ur-Sprung«, der sich in abstrakten Figuren manifestiert und die menschliche Erfahrung fundamental strukturiert.

Bei der notwendig gewordenen Ablösung der Raumfixierung der Imagination fällt deshalb einer solchen Bestimmung der Zeit die größte Aufgabe zu. Die Transformation der Ästhetik von der Anschauung der Räume zur Wahrnehmung der Zeit besteht zunächst darin, die Augen zu entwaffnen und den »Sinn« für die Zeichen als Narben zu stärken. Denn auf der »magischen Ebene« ist der Krieg mit der Materie, wie er die Erzählung der Menschheit strukturiert, keineswegs zwingend. Insofern sind die Stigmata der Menschheit keine Waffen. Man könnte sogar den Versuch unternehmen, die Zeichen in ihrer Varianz als »Versöhnungs-Zeichen« zu lesen. Denn nur unter solchen Voraussetzungen wäre Zukunft überhaupt möglich. Einzig »entrüstete Ordnungen« wären in der Lage, dem neuen »faulen Zauber« einer Vernichtung von allem, was ist, zu entgehen.

Es ist fraglich, ob die Vorgeschichte der Geschichte am Punkt ihres Erlöschens noch einleuchten kann. Wenn es aber zutrifft, daß die Emanzipation der Zeichen einen ungewollten Effekt intensivierter Bemächtigungsstrategien darstellt, dann müßte im gesamten Austausch der Menschen mit ihresgleichen und mit der Natur, in ihrem Umgang mit der Materie, eine Blöße auftauchen, die tiefe Rückblicke ermöglicht.

Durch die Insistenz der künstlerischen Arbeit wird diese Blöße heute sichtbar. In gewisser Weise gilt: die Kunst *ist* diese Blöße. Sie stellt den verzweifelten Versuch dar, die geschlossene Welt des verordneten Sinns, die nach außen vor Waffengewalt starrt, nicht länger als einzige zuzulassen. Gerade indem sie sich dem Graphismus des Schmerzes aussetzt, kann sie verhindern, daß die Zeichen restlos zu Mitteln der universellen Kriegführung depraviert werden.

Erfahrung und Reflexion, Wahrnehmung und Erkenntnis sind weiterhin angewiesen auf die Fähigkeit einer zeichenmachenden Imagination, die seit Beginn der Menschheit am Werk ist, aber erst jetzt ihre Gesetzmäßigkeiten preisgibt. Einseitigkeiten sind ihr – wenn man André Leroi-Gourhan glauben darf – erst neuerdings eigen. Die vorgeschichtliche Archäologie zeige vielmehr, daß die Menschen ein erstaunlich vielfältiges Gespür für die Wunden am Material der Welt aufgebracht haben. Erst mit der Bewaffnung der Sinne, insbesondere der Augen sei es schließlich zu jener rücksichtslosen Bemächtigung gekommen, deren Folgen die Gefahr eines Untergang der zivilisierten Menschheit heraufbeschwören.

# 7.
# Zwischen Häresie und Wahnsinn. Eine andere Geschichte der Liebe

»Dergestalt haben die Götter die Menschen gelehrt, sich selbst im Schauspiel zu betrachten, so wie die Götter sich selbst in der Einbildungskraft der Menschen betrachten.«

(Pierre Klossowski)

Ob es Orthodoxie gibt, die nicht machtgestützt ist, die also ihre Richtigkeit aus inneren Maßstäben gewinnt, muß – nach den Wellen der Historisierung und der kulturellen Relativierung und nach den Einsichten in die Verfahren der Zivilisation radikal bezweifelt werden. Dadurch gewinnt das Häretische an Wert für kommende Erkenntnisverfahren, nicht wegen seines äußeren Bezuges – denn was Häresie sei, wird »orthodix« festgelegt –, sondern wegen seiner verdeckten Seiten, die der Umkehrformel eines gesetzten Richtigen nicht subsumierbar sind. Insofern stünde eine Geschichtsschreibung bevor, die hellhörig auf Differenzen achtet und auf die Reste, die nicht aufgehen im Schema von »Innen« und »Außen«. Ihre Materialien wären die Zeugnisse, die dem Klappmechanismus der exklusiven Vernunft entkommen sind, Zeugnisse der Häresie und des Wahnsinns, die bis auf den heutigen Tag ein Unabgegoltenes und Rätselhaftes behalten haben. Logisch betrachtet organisieren sich diese Zeugnisse auf einer Achse zwischen radikaler Jenseitigkeit und ebenso radikaler Diesseitigkeit. Eine Strategie der »Verlichtung«, meist häretisch induziert, korrespondiert mit einer Forcierung der dunklen »Erdenschwere«, wie sie im Wahnsinn vorkommt. Allerdings gibt es auch Kombinationen von geradezu explosiver Mischung.

Die andere Geschichte der Liebe hat ihre Unmöglichkeit zum Thema, die Unmöglichkeit sowohl der Liebe als auch der Geschichte. Das hängt damit zusammen, daß das menschliche Begehren durch Verschiebungen zu einer Rückkehr ohne Ende genötigt wird. Auf diese Not-Wende paßt keine Lösung mehr. Weder der vorweggenommene Tod, der als Modell einer Bewegung des Imaginären diente, noch die verzögerte Weigerung, irgendeinen Abschied von der Erde zu vollziehen, die auf der Spur der Einbildungskraft als Schwerkraft verlief, konnte und kann dem Umstand genügen, daß der Bogen der Bahn gebrochen ist. Gleichwohl sind es Vorläufe des Lebens, die nicht mit den Etiketten übereinstimmen, die eine noch kursierende historische Erinnerung ihnen aufgedrückt hat: Häresie und Wahnsinn. An ihrem Schicksal kann zumindest klar werden, wie sehr der »Stand der Dinge« bereits durch das Signum eines Scheiterns der Menschen geprägt ist. Es gibt hier kaum noch einen Sachverhalt von Belang, der diesen Stempel der Niederlage nicht trägt.

Es wird plädiert für eine »Erkenntnis«, die von der Liebe nicht unterschieden werden kann. Die unfreiwillige Spiegelung der abgespaltenen wissenschaftlichen Rationalität in einer abgespaltenen Sexualität funktioniert nur gemäß dem Zusammenhang, den das Denken mit der Geschlechtsliebe bildet. Auch die unmögliche Liebe – heißt das – ist Erkenntnis. Sie läßt Dinge sichtbar werden und Sachverhalte in Erscheinung treten, die ohne sie verborgen blieben. Vor allem aber ist sie sensibel für das Gegenteil der Offenbarung, für die Wiederverhüllung, das Schwinden, die auftauchende Leere. Gerade das Scheitern der Liebe paßt auf die unbeschriebene Offenheit der Situation. Häresie und Wahnsinn vermögen »unschlüssig« zu bleiben, wo die lieblose Rationalität, der lieblosen Sexualität gleich, Schlüsse zieht, welche die ohnehin wuchernde Macht des Imaginären noch einmal verstärken. So wäre die Liebe das Gegenteil jeder Versöhnung: die Kraft der Paradoxie, in der heute die Geschichten der Häresie und des Wahnsinns aufgehoben sind.

## 7.1 Die unendliche Geschichte der Rückkehr

Das Werk, das zu Beginn des zwanzigsten Jahrhunderts ein letztes Kapitel der finster gewordenen Geschichte des Subjekts einleitet, Rilkes »Malte Laurids Brigge«, endet mit einer inversen Deutung der Parabel vom verlorenen Sohn.[1] Rilke deutet ihn als den, der nicht geliebt werden wollte, der deswegen wegging, der wiederkam nur um der Probe willen (ob man ihn noch liebe), dem die Liebe der Anderen als lästig und aufdringlich erschien, den diese Liebe jederzeit hilflos und überwältigt fand, der schließlich einwilligte in den Anschein, daß er der Liebe bedürftig sei, obwohl er es nicht war.

Der Protagonist Rilkes, eine späte Gestalt jenes Helden, der immer die Hauptrolle in der Geschichte der Rückkehr gespielt hatte, trieb sich in der Welt herum, übte das Nicht-Ankommen, hielt sich – vorübergehend – im »Midi« auf, wurde in Les Baux gesehen und suchte dem Gedächtnis derer zu entgehen, die ihn liebten. Von Rilke und seinem »Helden« aus ist es nur noch ein kleiner Schritt zu jener Figur des »neuen Narziß«, der den Schuldspruch der Artemis, die unerfüllbare Selbstliebe jeglichem Geliebtwerden vorzieht. Von dort aus können das Schicksal der Liebe und die Geschichte der Rückkehr noch einmal anders wahrgenommen werden, diesmal sub specie ihrer Un-Endlichkeit.

Jede Rückkehr will ein Ende. Das Nicht-Ende dagegen paßt in keine Geschichte. Daraus ergeben sich heute die Zerreißproben und Unerträglichkeiten der Liebe. Solange die Un-Endlichkeit als ein aufgeschobenes Ende begriffen werden konnte, blieb das herkömmliche Selbstverständnis einer bewegten Menschheit (allegorisch zum Helden verdichtet) intakt. Seitdem aber beide Seiten des Problems die Kontur der Unmöglichkeit bekommen haben und das menschliche Trachten – soll es weitergehen – unter das kontradiktorische Signum eines Nicht-Endes geraten ist, scheint die Geschichte stillgestellt zu sein. Die Unendlichkeit im Sinne des Nicht-Endes zwingt zu der – noch unerträglichen – Einsicht, daß Rückkehr unmöglich wurde und somit keine Geschichte mehr erzählt werden kann. In gewisser Weise ist der Zirkel des Begehrens schon lange gebrochen, aber die Menschen wagen nicht, danach zu leben. Vielleicht hat die Hochspannung des Imaginären heute den Sinn, dieses Aufklaffen der Geschichte zu kaschieren. Damit aber wird Zukunft blockiert.

Um ein solches Hinübergleiten der Erzählung in die paradoxe Struktur der Selbstblockierung besser begreifen zu können, sollte man noch einmal beginnen, von Anfang an. Die Geschichte erzählt die mühsame, mehrphasige und mehrschichtige Herausbildung des menschlichen Individuums, des Subjekts, des vereinzelten Einzelnen und handelt konkret von den immer weiter werdenden Rückwegen aus der Isolation, aus der Fremde in die Heimat. Das ist die Geschichte der europäischen Zivilisation, eines Siegeszuges des Konzepts »Selbstkontrolle«, das im Nachhinein keineswegs wie ein Programm, eher wie ein unerwartetes Resultat erscheint. Diese Geschichte paraphrasiert den dramatischen Vorwurf einer Kollision zweier Ordnungen: einer binären Ordnung der Natur und einer triangulären Ordnung der Kultur.

Der Urschmerz der Individuation, die irreduzible Wahrheit des eigenen Todes wird in der Kollision durch eine Strategie mehrfacher Abstraktion nach und nach erträglich gemacht. Durch einen Zugewinn an Komplexität konnte die Geschichte, wo und wann immer sie Ereignis wurde, offen sein für die intervenierenden Taten der Menschen – jedenfalls bis zu dem Punkt, an dem die bislang produktiven Praktiken zu Maschinerien der Destruktion mutiert sind.

Die Geschichte der mythischen Helden geht noch davon aus, daß Rückkehr möglich sei. Von Morgen bis Abend folgen sie dem Lauf der Sonne am Himmelszelt. Das Ende ihres Tages in der Nacht der »Mutter« ist für die »großen Menschen«, jene sonnengleichen Inbilder der Menschheit, in ihrer ganzen Unwiderstehlichkeit bestimmend. Mögen noch so viele Hindernisse den Weg verstellen, letzten Endes ist das Ziel klar. Der Kreislauf, der zurückkehrt in die Nacht, um nach einer Unterbrechung wiederzubeginnen, wirkt wie eine Vorschrift, der zu folgen schwierig, aber keineswegs unmöglich ist. In tausend Kulten verherrlicht, in abertausend Gedichten gefeiert, scheint nichts den Siegeszug des Lichtes am äußeren und inneren Firmament aufhalten zu können. Ein derart hochgetriebener Sinn der Herrlichkeit dauert lange, dauert noch heute. Die Sinnenfälligkeit des Vorgangs Tag für Tag, Jahr für Jahr wiederholt, tut ein übriges, um die Szene einzuschreiben in die Erinnerungen und Hoffnungen der Menschen. Die Liebe des »Sohnes« ist so unverbrüchlich wie die der »Mutter« – ein eherner Gang der Zeit, Modell schließlich für die Uhren der alten Welt. Selbst die neuzeitlichen Chronometer verherrlichen noch die Geschichte der Rückkehr. Solange sie Zeiger haben, zeigen alle Uhren diese Liebe.

Früh aber gab es Abweichungen von der mythischen Vorschrift, die selbst noch einmal Anlaß für Mythologien waren. Der Kreislauf wurde aufgebrochen, doch nicht vollends. Man denke an die Odyssee. Der Weg über das Meer, der den Verschlagenen verschlägt, ist ein anderer als der am Himmel. Anders als Herakles, der ob seiner Taten zwischen die Sterne versetzte Held, gerät Odysseus in den Krieg der Götter auf Erden. Zwar mißt auch er bei seinen Fahrten noch einmal die Grenzen der bekannten Welt aus, doch scheint es eher ein Zufall zu sein wie andere Zufälle, daß er schließlich in Ithaka landet und Penelope als seine Frau wiederfindet. Anfang und Ende der Geschichte sind im Verhältnis zu den Abenteuern auf See und an den Küsten vergleichsweise unwichtig. Wenn die Odyssee noch ein Modell für die Schicksale des Subjekts abgibt, dann ist die Geschichte die eines Spätheimkehrers und ihr Ende ein Surplus. Seitdem gehört der hinausgezögerte Sinn zum Schicksal der Liebe hinzu.

Entkommt also Odysseus dem ehernen Gang des Mythos schon teilweise, gerät in der Folge die Opposition deutlicher. Die Geschichte des christlichen Heilsbringers auf Erden arbeitet das Kreuz heraus. Das ist die folgenschwerste Modifikation in der Eskalation der Abstraktionen. – Denn das Kreuz ist eine Absage an die Rückkehr. Es wird errichtet, um eine andere Richtung anzudeuten. Zwar erfüllt auch Christus noch das, was geschrieben steht; nur an einem Punkte geht er einen anderen Weg als die mythischen und mythologischen Helden. Er wählt ausdrücklich die Himmelfahrt, statt in der Erde zu ruhen. Sein Abschied von der Mutter ist endgültig. Das gelingt mittels eines androgynen Bildes: durch mimetische Verdoppelung holt er das Weibliche in sich zurück. Die Erde mit ihren Toden und Schmerzen scheint besiegt. Das Licht tendiert ins Energetische, Unsichtbare. Unter dieser Bedingung einer Transformation der irdischen Körper ins Imaginäre kann Christus von sich sagen: Ich bin der Weg. Er geht nach innen. Das Kreuz ist unumgänglich. Es ist die Struktur des Irdischen, der im Raum ausgedehnten Erde. Niemand kommt mehr daran vorbei. Seitdem muß die Geschichte der Rückkehr das Kreuz verleugnen oder aber durch Leid hindurch sich in Brand setzen lassen. – Man vergesse also nicht, daß das Schicksal der Liebe sich in Europa aus zwei Quellen nährt, die nicht miteinander vereinbar sind: aus dem griechischen Mythos und aus dem christlichen Mysterium. Wer diesem Schicksal entgehen will oder überhaupt verstehen möchte, was heute geschieht, muß immer wieder diese »Herkünfte« studieren, die zunächst unentrinnbar sind.

## 7.2 Eine Strategie des Lichts

Michel Serres hat verschiedentlich auf den paradoxen Umstand hingewiesen, daß im hohen Mittelalter eine Vorwegnahme der christlichen »Verlichtung der Welt« passiert sei, die als »Kritik« derselben gemeint war: der Katharismus. In einer präzisen »Ahmung« des Todes, sei es durch »endura« oder durch den bewußt angenommenen Flammentod, hätten die hauptsächlichen Häretiker des Abendlandes auf die fortschreitende Installation des Todes als Machtprinzip aufmerksam gemacht. Was gegenwärtig völlig klar geworden sei, daß das voraussichtliche Ende der Geschichte als Triumph der vollendeten Allianz von Wissen und Macht sich ankündigt, wäre den Katharern als erste widerfahren und hätte sie genötigt, mit ihrem eigenen Fleisch und Blut Zeugnis abzulegen für die bevorstehende Thanatokratie der Vernunft.

»Das ist die Assoziation der bestabgesicherten Theorie und wirksamster Praktiken zu anspruchsvollsten, gebieterischsten, imperialsten Zwecken. Besser, die durchdachte Allianz von theoretischer Vernunft, praktischer Vernunft und kalkulatorischer, vorhersehender, finalisierter Vernunft. Das Zur-Vernunft-Bringen aller Vernunft. Das mächtigste und produktivste Dreieck, das die Geschichte je installierte . . . Das ist der Motor. Der abscheuliche Motor der neuen Geschichte. Der sich selbst erzeugt, indem er alles in sein exponentielles Wuchern saugt, was er nicht ist. Das ist der gewaltigste Multiplikator, er ist das Produkt aller denkbaren Multiplikatoren: theoretische Innovation, industrielle Serie, strategische Überbietung . . . Und wegen seiner ihm eigentümlichen Natur metastasiert dies Dreieck selbst da, wo es formiert . . . worden ist . . . Die spezielle Absicht war der Tod, was dieselbe Infrastruktur gebildet hat, die Gesamtabsicht heißt Genozid. Die ganze Menschheit ist selbstmörderisch.» [2]

Serres widmet den Katharern eine Klage: sie hätten nichts weiter getan, als dies zu verdeutlichen, daß ein großer Todeswunsch im Spiel sei, daß die Menschheit insgesamt sich mittels des Lichtes der dreifachen Vernunft auf den Weg zum Weltuntergang gemacht habe.

»Katharer, meine Ahnen, zurückgekehrt aus dem Iran, ihr kündet in alter Sprache, daß die Welt in den Händen des Bösen ist. Und ihr wußtet nicht, ihr, die ersten Hellseher, daß es sich weder um einen religiösen Traum noch um Metaphysik handelte. Sondern um ein historisches Gericht und eine Voraussicht. Um eine bis zur Unversöhnlichkeit präzise Prognose. Wir, irre, haben Wort für Wort eure Schrift ausgelöscht. Wir sind die sichere Höllenspirale herabgestiegen. Ich verstehe jetzt, warum man euch ermordete, ohne Pardon noch Hilfe. Ihr wußtet schon, ihr wußtet als erste, daß der Todestrieb an der Macht war, daß ihn von dort nur ein vollkommen äquivalenter Trieb vertreiben konnte. Und daß der Tod den Tod brachte. Und daß alle Politik gleich ist, scheußliche Monopole des legitimen Todes, Arimans Masken. Und ihr macht euch auf den Weg, halbnackt, arm und barfüßig. Denn ihr legt von der einzigen Wahrheit Zeugnis ab, die uns betrifft und retten kann; man hat euch bis zum Letzten gejagt. Keiner, der ein klein wenig Macht hatte, konnte es ertragen. Ihr erregt rückhaltlosen Haß. Euer Feind, meiner, das war, das ist der Tod, der Tod allein befiehlt und bestimmt . . . Und also seid ihr von der Erdoberfläche getilgt worden . . . Weil ihr liebt. Zärtlich.« [3]

Die in der Hierarchie der Vollkommenheit modellierte »Himmelfahrt« der Parfaits erscheint so als Übertreibung, die einen kolossalen Irrtum sinnenfällig macht. Der Katharismus wird in der Erinnerung Michel

Serres' zu einem mimetischen Ereignis, das partout nicht wörtlich genommen werden darf, sondern nur als Warnung, gewissermaßen als verzweifelter Versuch, der Verzweiflung am Irdischen zuvorzukommen. Damit erhält die Häresie eine oszillierende Bedeutung. Sie wird aus der bekannten Alternative einer Apotheose des Widerstandes und der Anklage kleinmütigen Versagens herausgehoben und als Problemgeflecht für kommende Erkenntnisse exponiert. Schließlich macht Serres selbst darauf die Probe:

»Diese Kritik definiert einen kritischen Punkt der Zeit und der Geschichte, an dem sich die Geschichte der Vergangenheit der Vernunft von Angesicht zu Angesicht mit dem Ende ihrer Hoffnungen und ihrer Zukunft sieht . . . An diesem kritischen Punkt, in der Blendung dieses Blitzes kann und muß etwas geschehen: daß der kommende Tod in einem Augenblick des Bewußtseins und kollektiver Einigkeit auf immer den Todestrieb, der ihn erzeugt und umgekehrt, tötet. Tod dem Tod, das letzte Wort der Philosophie. Wir passieren diese Schwelle, sehen diesen Blitz oder wir werden mitten in den 1000 Sonnen unserer infernalischen Vernunft verenden.« [4]

Das Risiko einer solchen Strategie liegt auf der Hand. Schneller zu sein als das Licht verlangt eine unerhörte Wachsamkeit. Außerdem scheint die Reinheit der Häresie orthodox längst überholt und überboten zu sein. Es gibt inzwischen Experten dieser Überholung und Überbietung, die unzweifelhaft nichts von kollektiver Einigkeit halten. Vielleicht sollte man deshalb auch am anderen Ende der Achse nachsuchen, beim Wahnsinn, der, trotz aller Versuche bisher, in keiner Strategie aufgegangen ist.

## 7.3 Einsprüche gegen den Abschied

Wenn man ein Stichwort angeben müßte, um die Szene beginnen zu lassen, die von der gegenwärtigen Menschheit sub specie der Götter als Zuschauer gespielt wird, dann wäre es »Abschied von der Erde«. In allem Dichten und Trachten, das noch Zukunft verspricht, passiert gegenwärtig dieser entscheidende Schub der Abstraktion einer radikalen Entmaterialisierung, der letzten Reinigung vom Schmutz der Erde – vor dem Übergang ins »reine Licht«, in den »Krieg der Sterne«, in die irreversible Immanenz des Imaginären. Dergleichen mag sich beschleunigen lassen durch Entstörungen. Es gibt, das wird unverhohlen zugegeben, vor dem Abschied noch viel zu tun. Noch steht der totalen

Mobilmachung, die auf Lichtgeschwindigkeit zugeht, eine Reihe von Hindernissen im Wege: die Langsamkeit der Menschen, ihre Trägheit und grundlose Schwermut; das gesamte vegetative Leben, vom Wachsen der Leibesfrucht bis zu den Wäldern, überhaupt das »Bedürfnis nach Wurzeln«; der Zusammenhang, den Individuen miteinander bilden, sei es durch »bodenständige«, kulturell gewachsene Beziehungen, sei es durch Arbeit, durch die Notwendigkeiten der Produktion. Das hartnäckigste Hindernis scheint die Liebe zu sein, diese Verrücktheit, nicht voneinander zu lassen, gerade bei ungünstigster Konstellation.

Es gibt allerdings Einsprüche gegen die Transformation des Lebens in wurzellose Beschleunigung, in geschlossene Schaltkreise, in Energiekugeln nach Bombenart. Der riskanteste Einspruch ist der Wahnsinn, oder das, was man so nennt: das ausgezeichnete Schicksal der Liebenden im 19. und 20. Jahrhundert, die keine Wahl hatten.

»Im Wahnsinn welcher Art auch immer müssen wir einerseits die negative Freiheit eines Sprechens erkennen, das darauf verzichtet hat, sich erkennen zu lassen . . . und andererseits die Ausbildung eines einzigartigen Wahns, der – sei er nun fabelhaft, phantastisch oder kosmologisch, deutend, fordernd oder idealistisch – das Subjekt in einer Sprache ohne Dialektik objektiviert.«[5]

Diese Entklammerung der Dialektik, die den Riß realisiert, statt ihn imaginär zum Verschwinden zu bringen, bietet das Negativ-Profil einer Geschichte der Identität, wie sie zur Herausbildung des Subjekts in Europa gedient hat. Zugleich macht sie in ihrer Trauer um Verlorenes das Schicksal der Erde in einer Weise sichtbar, die schwerlich noch guten Gewissens verdrängt werden kann. Die Weigerung, sich die allgemeine Norm einbilden zu lassen, mußten diese verrückten Denker (genannt seien: Hölderlin, Nerval, Nietzsche, Artaud) damit bezahlen, daß sie den Verstand verloren, dafür jedoch – meist nur für kurze Zeit – eine Einbildungskraft gewannen, die wie in einem Spiegel die Wahrheit der kumulativen Abstraktionsprozesse darstellt. Es ist die Spur einer zunächst ohnmächtigen Gegenwehr, die durch Einverständnis mit der Schwermut den Mut findet, die Hauptrichtung »per astera ad astra« aufzukündigen und den »Abschied von der Erde« zu bestreiten. Seitdem kann es die übrigen Menschen wieder kümmern, daß der Planet verlorengeht, daß er systematisch zum »Endlager der Entsorgung« mißbraucht wird, daß die Reste und Abfälle einer rücksichtslosen Verwertung der Ressourcen unter dem Diktat der Einheit der Vernunft als solche Reste und Abfälle kaschiert werden und daß – wie

Serres schreibt – alles getan wird, um das Tödliche der Vernunft zu verheimlichen.

Man erinnere sich an das Schlußbild von Stanley Kubricks Film »2001 – Odyssee im Weltraum«: eine Konstellation der unvergeßlichen Art. Die Suche nach sich selbst, die der Held ahnungslos unternimmt, endet bei der allgemeinen Bestimmung des Menschengeschlechts, bei der Wahrheit des Todes, die in der Wiedergeburt liegt. Das ungeborene Kind, in einer Gebärmutter geborgen, wird konfrontiert mit der Weltkugel, und zwar so, daß man es sieht: es ist dasselbe. Das selige Lächeln des Fötus und der strahlende blaue Planet bilden verschränkte Spiegel. Das eine ist eigen dem anderen und nichts weiter. Fremdes gibt es nicht, es sei denn als Irrtum, als Verstellung, als Selbstmißverständnis. Das Verhältnis von Veräußerung und Erinnerung stimmt. Die Korrespondenz ist die immerwährende Arbeit des Traums. Sie legt jene Bahn, die von jeglichem Ort her die Rückkehr ermöglicht. Sie schafft den großen Innenraum der Welt. Arbeit im Sinne des Traums ist Versöhnung. So bleibt schließlich dies: die Über-Kreuz-Korrespondenz von Erde und Einbildungskraft, das äußerste Gegenteil jenes Endlagers der Weltverschmutzung.

Woher jedoch stammen hier die Störungen? Schon aus der Tatsache, daß das Kind zur Welt kommt, daß es älter wird, daß die Zeit als zweites Futur eingreift, mit ihrem Vorlauf, wieder, auf den Tod (»ich werde gewesen sein«)? Gegen die Schmerzen der Geburt hilft das Drama, das in immer neuen Verdichtungen und Verschiebungen die unendliche Geschichte der Rückkehr spielt. Gegen Dionysos hilft Apollon. Doch zwischen der Einbildungskraft als dem »Fötus« der Menschheit und der Erde als »Mutter« ist das Kreuz errichtet, durch das die Korrespondenz erfolgt. Jede zweite Geburt wiederholt die Schmerzen der ersten. Geringfügig verschiebt und verdichtet sie deren Schrift auf der Oberfläche des Körpers. Und dieser wiederholte Graphismus des Schmerzes entfaltet die Schwermut, die ein Wissen darstellt und sich nicht mehr täuschen läßt. Sie ist hellsichtig, weil sie ein körperliches Widerlager zur Reflexion im Kopf bildet. Sie ist – so betrachtet – mehr »Matrix« als »Cervix«. Der älteste Name dafür heißt Melancholie.

Man nennt sie auch[6] »schwarze Galle«, Hypochondrie, Manie, Acedia, Saturnfurcht, Grillenkrankheit, Spinnerei, Milzsucht, Vapeurs, Spleen, Trauer, Depression, usf. Man fürchtet ihre Maßlosigkeit zwischen Helligkeit und Dunkel, zwischen Omnipotenzwahn und rasenden Selbstzweifeln, zwischen höchster Anspannung und Erschlaffung, zwischen Geschrei und Verstummen. Man bringt sie in Verbindung mit der unberechenbaren Trauer des Souveräns, weiter mit der abgrundtiefen Depression Luzifers nach seinem Sturz, weiterhin mit der rettungslosen Melancholie des Chronos, der sterbenden Zeit usf. Vielleicht ist sie wegen ihrer extremen Äußerungen früh als »heilige« Krankheit bezeichnet worden; schon Aristoteles hat ihre Nähe zum Genialen markiert; eklatant wurde sie als Reaktionsform auf asketische Übungen und andere Maßnahmen der Züchtigung und Selbstzucht im hohen Mittelalter und in der beginnenden Neuzeit; als Schatten hat sie dann die Prozesse der Fremd- und Selbstkontrolle begleitet, die das Subjekt als anthropologische Norm durchgesetzt haben. Wahrscheinlich durch deren Übertreibung ist sie schließlich zur Allianz mit dem Wahnsinn gezwungen worden, in der eine fortgesetzte Überkreuzkorrespondenz von Erde und Einbildungskraft tödliche Wirkungen zeitigen mußte. Ihr Exemplarisches ist teilweise kraß. Das liegt an der Ausweglosigkeit der betreffenden Lebensläufe. Zwar ist die Melancholie als pure Schwerkraft nach wie vor die Lehrmeisterin eines anderen Wissens. Doch die Relevanz dieses Wissens wird neuerdings immer präziser gelöscht.

## 7.4 Einbildungskraft als Schwerkraft: Hölderlin, Nerval, Nietzsche, Artaud

Daß der Wahnsinn im Verein mit der Melancholie die gewagteste Gegenwehr darstellt, einerseits gegen den implosiven Narzißmus, diese soziale Isolationsfolter, und andererseits gegen die sprachlose Depression, diese Mimesis ans tote Gewicht der Welt, liegt daran, daß er auf dem Grat sich zu halten genötigt wird. Dort ist seines Bleibens nicht lange. Der Absturz droht jederzeit. Deshalb eignen sich meist nur kurze Spuren der Geschichte: Hölderlins späte Hymnen, Nervals Aurelia, Nietzsches letzte Briefe, sein Ecce Homo, Artauds Mexiko-Experiment. Der nicht mehr verdrängte Riß, der die eigene Seele spaltet, öffnet sich zu Einsichten in Reiche, die bis dahin verschlossen waren. Noch ist die Kraft zu gehen, zu sehen und zu schreiben groß genug. Es findet immer eine Reise statt, die öfters – real oder fiktiv – neu ansetzt. Diese Reise hat die Struktur einer Rückkehr aus der größten Ferne: nach Griechenland, nach Asien, nach Persien, nach Mexiko usf. Die Erde zeigt sich ob solcher Neigung vielseitig und wunderbar. Landschaften, Flüsse und Städte handeln als lebendige Gegenüber und setzen Zeichen, die der Reisende zu seiner eigenen Überraschung versteht. Die Sprache der Dinge wird geradezu notwendig. Zufälle gibt es nicht mehr. Die Schlüssel passen nun zu den Hieroglyphen. Mit dem Schmerz wächst die visionäre Kraft. Die Reise wird zur Initiation, zu einer Art Selbstopfer. Immer ist dann von Kreuzigungen die Rede. Es wird Verbindung aufgenommen mit dem Magma, aus dem die Religionen stammen, und mit früheren Heilsbringern und Aposteln. Vorübergehend tritt ein wahrsagender Größenwahn auf, dessen Wahrheit durch nichts reduziert werden kann. Denn keine Theorie des Wahnsinns weiß, um was es geht, wenn sie nicht selbst angeschlagen ist. Man sollte – so Antonin Artaud – endlich damit beginnen, auf die Stimmen der Irren zu hören, statt sie schon immer verstanden zu haben.

### *Hölderlin oder die traurige einsame Erde*

Als sein Plan zur Begründung einer Zeitschrift »Iduna« an der Zurückhaltung der erlesenen Geister der Zeit scheitert, schreibt Friedrich Hölderlin an Susette Gontard: »Schämen sich denn die Menschen meiner so ganz?« [7] Das war 1799. Danach beginnt er seine großen Hymnen auf die Erde, auf die vergängliche Schönheit des Irdischen, die voll gesättigter Anschauungen sind und voll unstillbarer Klagen über die »bleierne Zeit«.

Die Menschen werden als Kinder, als Söhne der Erde angesprochen und ihr Zustand als der einer Gottverlassenheit beschrieben: »niemand kann von der Stirne mir nehmen den traurigen Traum.« (Menons Klagen um Diotima). Brot und Wein werden als Früchte der Erde – wie zum erstenmal – gefeiert, aber »nur zu Zeiten erträgt göttliche Fülle der Mensch. Traum von ihnen ist drauf das Leben.« Die Himmlischen haben sich abgewandt: »wir kommen zu spät.« Insofern ist die Erde nicht partout die Heimat der Menschen. Zu Zeiten ist sie das Gegenteil: »nämlich zu Haus ist der Geist nicht im Anfang, nicht an der Quell. Ihn zehret die Heimat, Kolonie liebt, und tapfer Vergessen der Geist.« (Variante zu »Brot und Wein«.) So spricht nur einer, der sich nicht überwältigen läßt, von irgendeiner Sehnsucht. Insofern können die Hymnen als genaue Bestandsaufnahmen der Entheiligung der Erde gelesen werden. Das bedeutet Selbstthematisierung von Anfang an: »Wozu Dichter in dürftiger Zeit« (»Brot und Wein«). Die erhobene Stimme kämpft gegen ihr Versinken. »Viel hat erfahren der Mensch.

Der Himmlischen viele genannt, seit ein Gespräch wir sind und hören können voneinander« (Friedensfeier, Dritter Absatz). Fast am Ende, als alle verbliebenen Freunde angeschrieben sind (die Hymnen sind Episteln), und die Orte des Sagens stellenweise schon leer bleiben, schreibt er in Anspielung auf seine Frankreich-Reise: »Bald aber wird, wie ein Hund, umgehen in der Hitze meine Stimme auf den Gassen der Gärten, in denen wohnen Menschen . . .« (Vom Abgrund nämlich . . .). Überhaupt diese Fußreise nach Bordeaux und zurück entspricht den geheimen Vorschriften der Initiation aufs Genaueste. Hölderlin schreibt 1802 nach der Rückkehr und nachdem er erfahren hat, daß seine Diotima gestorben ist, an den Freund Böhlendorff:

»Ich habe Dir lange nicht geschrieben, bin indes in Frankreich gewesen und habe die traurige einsame Erde gesehen . . . Das gewaltige Element, das Feuer des Himmels und die Stille der Menschen, ihr Leben in der Natur, und ihre Eingeschränktheit und Zufriedenheit, hat mich beständig ergriffen, und wie man Helden nachspricht, kann ich wohl sagen, daß mich Apollo geschlagen . . . Der Anblick der Antiken hat mir den Eindruck gegeben, der mir nicht allein die Griechen verständlicher macht, sondern überhaupt das Höchste der Kunst, die auch in der höchsten Bewegung . . . der Begriffe . . . dennoch alles stehend und für sich selbst erhält, so daß die Sicherheit in diesem Sinne die höchste Art des Zeichens ist . . . das philosophische Licht um mein Fenster ist jetzt meine Freude; daß ich behalten möge, wie ich gekommen bin, bis hierher!«

Hölderlin lebte nach seinem Zusammenbruch 1806 – er war 36 Jahre alt – noch einmal 36 Jahre im Turm von Tübingen.

## *Nerval oder der Traum als zweites Leben*

Gérard Labrunie, der sich nach einem Flurstück eines seiner Familie gehörenden Feldes mit den Ruinen einer Römerburg »de Nerval« nannte, hat sich – wie er es im voraus träumte – am 26. 1. 1855 am Gitter eines Hauses in der finsteren Rue basse de la Vielle Lanterne erhängt. Er hinterließ ein lange Zeit verkanntes Traumprotokoll seiner letzten Jahre: »Aurelia«, eine Erzählung, die nicht die vollendete Form der »Erinnerungen an das Valois« mit dem Titel »Sylvia« hat, aber dafür die Innenansicht eines fortschreitenden Wahns in unerhörter Deutlichkeit beschreibt.

»Der Traum ist ein zweites Leben. Jene Pforten aus Elfenbein und Horn, die uns von der unsichtbaren Welt trennen, habe ich nicht ohne Schaudern durchqueren können. Die ersten Augenblicke des Schlafs sind ein Bild des Todes; lähmende Starre befällt unser Denken, und wir können den Augenblick nicht genau erfassen, in welchem das Ich in anderer Gestalt das Werk der Existenz fortsetzt.«[8]

So beginnt Nervals Aurelia, um den Leser zu entführen in einen Krieg zwischen Einbildungskraft und Verstand, den der Verstand verliert, der aber den Träumer ablenkt und seinerseits auf die Reise schickt, zur Göttin Mnemosyne, zum Engel der Melancholie, gen Osten, um dort denselben Apostel zu treffen, dem Hölderlin in seiner Hymne Patmos begegnet. Dann vertieft sich der Träumer in die Genealogie der Bilder, erfährt die christlichen Mysterien als Decknamen älterer Weisheiten, muß auf endlosem Papier die Weltgeschichte neu schreiben, erschrickt vor den »kahlen Felsengruppen«, die sich »erhoben wie Skelette eines Schöpfungsentwurfs« – so fast wörtlich auch Artaud im Lande der Tarahumaras – und findet endlich den Anschluß an die Metamorphose, den Gestaltwandel der Götter, der Menschen, der Tiere, der Pflanzen, der Steine ... Er tritt ein in die schwere Arbeit der Träumer an der Erhaltung der Welt, indem er die Werke der Kabbalisten und Alchimisten fortsetzt, die durch die Verwandlung des Menschen hindurch den Stein der Weisen finden, d. h. die Transformation der vier Elemente in die Quintessenz vollbringen wollten. Eine kosmogonische Reise also, allerdings unternommen, um die verlorene Geliebte wiederzufinden. Nerval hatte sich, wie man berichtet, in »Wirklichkeit« in eine Provinzkokotte verliebt, aber er wollte nicht nachgeben. 1841 wurde er zum ersten Mal in eine Heilanstalt eingeliefert. 1842 stirbt Jenny Colon, seine Aurelia. Das Klagelied um die zweimal verlorene Eurydike singt von schwarzen Sonnen der Schwermut. Auch diesen Tonfall der »Chimères« übernimmt Artaud später. Er kannte und liebte diese Gedichte. Es gibt ein Portrait von Nerval (von Gervais), auf das der Abgebildete eigenhändig den Satz schrieb »Je suis l'autre« ... dieses Motto einer Absage an den kommenden Kult der Identität. Seine Mutter hat er nie gekannt. Sie starb mit 25 Jahren in Deutschland, als sie seinem Vater in den Krieg Napoleons gegen Rußland zu folgen versuchte. Seitdem war Deutschland sein »Mutterland«. Er übersetzt den Faust und Texte von Klopstock, Schiller, E. T. A. Hoffmann, Heinrich Heine.

»ich bin, um es in Rätselform auszudrücken, als mein Vater bereits gestorben, als meine Mutter lebe ich noch und werde alt.«[9]

So beginnt, nach dem Vorwort, »Ecco homo. Wie man wird, was man ist.« Das ist Genealogen-Deutsch. »Genealogisch« ist die Paradoxie im Argument, oder einfacher: das Jasagen zu einem Sachverhalt, der für ein Subjekt unannehmbar ist. Seitdem Nietzsche die Dialektik der Subjektivitätsphilosophie als Notwehr durchschaut und das menschliche Subjekt als wuchernde Vielfalt akzeptiert hat, mußte er sich an der Umwertung der Werte, an dieser Alchimisten- und Goldmacher-Arbeit beteiligen und die Welt, da es sie nicht gibt, erschaffen. In seinen Briefen vom Jahresanfang 1889, im aufbrechenden Wahnsinn, hat er dies affimiert. Er schreibt an Jacob Burckhardt:

»zuletzt wäre ich sehr viel lieber Basler Professor als Gott; aber ich habe es nicht gewagt, meinen Privat-Egoismus so weit zu treiben, um seinetwegen die Schaffung der Welt zu unterlassen. Sie sehen, man muß Opfer bringen, wie und wo man lebt.«

Die letzten Briefe sind Botschaften einer tendenziell universellen Korrespondenz, unterschrieben entweder mit »Der Gekreuzigte« oder »Dionysos«. Fast am Schluß des Briefes an Burckhardt steht:

»Was unangenehm ist und meiner Bescheidenheit zusetzt, ist, daß im Grund jeder Name in der Geschichte ich bin ... da ich gänzlich unerfahren in den Dingen bin, welche ich schaffe, so steht Ihnen jede Kritik zu ... Wir Artisten sind unbelehrbar.«

An Cosima Wagner schreibt er: »Adriadne, ich liebe Dich. Dionysos.« Das ist der wahrsagende Größenwahn, der, aus dem rechten Abstand betrachtet, vollkommen zutreffend ist. Nietzsche bezeichnet ihn selbst sehr genau:

»Hat jemand, Ende des neunzehnten Jahrhunderts, einen deutlichen Begriff davon, was Dichter starker Zeitalter Inspiration nannten? ... Mit dem geringsten Rest von Aberglauben in sich würde man in der Tat die Vorstellung, bloß Inkarnation, bloß Mundstück, bloß Medium übermächtiger Gewalten zu sein, kaum abzuweisen wissen. Der Begriff Offenbarung, in dem Sinn, daß plötzlich, mit unsäglicher Sicherheit und Feinheit, etwas sichtbar, hörbar wird, etwas das einen im Tiefsten erschüttert und umwirft, beschreibt einfach den Tatbestand. Man hört, man sucht nicht; man nimmt, man fragt nicht, wer da gibt;

wie ein Blitz leuchtet ein Gedanke auf, mit Notwendigkeit, in der Form ohne Zögern – ich habe nie eine Wahl gehabt.«

(Ecce Homo. Drittes Stück über Zarathustra.) Das schreibt er bei 200 Schmerztagen im Jahr und ohne den Trost irgendeines »Jenseits«. Statt dessen hin und wieder ein kleines azurblaues Ideal:

»Sein Leben zwischen zarten und absurden Dingen verbringen, der Realität fremd; halb Künstler, halb Vogel und Metaphysikus; ohne Ja und Nein für die Realität, es sei denn, daß man sie ab und zu in der Art eines guten Tänzers mit den Fußspitzen anerkennt; immer von irgendeinem Sonnenstrahl des Glücks gekitzelt; ausgelassen und ermutigt selbst durch Trübsal – denn Trübsal *erhält* den Glücklichen . . . – dies, wie sich von selbst versteht, das Ideal eines schweren, zentnerschweren Geistes, eines *Geistes der Schwere*.» [10]

## *Artaud oder das Mexiko-Experiment*

»Hinfort wird keiner sein, der das Orakel zwingt« [11], so lautet auf Deutsch die vorletzte Zeile des Ölberg-Gedichts von Nerval. Artaud hat es zwingen müssen. Im Jahre 1936 unternimmt er – schon erschöpft durch exzessiven Drogengebrauch – eine Reise nach Mexiko, zu den Tarahumara-Indianern, um sich initiieren zu lassen. Zunächst zwingt ihn der chronische Geldmangel zu Umwegen. Er hält in Mexiko-Stadt Vorträge über französische Kultur, insbesondere das Theater, aber auch – kaum kompetent – über mexikanische Themen, z. B. »Mexikos okkulte Kräfte«, und sendet Botschaften in alle Welt. Er braucht das Nötigste,

»um ein paar Indianerstämme zu besuchen, in deren Bräuche ich eingeweiht werden möchte . . . ich muß etwas Kostbares finden; wenn ich es in der Hand habe, werde ich automatisch das *wahre* Drama verwirklichen, das ich machen muß.« [12]

So schreibt er an J. L. Barrault, und an den Rand des Briefes: »es handelt sich vielleicht nicht um Theater auf der Bühne.« Später schildert er den Ritt in die Sierra tarahumara als seine eigene Kreuzigung. Bis zum Oktoberanfang muß er warten, bis die Indianer ihn teilnehmen lassen an einem nicht näher beschriebenen »Peyotl-Ritus«. Unter dem Schmerzdruck des Drogen-Entzugs hat er eine Vision, welche die Tarahumaras – ein Stamm, der bis heute nicht zivilisiert werden konnte – als Erfahrung »Ciguris« bezeichnen, des Menschen, der sich aus sich selbst heraus im Raum entwarf, als Gott ihn ermordete.

»Ich hatte aber eine Vision, die mich tief beeindruckte und von dem Priester und seiner Familie für echt befunden wurde, sie bezog sich offenbar auf den, der Ciguri sein soll und Gott ist. Doch dahin kommt man nur, wenn man durch Zerrissenheit und Angst hindurchgegangen ist, und danach hat man das Gefühl, man sei gleichsam vom anderen Ufer der Dinge zurückgekehrt und zurückgeflutet ...«[13]

Das Theater, das nicht auf der Bühne und *ohne* Zuschauer stattfindet, ist das Ritual des eigenen Todes, des wirklichen Todes, nicht eines mimetisch vollzogenen imaginären Todes.

»Der Tänzer tritt hinein und wieder heraus, verläßt aber den Kreis nicht. Er rückt entschlossen ins Übel vor. Er stürzt sich hinein mit einer Art gräßlichem Mut, einem Rhythmus, der mehr als den Tanz, der die Krankheit wiederzugeben scheint ... Denn dieser Vorstoß in die Krankheit ist eine Reise, ein Hinabsteigen, um wieder ans Tageslicht herauszutreten.«[14]

Für Artaud ist der Peyotl-Tanz zugleich die Verschmelzung mit Christus und die Befreiung von ihm. Er wiederholt später immer wieder den Satz: Wir sind noch nicht auf der Welt. Das Problem, das er hat, ist, aus sich einen Körper zu erlangen, d. h. nicht von einer Mutter geboren zu sein. »Ich weiß, daß ich anders geboren wurde, durch meine Werke, und nicht von meiner Mutter, doch die Mutter hat mich haben wollen, und Sie sehen an meinem Leben, was daraus geworden ist.«[15] Die auf das Jahr 1936 folgenden Ereignisse zeigen, daß Artaud den Rückweg nicht mehr finden konnte. Damit begann erst seine Leidensgeschichte in den Irrenhäusern Frankreichs. Und doch bleibt seit Mexiko eine Zuversicht, eine ebenso unerträgliche wie beglückende Illumination: »die Zeit, in der der Mensch ein Baum war ohne Organe ... wird wiederkommen.«[16]

Die Reise nach innen verrät, vierfach wiederholt, die Konturen jenes »ehernen Ganges der Phantasie«, der längst ihren »freien Lauf« ersetzt hat. Darin kommt eine genuine »Vorläufigkeit« der Genannten zum Ausdruck, die historisch noch uneingelöst ist. Gerade das Stereotype der Lebensläufe scheint bevorzustehen. Dennoch wäre es nur illusionär, aus dem Wahnsinn eine Lösung zu erwarten. Wie die Strategie der Verlichtung ist die affirmierte Erdenschwere dem Scheitern ausgesetzt und bekommt so Züge eines forcierten Dramas, das alle Beteiligten – auch die zuschauenden Götter – rat- und trostlos zurückläßt.

## 7.5 Der gebrochene Bogen

Weil der Diskurs der Liebe heute selbst von großer Einsamkeit ist, tendiert er ins Unverständliche. [17] Aber die Erkenntnis ist nur ein Spezialfall der Liebe und wäre derart ihrem Schicksal ebenso ausgesetzt: in der Rede über die Unmöglichkeiten der Sprache zu verstummen. Insofern geht es hier wie dort um Klärung der Paradoxien, in denen die Geschichte der Rückkehr sich verfangen hat. Es folgt die Fassung, die Jacques Lacan hinterlassen hat und die verdeutlichen könnte, warum etwas nicht stimmt, nie gestimmt hat und nie stimmen wird, mit der Liebe.

Am Anfang steht der erfahrene Verlust der Einheit mit der »Mutter«. Dieser Verlust ist überwältigend; die Erfahrung wird notwendig verdrängt und muß ihre Wirkungen unbewußt entfalten. Aus einer solchen Urverdrängung ergeben sich zwei unterschiedliche Strategien der Rückkehr: eine quasi natürliche Wiederherstellung der Einheit mit allen Mitteln, notfalls durch Halluzination, notfalls bis zum Verzicht auf Realität (davon wurde in den Mythen und Märchen nicht ausführlich erzählt, eher warnend berichtet), und eine kulturelle Verarbeitung des Verlustes auf allen Ebenen der Selbstverwirklichung, eventuell bis zum Gewinn der Einheit als verlorener (davon war immerzu die Rede, das ist die Geschichte der Läuterung des Helden, des Weges durch Himmel und Hölle).

Die verlorene Einheit soll also zunächst durch Identifizierung des Getrennten im Rahmen einer binären Ordnung wiederhergestellt werden. Die Wünsche treiben den (männlichen) Menschen zur Rückkehr in den Schoß an und gehen auf eine direkte Erfüllung zu. Hier herrscht die Macht des Imaginären. Der Inzest mit der »Mutter« ist das Ziel des ursprünglichen Begehrens, sei es um den Preis des Todes. Und genau an dieser Stelle tritt der »Vater« dazwischen. Hier wird die Schranke, das Verbot, das Gesetz aufgerichtet. Die trianguläre Ordnung verbietet die Identität zweier Getrennter und lenkt das Begehren der Wünsche auf Unerfüllbarkeit um. An die Stelle des Imaginären tritt das Symbolische. Statt der Einheit wird die Differenz maßgeblich. Die Halluzination kann als solche erkannt, der Bruch akzeptiert, das Nicht-Verhältnis geübt werden. So wird der Mensch durch Kultur ins Leben gerissen und auf die Bahn des Bogens verwiesen, den das Begehren zeichnet. Der Verzicht auf die natürliche Einheit mit der »Mutter« wird grundlegend. Ein Grundriß des Seins tut sich auf, der nie mehr überbrückt werden kann.

Eine derart riskante Anerkennung der symbolischen Ordnung, wie sie steht und fällt, muß ein Problem offenlassen, das heute alle Aufmerksamkeit auf sich zieht: den Narzißmus, der seinen Untergang will; das Subjekt, das sich auslöscht, weil es sich nicht gewinnen kann. Weit entfernt, seine Bändigung zu erfahren, wird das Imaginäre aufs Neue hochgespielt. Und es ist keine symbolische Ordnung in Sicht, die intervenieren könnte. Der »erotische Aufstand«,[18] der Protest dagegen, das Kreuz symbolisch anzunehmen und sich wenigstens als dezentriertes Subjekt zu verstehen, treibt nämlich immer weiter in die inneren und äußeren Exile. Vorübergehend mag es gelingen, sich so einzustellen, daß das Verlorene geliebt wird. Das ist die Lösung der Melancholie. Oder man versucht es mit der Virtuosität, man liebt die Liebe und bahnt der Selbstreferenz im Dickicht der Beziehungen eine neue Gasse. Schließlich liebt man den, der die Liebe liebt und schlägt sich in seine Einsamkeit wie in einen leeren Mantel. Doch ist kein Selbst mehr Anlaß für ein Glück – es sei denn, daß man abgefunden wurde mit dem eigenen Tod.

Dieser Skandal, daß alles auf eine Figur hinausläuft, die bewußt oder unbewußt Selbstmord betreibt, weil es das Andere offenbar nicht gibt, läßt sich auch mit Lacan nicht mehr auflösen. Das Schwierigste besteht darin, auf die Liebe des Vaters zu verzichten. Obwohl sein Verschwinden unwiderruflich ist, erheben sich allenthalben, aufs Neue, Reklamationen. Der Narzißmus als kollektives Unglück hat brisante Tendenzen. Hier wirkt das Begehren auf die Dauer tödlich. Die innere Menschheit als Narziß arbeitet an ihrer Implosion. Sie wird Feuer und Schwert gegen sich selbst richten. Sie will – als Bild – das Ende der Geschichte. Narziß wird den zurückkehrenden Christus in den Wolken als seinesgleichen wiedererkennen. Daran ändert auch die Erklärung nichts, daß nicht die »Mutter« das Bild sei, sondern das Bild die »Mutter«. Roland Barthes nimmt diese Spur in seinem Fotografiebuch auf[19]: weder der Haß, die Absage an die Mutter – wie Artaud sie formuliert – noch die Neigung – wie Barthes sie stark macht – kommen gegen die Zuspitzung auf, daß die Offenbarung im Bilde durch eine gespaltene Phantasie gebrochen und daß dadurch jegliche Referenz eines Anderen ins Schwinden geraten ist.

»Liebe wird erklärt wie Krieg, der Frieden geschlossen wie die Ehe.«[20] Diesen Satz Eugen Rosenstock-Huessys muß man als Regieanweisung für die Dramaturgie einer Geschichte des Menschengeschlechts veranschlagen. Sie markiert die Hochzeiten, in denen das

Schicksal sich einschreibt. Heute, wo die unendliche Geschichte der Rückkehr die Geschichte blockiert und die Rückkehr unmöglich macht, ergibt sich zwingend die Aufgabe, der abendländischen Geschichte als einer geschlossenen Parabel zuvorzukommen. Das geht nur durch eine Rehabilitation des Fremden. Die Chance liegt in dem, was niemals bekannt war: man muß die enteignete Geschichte enteignen und dann der Spur des Anderen folgen. Was neugeschrieben werden muß, ist der Anfang, der nicht die Gestalt der Explosion, der Schöpfung aus dem Nichts, des Kampfes mit dem Chaos hat: das sind bloß Heldentöne. Nur wenn es einen solchen Anfang nicht gab, kann das Ende vermieden werden. Man muß alle geschlossenen Theorien des Offenen verabschieden. Die einzige Chance gegen den implosiven Narzißmus ist das endgültige Fremdwerden der entfremdeten Welt. Gewiß, die Menschen sind Kinder der Erde und nichts ist geschehen, das dies ins Licht eines unaufhörlichen Schreckens tauchen müßte.

# 8.
# Zeitgenossenschaft.
# Die Einbildungskraft und das Flechtwerk der Leere

> »Orion ans Einhorn: Die stehende Vergangenheit, die stehende Zukunft. Nichts, was vorangeht, und nichts, was folgt, allein die Darreichungen der Phantasie«
>
> (René Char)

Wer in der eklatanten Verwirrung der Zeit von den Hauptsachen sprechen will, muß vieles beiseite lassen. Gleichwohl ist es nicht Willkür, die einem solchen Sprechen aufhilft, sondern eine Art Gegenteil: die Leidenschaft der profunderen Erkenntnis. Erfahrungen müssen solange gefiltert werden, bis sie in der Lage sind, die inzwischen äußerst komplexen Sachverhalte durch genaue Nachzeichnung zur Sprache zu bringen. Unzweifelhaft hat auch das Denken heute sich seiner mimetischen Kräfte zu versichern, damit es zwischen der Scylla des Verstummens und der Charybdis eines geschwätzigen Besserwissens hindurchkommt. Mit den Allüren der Kritik ist gegenwärtig nichts mehr zu holen. Der Kritiker als das gewissermaßen »letzte Subjekt der Geschichte« hat nirgends begriffen, was die Stunde geschlagen hat: das Ende des Plans der Weltbeherrschung durch die Menschen.

»Wenn sich die Moderne durch das Streben nach der absoluten Herrschaft auszeichnet, so ist die Postmoderne vielleicht die ... Erfahrung ihres Endes ... Vielleicht ist es ein Charakteristikum der Postmoderne, daß sie dieser Niederlage Rechnung trägt.« [1]

Das doppelte »Vielleicht« Derridas deutet noch einmal die Verwirrung an, die gegenwärtig zu inadäquaten Antworten provoziert. Nicht allein der zur Lächerlichkeit tendierende Streit der Experten, auch die »Dilettanten des Wunders« steigern die herrschende Konfusion. Ohne diese Gefahr geringzuschätzen, soll im Folgenden ein Essay zur Darstellung kommen, der mit dem Thema »Abglanz der Ideen« die genannte Niederlage sprachlich zu erfassen versucht, so gut es geht. Dabei wird ein Problem auftauchen, das nur nach zwei entgegengesetzten Seiten zugleich artikulierbar ist: Ideen sind Ordnungsfaktoren einer systematischen Verteidigung des Geistes gegen das Leben *und* Sprengsätze gegen die Ordnungen des Todes. Sie sind Lösungsstrategien gegen die bannenden Schrecken der menschlichen Existenz *und* Konserven der wirksamsten Schreckensbilder. Sie helfen mit, die Position des »theoretischen Menschen« in der Tradition des Griechentums aufzubauen *und* sie dienen heute dazu, diese Position, die ins Endspiel des Weltuntergangs verwickelt ist, zu unterminieren. Diese strikte Ambivalenz kann theoretisch nicht aufgelöst werden. Es ist lediglich möglich, ihr unweigerliches Entstehen in Rücksicht auf das, was traditionellerweise »Mimesis« heißt, besser zu begreifen. Nicht jedoch die Nachahmung der Natur, auch nicht die der Idee des Naturschönen, sondern seine *Vor*-Ahmung, überhaupt die Kraft der »Ahmung« steht dabei im Zentrum der kommenden Aufmerksamkeit. Wie ist es möglich – so könnte man den Focus umschreiben –, daß die Menschen Anschluß gefunden haben an eine »natura naturans«, an eine »idea creatrix«, an eine »creatio ex nihilo« (und was der lateinischen Hilfskonstruktionen mehr sind)? Und was bedeutet diese »magische« Kraft heute, angesichts der verworrenen Leere der Zeit, angesichts der Entmaterialisierung der Materie, angesichts einer fast vollendeten Immanenz des Imaginären? Um solche Fragen in ihrer Reichweite taxieren zu können, wird es notwendig sein, die Position des Beobachters und Zuschauers, die zur ästhetischen Norm hochgespielt worden ist, endgültig zur Disposition zu stellen, und zwar in einer Revision der dramaturgischen Szene der menschlichen Individuation. So könnte es gelingen, die Kritik des Allgemeinen, soweit es blickerzeugt ist und sich der Augenkontrolle verdankt, voranzutreiben.

## 8.1 Die Distanz durch das Auge. Kunstzwang für das Drama der Existenz

Bevor die Szene historisch installiert war, bevor das Symbol sich durchgesetzt hatte, bevor der Mythos als Exegese des Symbols und als Varianz der Szene überhaupt zählte, herrschte der Schrecken in den Schmerzen der Menschen. Die Verstörung vor dem Sterbenmüssen und vor der Geburt als der Einleitung in ein befristetes Leben war offenbar so radikal, daß die Gegenwehr der Bilder, diese dumpfe Erinnerung an etwas, was nie geschah, dagegen nicht aufkam. Die Sophokleische Formel hält eine solche Ohnmacht des griechischen Geistes noch entschieden fest: »Nie geboren zu sein. Höheres denkt kein Geist. Doch das Zweite ist dieses: schnell zu kehren zum Ursprung.«[2] Es hat sich aber im Verlauf der Geschichte herausgestellt, daß weder das Zweite noch das Erste je wieder erreichbar war, sondern – umgekehrt – ein Drittes und Viertes jederzeit bevorstand: das Vergessen des Ursprungs und die Erinnerung an das Kommende . . .

Mythos und Moderne haben zusammen, wenn auch gegeneinander gespannt, den dritten und vierten Part gespielt. Sie blieben im Bunde mit jenen Schrecken der Vor-Zeit, die als »Geburtsschmerzen der Zivilisation« nur unzulänglich apostrophiert sind. Zwar wurde von ihnen erzählt, aber so, daß *in* den Erzählungen von etwas, was nicht erzählt werden konnte, die Rede war. Dagegen hat die Kunst seit jeher das Halbverdrängte bezeugt und den tragischen Grund von Mythos und Moderne immer zugleich bloßgelegt. Ihr bleibender Skandal besteht darin, daß sie die mythische wie die wissenschaftliche Wahrheit – ihrem Anspruch entgegen – als trostlos decouvriert. Das instituierte Arrangement mit dem Tod, das durch Distanzierung des Schrecklichen zustande kam und mittels des Auges aus naher Unerträglichkeit auf Entfernung gebracht wurde, hält deshalb dem gegenwärtigen Zerfall der Ideen nicht stand. Theorie insgesamt ist ein Verschweigen, von dem jetzt wieder gesprochen wird. In Anbetracht der passierenden Regression, die als neuer Abstraktionsschub getarnt ist, kann man die Kunst dieser Zeit vielleicht als den verzweifelten Versuch einzelner Künstler begreifen, nicht vollends theoretische Menschen zu werden und die innere Menschheit nicht partout in die Position des Zuschauers automatischer Ereignisse geraten zu lassen. Ihr harter Anspruch, z. B. die Fallenstruktur ihres Szenarios, vom Zwang der Happenings bis zur Verführung durch Installationen, könnte diesen Sinn haben. Trifft also Nietzsches Satz noch zu, »daß nur als ästhetisches Phänomen das Dasein der Welt gerechtfertigt ist«?[3] Haben die Bedingungen des vollendeten Nihilismus und die von ihm hervorgetriebene Transparenz der Verstrickung nicht auch hier alles geändert?

Peter Sloterdijk hat kürzlich noch einmal eine Lanze für Nietzsches Kunstlehre gebrochen, und man kann ihm auf diesem Parforceritt durch das Erstlingswerk sehr weit folgen. Sein Plädoyer für Nietzsches »Materialismus« setzt genau dort an, wo das Unerträgliche der menschlichen Erfahrung situiert ist.

»Der Dionysos Nietzsches . . . steht für das Phantasma eines Leibes, der einen göttlichen Logos inkarnieren will, eines Leibes, der nur noch Klangkörper ist und Welten redet, nahe daran, die Fesseln der Individuation und die letzte Trägheit des Fleisches aufzubrechen, um in einem wahrsagenden Rausch den Schmerzjubel der Geburt mit dem des Todes zu vereinigen. Für ein empirisches Individuum ist diese Inkarnation des Dionysischen aber die Unerträglichkeit schlechthin – wesensgleich mit den Unerträglichkeiten, aus denen alle Wege der Kultur ins Erträgliche streben. Niemand kann – ohne eine jenseits des Vorstellbaren liegende Vorbereitung – den Schock der dionysischen Verstrahlung ertragen. Nietzsches kunstmetaphysische These liefert dafür die eindrucksvollste Begründung. Der Kunstzwang durchzieht die Existenz auf allen Gebieten. Das Unerträgliche muß sich ins Erträgliche retten . . .« [4]

Der apollinisch-dionysische Kompromiß, diese subtilste Erfindung der Griechen, setzt also – Nietzsche und Sloterdijk zufolge – auf eine Mittellage, in der die zerreißende Tragik des gewußten Todes in eine Tragödie für Zuschauer umgewandelt, in der die Unerträglichkeit des Lebens theatralisch gebrochen, in der die Wahrheit der Vernichtung um den Preis ihres Scheinens gemildert werden kann. Das Fragilste aber an dieser Subtilität ist die Schmerz-Lust-Kombination. Sie ist nichts auf Dauer und gefährdet permanent das erreichte Maß. Sie kann jederzeit, auch auf der Seite des Zuschauers, in Vernichtungswillen umschlagen. Gerade die historisch erzeugte Distanz provoziert das Auge zum »Tod der Sache«, zum »Mord« an dem, was sichtbar ist. Das Auge ist ein Jäger und seine Ordnung hat den Geruch gewesenen Lebens, der Verwesung. Zwar soll nicht die Entlastung geleugnet werden, die der »Kunstzwang« mit sich bringt, aber das Problem ist nur verschoben, nicht gelöst. Nietzsche selbst gibt einige Hinweise.

Der Zuschauer

»schaut die verklärte Welt der Bühne und verneint sie doch. Er sieht den tragischen Helden vor sich in epischer Deutlichkeit und Schönheit und erfreut sich doch an seiner Vernichtung. Er begreift bis ins Innerste den Vorgang der Szene und flüchtet sich gern ins Unbegreifliche. Er fühlt die Handlungen der Helden als gerechtfertigt und ist doch noch mehr erhoben, wenn diese Handlungen den Urheber vernichten. Er schaudert vor den Leiden, die den Helden treffen werden und ahnt doch bei ihnen eine höhere, viel übermächtigere Lust. Er schaut mehr und tiefer als je und wünscht sich doch erblindet. Woher werden wir diese wunderbare Selbstentzweiung, dieses Umbrechen der apollinischen Spitze, abzuleiten haben, wenn nicht aus dem *dionysischen* Zauber, der, zum Schein die apollinischen Regungen aufs höchste reizend, doch noch diesen Überschwang der apollinischen Kraft in seinen Dienst zu zwingen vermag. Der *tragische* Mythos ist nur zu verstehen als eine Verbildlichung dionysischer Weisheit durch apollinische Kunstmittel; er führt die Welt der Erscheinung an die Grenzen, wo sie sich selbst verneint und wieder in den Schoß der wahren und einzigen Realität zurückzuflüchten sucht.« [5]

Das Auge, mit dem Dionysos sich selbst betrachtet, [6] das Theater der Zuschauer, ist eine erträgliche Mittelwelt nur auf Abruf. Was unerläßlich bleibt, neben der Darstellung des Schmerzes, ist der Schmerz selbst, das erlittene Leiden an den Grenzen und an den Notwendigkeiten, sie zu überwinden. Immer nämlich, wenn die Bühne leer ist, taucht die Gefahr eines Allgemeinen auf, das die Kontrollmacht der Blicke für einen sekundären Totentanz bereitet. Dann spielt sich die Gefräßigkeit des Auges zum Richter über Leben und Tod auf. Dann verkommt die Errungenschaft der Griechen, diese fragile Chance der gewaltlosen Wahrheit, zum Diktat eines von außen verhängten Schmerzes, der grundsätzlich die Falschen trifft. Dann herrscht wieder Krieg. Zu Recht muß also die Frage nach dem Authentischen gestellt werden, auch heute, auch in der Postmoderne.

»Das authentische Drama vollzieht sich als dionysische Passion der *physis,* die sich ereignishaft an ihre Individuation, ihr ›Verhängnis‹ und ihre ›Zukunft‹ erinnert . . . Darum besitzt Aufklärung einen unauflösbaren Bezug zum Drama . . . Erkenntnis aber ist das Ereignis der Ereignisse und das Schicksal aller Schicksale. Sie hat stets den Charakter eines psychonautischen Prozesses, der am Ariadnefaden der furchtbaren Wahrheit sich abspult . . . Das Subjekt auf seiner Seelenreise ist ein nicht-göttlicher Nicht-Dulder auf der Suche nach der göttlichen Pazienz . . . Daher lehrt die dionysische Weisheit keine Erlösung vom Leiden; sie glaubt nicht ans Ausweichen nach oben; vielmehr schenkt sie eine Einsicht, die zumindest vom Leiden am Leiden freimacht.« [7]

Diese Einsicht entspricht der künstlerischen Arbeit, die an der Spitze der Vereinzelung der Wahrheit dieser Vereinzelung auf der Spur ist.

## 8.2 Der Untergang des Zuschauers. Eine Revision der Szene

Was sieht der Augenzeuge heute? Was kann er bezeugen? Abgesehen davon, daß das Ereignis ausbleibt, sieht er den Tod des Sehens und bezeugt deswegen – nolens volens – das Gegenteil des Zeugungsaktes. Die Szene ist unfruchtbar. Zwar ist der Vorhang beiseite gezogen. Kein Schleier verdeckt mehr den Ort, auf den alles ankam. Und alles zeigt sich unverstellt vor aller Augen – aber es ist nichts da – es gibt nichts, was von sich her schiene oder gar der Realitätsprüfung standhielte.

Unter der Ägide eines blickerzeugten Allgemeinen – und Ereignis kommt von »Auge« – ist das Andere nicht zu halten. Alles, was man fremd nennt, ist nur ein Fall des Eigenen. Doch muß dergleichen nicht in Klagen münden. Der Effekt des Nihilismus stammt aus der historischen Übermacht des Sehens, die mit der raumfixierten Weltbewältigung zusammenhängt. »Abglanz der Ideen« bedeutet deshalb auch Neu-Orientierung, vielleicht nun Occidentierung, jedenfalls Kritik des Augenscheins, Wechsel von der Raumordnung zur Zeitordnung, von der Lokalisierung zur Datierung.

Hans Blumenberg hat in seiner Studie »Schiffbruch mit Zuschauer« [8] den Punkt dieses Umschlags genau datiert. Es ist die Zeit Burckhardts und Nietzsches, die hohe Zeit des Historismus, in der der Zuschauer, der sich angesichts des Schiffbruchs der Moderne auf dem Lande noch so sicher wähnte, seine Position bereits verliert. Als die Weltgeschichte zum Theater für ein ständig wachsendes Publikum wurde, deuteten die ersten Anzeichen schon auf Niedergang; dann folgte Erdbeben nach Erdbeben; und obwohl immer noch massenhaft Zuwachsraten bei Zuschauern aus nah und fern verzeichnet werden, sollte kein Zweifel mehr daran bestehen, daß sogar die Weltgeschichte – wenn es sie noch gibt – längst unsichtbar ist. Jedenfalls kann der Kult der Leere, den die visuellen Massenmedien gegenwärtig aufführen, heute gründlich durchschaut werden. Das Ereignis, auf das alle gespannt sind, ist nichts anderes als der Weltuntergang, der schließlich allen Zuschauern der Welt den Sessel unterm Hintern wegreißt.

In einem prägnanten Text »Oszillationen. Das leere Intervall als ästhetische Kategorie« hat Ulrich Giersch [9] Überlegungen McLuhans, Kublers, Gehlens und Duchamps auf den genannten Umschlag bezogen. Obwohl in der Summe die Gewährsleute, die Giersch zitiert, zu einem gegenteiligen Schluß kommen: daß nämlich alle Welt, auch die Welt der Kunst, aufgrund der unvermeidlichen Abstraktheit der Zeit in die Position des Zuschauers heutzutage erst gerate und der wahre Künstler des Posthistoire der »Rezeptionist« sei, sind es von diesem Gipfel der ahmungslosen Handlungsferne nur ganz wenige Schritte zur »Ära der Implosion«. Auch hier berühren sich die Extreme: die Welt, die nur noch Zuschauer kennt, ist ein Fall der »Ahmung des Todes«, die kein Außen mehr zuläßt. Das Allgemeine, das derart aufhört, bietet vielleicht einen Anlaß zum Hören. In einer Welt der vollendeten Sichtbarkeit ist die Oszillation, ist das Intervall der unaufhaltsame Einbruch der Zeit. Die Leere im Raum stellt die »Ansicht« einer anderen, nicht visuellen Sinnlichkeit dar. Hier interveniert das Ohr und nach ihm die niederen Sinne. Wenn man den genannten Autoren glauben darf, steht – ganz im Gegenteil zur Prognose – eine Zeit des Taktes und der Taktilität bevor. Jedenfalls drängen sich am Ausgang einer Epoche des »theoretischen Menschen« Figuren und Konstellationen, die nicht mehr *gesehen,* sondern nur noch *begriffen* werden können. Wer sie aus der Distanz und gar mit »interesselosem Wohlgefallen« (Kant) wahrnehmen will, verfehlt sie endgültig. Unübersichtlichkeit ist ein Indiz für Leben. Von den Ideen im Abglanz her fällt immerhin noch so viel Licht auf die Szene, daß man erkennen kann, was passiert: Korrespondenzen finden statt, Anfragen, Verweigerungen, Rücknahmen, Antworten usf., die ganz und gar ohne Raum sind.

Zwar ist es eine Mimesis im Leerlauf, die sich ereignet. Von daher stammen die katastrophalen Umrisse der jeweiligen Schicksale. Unaufhaltsam aber zünden sie, entzünden sie die Kräfte der Ahmung von Generation zu Generation und im Querblitz die Selbsterkenntnis der Zeitgenossen. Ideen sind hier wie Samen, die Schwangerschaften auslösen, Verkörperungszwänge, die Geister zur Erscheinung bringen, musikalische Hauptsachen, die thematisch variiert und durchgespielt werden müssen. Das, was sie noch bilden können – sei es auch um den Preis einer gemeinsamen Ahmung des Todes – ist ein streng dieseitiges Netz von irdischen Notwendigkeiten, einen Sozialkörper auf Zeit, der es mit der Abschreibung historisch verbürgten Sinns zu tun hat. Genau das wäre Zeitgenossenschaft. Zeitgenossen sind von »Raumgenossen« völlig verschieden. Zwar lebt niemand jederzeit auf der Höhe der Zeit, aber jene, die in die Korrespondenz geraten und sich der Gewalt ihrer eigenen Werke aussetzen, werden nach und nach synchron. Sie bezeugen, daß es in Anbetracht der zeitigenden Zeit keine wirkliche Verschiedenheit gibt und daß die Menschheit nach wie vor eine ist. Vielleicht bereitet sich in solcher Einheit, fern von Gewalt, etwas vor, das neu ist: das Verlassen der selbstgemachten Klemme, jener pochenden Alternative von traditionaler Opfergesellschaft und moderner Massakergesellschaft. Doch das ist noch unscheinbar.

## 8.3 Der Abglanz der Ideen.
## Versuch über das Mimetische

Im Nachlaß der achtziger Jahre schreibt Nietzsche, anknüpfend an seine erste Schrift, die ihn damals aus der Gelehrtenrepublik herauskatapultierte:

»In der Hauptsache gebe ich den Künstlern mehr recht als allen Philosophen bisher: sie verloren die große Spur nicht, auf der das Leben geht, sie liebten die Dinge ›dieser Welt‹ – sie liebten ihre Sinne.«[10]

Vor allem aber hatten sie recht gegen die philosophische »Mimesis-Theorie«, die von Platon konzipiert und von Aristoteles ausgetragen wurde, daß die Künstler in ihrer Arbeit die Natur nachahmen. Nichts könnte unzutreffender sein und nichts hat sich bis auf den heutigen Tag hartnäckiger in philosophischen Köpfen gehalten. Natürlich geht es um Prioritäten. Und insofern die Ästhetik eine philosophische Disziplin darstellt, geht es darum, den Künstlern in dem, was sie tun, zuvorzukommen und ihnen eine »Vorschrift« zu geben. Doch hat diese Konkurrenz von Anfang an den Künstlern kaum imponiert. Kein relevantes Werk der europäischen Kunst ist nach einer philosophischen Vorschrift oder durch Nachahmung der Natur entstanden. Sogar die Kunsttheorie hat sich von der philosophischen Ästhetik sehr früh abgesetzt und adäquatere Konzepte verfolgt, wie man bei Erwin Panofsky[11] lernen kann. Das Authentische der künstlerischen Arbeit geht den Ideen nicht nach, sondern bringt sie hervor. Idee und Mimesis sind nicht wie Prinzip und Anwendung vermittelt, sondern wie Drama und Dramaturgie.

Eine solche Bestimmung bedarf der Präzisierung. Sie holt weit aus und betrifft auch das Schicksal der Theorie bzw. das, was in ihrer Geschichte vergessen wurde. Theorie ist nicht Erkenntnis überhaupt, sondern die (innere) Anschauung der Ideen. Wiederum handelt es sich um eine Erfindung der Griechen, die Erfahrungen erträglich macht. Was aber von der strikten Ambivalenz der Idee gesagt wurde, gilt ebenso vom »theoretischen Menschen«: er ist ein »Amphibium«, dem dionysischen Meer entstiegen, dem Licht Apollons ausgesetzt. Bei allem Haß auf das Unmittelbare, den zum Beispiel Sokrates bei seiner Aufklärung investiert, bleibt er ein Fall des Dionysos, wie Nietzsche wußte, wie Sloterdijk weiß. Auch der Denker, der sich der Theorie befleißigt, kommt nicht umhin, Opfer zu bringen. Der Pakt mit dem uralten Schrecken, den er eingeht, kostet ein Stück, vielleicht die Hälfte des Lebens, bevor »das Sein als solches« sich denken läßt. Die Ideen sind gleichsam die Frucht dieses Selbstopfers. Ihre »Ewigkeit« ist dem Sterben abgerungen; ihre Unveränderlichkeit stammt aus dem Prototyp menschlicher Veränderung, dem körperlichen Stoffwechsel; ihre Existenz im »Himmel des Geistes« verdankt sich der radikalen Diesseitigkeit eines irdischen Leidens, das per se trostlos bleibt. Dergleichen hat auch Plato nie völlig vergessen, trotz seiner thetischen Behauptung einer körperlosen Ungewordenheit der Ideen. Allerdings hat er die Künstler verurteilt, *weil* sie ihre Sinne und die Dinge dieser Welt lieben. Panofsky nimmt ausdrücklich diesen platonischen Widerspruch zum Ausgang seiner Memorabilien. Er stützt sich auf die Annahme, daß das Urteil Platos über die Inferiorität der Künstler eine Opposition bereits der antiken, dann aber der neuzeitlichen Kunsttheorie provoziert hat. Im übrigen macht Panofskys Büchlein deutlich, wie lange die großen Polemiken bis zum Punkt ihrer Erschöpfung brauchen und welche verworrenen Wege der Streit um Anerkennung nimmt.

Panofsky zitiert zunächst Cicero:

»Nach meiner Behauptung gibt es in keiner Gattung etwas so Schönes, daß nicht dasjenige, wonach es, gleich dem Abbild eines Antlitzes, kopiert ist, noch schöner wäre; dieses aber können wir weder mit Augen noch mit Ohren noch mit einem anderen Sinne erfassen, sondern wir erkennen es allein im Geist und in Gedanken; daher können wir auch hinaus über die Bildwerke des Phidias, die in ihrer Gattung das Vollkommenste sind, was wir sehen . . . noch schönere denken; und als jener Künstler den Zeus und die Athene schuf, hat er keinen . . . wirklichen . . . Menschen betrachtet, den er hätte nachbilden können, sondern in seinem eigenen Geiste wohnte eine erhabene Vorstellung der Schönheit; die sah er an, in sie versenkte er sich, nach ihrem Vorbild lenkte er Kunst und Hantierung.« [12]

Mit dieser These von der Überbietbarkeit der Schönheit und der Aufwertung des künstlerischen Ingeniums habe Cicero, im Kontext der Kunsttheorie des Altertums, so Panofsky, den platonischen Ideenbegriff gegen die platonische Kunstauffassung gewendet. Doch schon bald wird auch die Idee als überirdische Größe fallengelassen. Auf die ironische Frage eines Ägypters, ob denn die griechischen Künstler im Himmel gewesen wären und die Götter in ihrer wahren Gestalt betrachtet hätten, soll der ältere Philostrat geantwortet haben:

»Die Phantasie hat das getan, die eine bessere Künstlerin ist, als die Nachahmung, denn die Nachahmung wird darstellen, was sie sah, die Phantasie aber, was sie nicht sah.« [13]

Damit ist ein Doppeltes präzisiert: es ist nicht die Nachahmung, die eine künstlerische Arbeit authentisch macht, sondern die Phantasie; aber es ist nicht die Phantasie, die etwas sieht, sondern diejenige, die darstellt, was sie nicht sieht. So wird die Idee zum Produkt einer Arbeit, die sich ans Leere hält. Alle produktive Tätigkeit ist mit diesem »nicht« konfrontiert, das man keineswegs großschreiben sollte, wie die Philosophen des Seins es getan haben. Das Nichts ist nichts im Verhältnis zum »nicht«, kleingeschrieben. Auch dafür gibt Panofsky Beispiele. Er zitiert Plotin, der die Todesgefahr des kleingeschriebenen »nicht« genau markiert und in der Abwehr noch die lange Geschichte der Bedrohung rekapituliert:

»Denn, wer die körperliche Schönheit betrachtet, der darf sich nicht an sie verlieren, sondern er muß erkennen, daß sie ein Bild und eine Spur und ein Schatten ist, und fliehen zu dem, dessen Abbild sie darstellt. Denn wenn einer hinstürmte und das als etwas Wahres erfassen wollte, was doch nur ein schönes Spiegelbild im Wasser ist, dann wird es ihm ebenso ergehen, wie demjenigen, von dem ein sinnvoller Mythos erzählt, daß er ebenfalls ein Spiegelbild ergreifen wollte und dabei in der Tiefe des Gewässers verschwand; auf dieselbe Weise wird der, der an der körperlichen Schönheit festhält und nicht von ihr lassen will, nicht mit dem Körper, sondern mit der Seele in finstere und dem Geiste grauenvolle Abgründe versinken, wo er als ein Blinder im Orkus weilt und dort wie hier, mit Schatten verkehrt.« [14]

Plotins Warnung ist ungewollt prophetisch, insofern die gemachten Angaben auf die Situation der modernen Kunst umstandslos zutreffen. Sie hat sich auf der Spur ihrer Herkunft erneut dem Spiegel genähert, der die Angst abschirmt. Sie hat die apollinische Spitze mit Entschiedenheit umgebrochen und im Rückwärtsbuchstabieren ihrer Darstellungsmittel die weiße Bildfläche touchiert, die das einzige ist, was bleibt. Allerdings ist der angedeutete Narzißmus, der eine Ära der Implosion einleitet, nicht als nachhängendes Strafgericht zu verstehen, sondern als Vorwurf, als Muster, als Matrix, mit denen die Kunst nach dem Ende des Mittelalters immer heftiger zu tun bekam.

Die maßgebliche Formel für das Mittelalter hatte Augustinus ausgegeben:

»Die Ideen sind beständige und unveränderliche Urformen oder Urprinzipien der Dinge, die selbst nicht geformt worden sind. Sie sind daher ewig, verharren dauernd in einem und demselben Zustand und liegen im göttlichen Geiste beschlossen; und während sie selber nicht entstehen und vergehen, ist, wie es heißt, alles Entstehende und Vergehende nach ihnen geformt.« [15]

Die Formel transformiert den unpersönlichen Weltgrund des Platonismus in den persönlichen Gott des Christentums und stellt die Wirkungsweise der Kunst nach Art der Schöpfung des erkennenden Gottes dar, welcher die Materie »in Form bringt« (»wie es heißt«). Diese Parallelisierung des künstlerischen Schaffens mit dem göttlichen Erkennen erlaubt später die Umkehrung der Gewichte. Die Neuzeit wird nicht mehr den Künstler mit Gott, sondern Gott mit dem Künstler vergleichen. Dante, der die zeitgenössische Diskussion über die »Einbildung des Bildes in die Materie« zusammenfaßt, schreibt:

»Die Kunst wird in drei Stufen angetroffen: im Geist des Künstlers, im Werkzeug und in der Materie, die durch die Kunst ihre Form erhält.«[16]

Die Renaissance mit ihrer Vorliebe für das Dieseitige postuliert in erster Linie eine unmittelbare Nachahmung der Wirklichkeit, jedoch zum Zwecke ihrer Verbesserung. Die Mimesis als Überwindung – das ist ein Programm mit Zukunft. Die Idee wird nun in den Dingen gesucht. Sie geht der Erfahrung nicht voraus, sondern wird in der Erfahrung »erzeugt«. Goethe sollte später diese Überzeugungen treffend zusammenfassen: »Idee ist Resultat der Erfahrung«.[17] Zugleich halten sich – oder werden erneuert – platonische und neuplatonische Konzepte. Es gibt ein beständiges Hin und Her der Argumente; das bringt nach und nach ein idealtypisches Muster des Streits hervor, welcher jenen paradoxen Formulierungen gleicht, die eingangs der Idee eine »strikte Ambivalenz« zugeschrieben haben. Panofsky selbst faßt seine Einsichten folgendermaßen zusammen:

»Der kunsttheoretische Gegensatz zwischen ›Ideenlehre‹ und ›Nachahmungstheorie‹ gleicht ... dem erkenntnistheoretischen Gegensatz zwischen ›Abbildtheorie‹ und ›Konzeptualismus‹ ...: hier wie dort wird das Verhalten des Subjekts zum Objekt bald im Sinne eines rein reproduktiven Abbildens, bald im Sinne eines aus ›eingeborenen Ideen‹ schöpfenden Aufbaus, bald im Sinne einer aus dem Gegebenen wählenden und das Gewählte zusammenfassenden Abstraktion gedeutet.«[18]

Diese »dialektische Antinomie« – so Panofsky – sei theoretisch und praktisch unauflösbar; sie erlaube bestenfalls ein Schwanken zwischen den Extremen und ermögliche mannigfaltige Kombinationen, wie sich anhand der Entwicklungsstränge der Kunst bis ins 20. Jahrhundert fein säuberlich nachweisen lasse. Erst mit dem Wegfall einer angenommenen »transzendenten Instanz« und im Zusammenbruch der Subjekt-Objekt-Konstruktion könne das Problem der Kunst noch einmal anders sich stellen. [19] Das laufende Gebot der Innovation jedenfalls läßt sich im diskutierten Rahmen trefflich ausreizen. Das unablässig Neue als Programm der Neuzeit hatte schon Dürer im Sinne, als er schrieb:

»Denn ein guter Maler ist inwendig voller Figur, und obs möglich wär, daß er ewiglich lebte, so hätt er aus den inneren Ideen, davon Plato schreibt, allweg etwas Neus durch die Werk auszugießen.« [20]

Um das Verhältnis von Idee und Mimesis anders zu fassen, muß man von letzterer ausgehen und sie von allem Wildwuchs der Nachahmungsthesen befreien. Man muß den Ideen gleichsam auf den Wegen ihrer Erzeugung vorauseilen, sonst versteht man die Niederlage nicht, die heutzutage in den Grundzügen einer »Ästhetik des Posthistoire» [21] zum Ausdruck kommt. Dieses »Vorab« der Nachträglichkeit der Ideen, das bisher als »Erfahrung«, als wunderbare »Selbstentzweiung«, als »dionysischer Zauber«, als »Phantasie, die darstellt, was sie nicht sieht«, als »Dramaturgie«, als »Ahmung« kursorisch bestimmt worden ist, liegt außerhalb des Spielfeldes von Mythos und Moderne mit ihrer sattsam beschriebenen »Dialektik der Aufklärung«. Es ist an der Zeit, über diesen Rand hinauszugehen und die geschlossene Veranstaltung der »Identitätsphilosophie«, der »Aneignung des Eigenen«, der »Hermeneutik des Sinns«, der »Wiederholung des Selben« zu verlassen. Das ist keineswegs einfach, weil auch der Abschied noch den Spielregeln unterliegt, die als unzulänglich durchschaut sind. Deshalb muß man es immer wieder versuchen, hier zunächst mit Leopold Ziegler und danach mit einer Konfrontation. Die Ahmung als magisch-zeremonielle Ordnung und die Imagination werden in Beziehung gesetzt, um die Unvorstellbarkeit der Zeit vor Augen zu führen.

Die vergängliche Werkstatt ist wichtiger als die »ewigen Werte«, die sie schafft. Dieser Produktion liegt Vor-Ahmung zugrunde. Das, was man für das Erste hält, ist das Zweite – oder genauer (wenn das Zweite die Vor-Ahmung ist) das Dritte. Das, was als Prinzip erscheint, ist ein Resultat. Das Vorausgesetzte ist immer nur ein Nachrückendes: Ideen, Muster, Kategorien, Begriffe etc. Das Generierende aber ist ein auf den ersten Blick Verborgenes: ein Leiden-Tun, ein Tun-Leiden, das im Prozeß untergeht und in den Produkten verschwindet. Leopold Ziegler hat es in »Überlieferung« (1936) anhand ethnologischer Befunde und in Anbetracht magischer Praktiken der Frühgeschichte einfach beschrieben.

»Dieser frühe Mensch . . . zeigt . . . den ungenannten Mächten . . ., wie sie am besten zu verfahren hätten. Er belehrt sie, er macht ihnen vor, was sie ihrerseits bloß nachzuahmen und zu wiederholen brauchen . . . Wo die Sonne ausbleibt, entzündet er ungesäumt allerlei Brände und Lichter, wälzt er mancherlei Scheiben, dreht er die verschiedensten Räder, um dem geschwächten Sonnenwesen zu bedeuten, wie es seine wichtigen Pflichten erfülle . . . Bei mangelndem Regen aber muntert derselbe Frühmensch die versiegten Himmelsquellen auf, das verschmachtende Gefild neuerdings zu berieseln, und bedient sich dazu der allerderbsten Überredungskünste eines »Vor-Regnens«. Wo vollends ein Mißwuchs droht, zieht er mit seinen Weibern nächtens auf die Äcker und vermählt sich ihnen brünstig – unfehlbar wird die Erdmutter ein Absehen nehmen und ihren eingetrockneten Schoß, der Scholle, frische Saat entsprießen lassen. Dieser urtümliche Mensch beeinflußt mit einem Wort seine Umwelt nicht allein technisch durch die Erfindung und Anwendung von geeigneten Werkzeugen oder Handlichkeiten, sondern er beeinflußt sie auch magisch durch den unwiderstehlichen Zauber der ›Ahmung‹. Nicht daß er nachahmt! . . . Sondern er ahmt vor. Er schauspielert und stellt dar. Er drückt mimisch aus, was er von der urhebenden natura naturans erhofft und erwartet, und er drückt es mit der höchsten ihm möglichen Drastik aus. Und falls wir den späten Sprachausdruck »Ahmung« tatsächlich auf das ältere Wort »Ohm« zurückzuführen haben, das ist Maß . . ., dann gipfelt der ahmende Zauber zuhöchst darin, daß er seinerseits dem irdischen Geschehen Maß und Ziel setzt.«[22]

Worauf Ziegler anspielt, das ist eine »maßgebliche« Tathandlung ohne Subjekt (denn dasselbe gab es noch nicht), instrumentell und expressiv, ohne ausgesprochenes Kalkül, wie absichtslos, dennoch voller Kraft der Verführung.

»Alles ist hier darauf angelegt, daß die Umwelt im strengen Wortsinn genau das ›suggeriert‹ . . ., beigebracht, eingegeben oder sogar eingeflößt wird, was der Mensch von ihr erwartet.«[23]

Dazu bedarf es der Kenntnisse, aber nicht der Kenntnisse versachlichter Gesetzmäßigkeiten, auf die sich Wissenschaft und Technik berufen, sondern der Kenntnisse dramatischer Lebensvorgänge, von denen der Mensch ein Teil ist und die er »urheben« kann. Ziegler nennt es eine »darstellende Suggestion«, welche »die ihr angemessenen vitalen Reaktionen unmittelbar hervorlockt: der ahmende Wahrnehmungsreiz, die zugehörige Antworthandlung.«[24] Hier spielt Ausdruck auf Ausdruck an, ohne den Umweg über einen Begriff der Sache. Handlung ver-führt zu Handlungen. Das ist der Kern des Zaubers, wie er sich später in rituellen oder auch heiligen Handlungen finden läßt. »In solchen Fällen steckt der ahmende Gestus die verborgene ... Sphäre des ... Urhebers mimisch sozusagen an: ... greift er unwiderstehlich auf sie über und bewegt sie, ja verführt sie zu einer Nach-Ahmung.«[25] Eine solche Mimesis richtet sich nach Gesetzen, die keineswegs losgelöst, d. h. »absolut« werden können. Ihr geht nichts voraus. Die Gesetze folgen ihr. Sie sind eines mit dem Vorgang. Ziegler hat seine Entdeckung wenig später an der Kunst demonstriert. In dem Buch »Apollons letzte Epiphanie« (Hans von Marées gewidmet), das ein Jahr später als die »Überlieferung» veröffentlicht wurde, summiert er vorangegangene Versuche zur Ästhetik unter dem neuen Stichwort der »Ahmung«, macht jedoch ein Zweites kenntlich, demzufolge eine so bestimmte Mimesis nicht mehr umstandslos mit Magie gleichzusetzen ist: den Aspekt des Leidens am Tun. Offenbar gibt es im Vorgang der Ahmung selbst eine Sperre gegen Mißbrauch. Das ist die unkalkulierbare Schmerzlust. Das ist die Bereitschaft zum Untergang des Akteurs. Mimesis ist einzig selbstvergessen möglich. Der Eintritt gelingt nur rückhaltlos. Ahmung entfällt bei jeglichem externen Willen zur Macht. Strenggenommen duldet sie keinen Zuschauer. Sie ist lediglich um den Preis unaufhaltsamen Verzehrtwerdens fruchtbar. Bei der Kunst als maßgeblicher Ahmung – heißt das – ist ein Tod im Spiel. Das färbt noch die Ideen ein. Ihr Doppelcharakter verweist sie ins Imaginäre *und* in die Einbildungskraft. Idee ist das am Bild, was nicht Idylle werden kann, was mehr spricht als verschweigt, was die Ahmung zu einer großen Ahnung macht.

Vielleicht ist der Gedanke nicht völlig von der Hand zu weisen, daß entgegen den gängigen Topoi der Kunstgeschichte und Kunsttheorie, entgegen auch den Annahmen der Ästhetik bzw. der Kunstphilosophie, entgegen sogar den gesammelten Selbstaussagen der Künstler, die künstlerische Arbeit selbst dem Modell der Ahmung folgt, der sich selbstverzehrenden und nur deshalb maßgeblichen Ausdruckshandlungen der tiefsten Erinnerung an das Kommende, der in den Katarakt der Geschichte hinüberreichenden, vor-subjektiven Kraft des »homo magus sive divinans«.

### 8.4 Die Leere der Zeit und die Einbildungskraft

Diese Annahme führt zu einer letzten Probe. Es ist das Thema »Zeit«, das sich hier aufdrängt und ein tendenziell unlösbares Problem ankündigt. An der »Zeit« wird gleichsam unmittelbar deutlich, worin die Paradoxie besteht und was es heißt, eine Niederlage zu verifizieren. Denn die Zeit ist nicht beherrschbar wie der Raum. Bei Ausbeutungen hat sie keinerlei Toleranz. Sie reagiert abrupt. Versuche, sich ihrer zu bemächtigen, treiben sie sofort zur Übermacht. Chronopolitik im Sinne der alten Raumordnung kann sich deshalb nur als »Beschleunigung zu einem Ende hin« darstellen. Strenggenommen haben die Menschen gerade noch die Zeit, die das militärische Gleichgewicht des Schreckens ihnen läßt: die Zeit zwischen Erstschlag und Zweitschlag. In Rücksicht auf die entheiligten Landschaften der Erde, die unter dem Terror der Waffen zu Territorien einer ohnmächtigen Macht verkommen sind, bleiben wenige Minuten. Das Abkoppeln der Zeit aus dem Rhythmus des Lebens – wahrscheinlich ist die erste Zeiterfahrung des Menschenkindes der mütterliche Herzschlag – und ihre Überführung in die »Kompetenz« der großen Maschinerie des Krieges stellen die betroffenen Menschen vor die ebenso strenge wie unannehmbare Alternative von Katastrophe oder Posthistoire, von forciertem Weltuntergang oder absoluter Langeweile.

»Vermöge der Fortschritte der Ballistik spielt sich alles nur noch in sehr kurzen Zeiträumen ab: langfristig heißt ein paar Minuten; kurzfristig heißt ein paar Sekunden oder vielmehr Bruchteile von Sekunden. Stellt man sich vor Augen, daß die Doktrin des Erstschlags voraussetzt, daß die Atomraketen, um ihr Ziel zu erreichen, abgefeuert sein müssen, bevor die gegnerischen den Boden verlassen können, so bedeutet das eine derartige Verkürzung der Reaktionszeit, daß in Zeiten internationaler Spannungen per Computer über Krieg und Frieden entschieden wird, und das nennt man *launch on alert system* ... Für die Vergeltungsmaßnahmen gilt dasselbe. General Gallois, einer der Initiatoren der französischen Atomstreitmacht, drückt es so aus: ›Die Vergeltungsschläge müssen gleichsam automatisch ausgelöst werden können. Daß die Reaktion auf die Bedrohung dergestalt etwas Zwangsläufiges erhält, ist unvermeidlich.‹ Der kritische Raum, von dem die Rede war, beruht mindestens ebensosehr auf der Rasanz der Massenkommunikationsmittel wie auf der der Träger der massiven Vernichtung. W. J. Perry, ein früherer Unterstaatssekretär im amerikanischen Verteidigungsministerium, hat kürzlich diesen Sachverhalt treffend beschrieben: ›Wenn ich die aktuelle Diskussion über Langstreckenraketen und Ortungssysteme in einem Satz zusammenfassen sollte, so würde ich sagen: sobald Sie das Ziel sehen können, haben Sie auch die Möglichkeit, es zu zerstören.‹ Auf diese Weise wird das Auge zugleich Waffe.« [26]

Paul Virilio, von dem das Zitat stammt, hat die Paradoxie chronopolitischer Herrschaft: daß nichts die Unterlegenheit der Machthaber deutlicher hervortreten läßt wie die Zeit, die unter dem Druck der Bemächtigung ausgeht . . ., mit dem Titel einer »Dromologie«,[27] einer »Lehre von der beschleunigten Geschwindigkeit« verbunden. Er sieht diese Beschleunigung nicht nur auf »militärischem Sektor«, sondern allenthalben in der Gesellschaft am Werk. Die gesellschaftlichen Felder seien gewissermaßen mutiert zu einer Art »Transpolitik«. Mittels der beschleunigten Zeit habe sich eine Tendenz zum »reinen Krieg« installiert, deren Name »Technik« heißt. Für Virilio ist die Technik gegenwärtig die Rätselfrage schlechthin der Menschheit, denn der »reine Krieg«, den sie vorbereite, sei die Vernichtung von allem, was ist. Geschwindigkeit, insbesondere deren Beschleunigung, erweise sich in Anbetracht dieses Endes als Waffengewalt. An der Zeit in Form der »leeren Gegenwart der nuklearen Kraft« (Virilio) werde das Geheimnis der postmodernen Gesellschaften markant, nämlich im Automatismus der unaufhaltsamen Beschleunigung stillgestellt zu werden.

Eine »Soziologie der Zeit«, die neuerdings durch interessante Veröffentlichungen auch anderer Disziplinen Auftrieb bekommt, weicht dem hier genannten Problem jedoch eher aus. Wenn Norbert Elias[28] die Zeit als weder objektiv noch subjektiv, sondern als »symbolisch« bestimmt, als langfristige, kollektive Vereinbarung, die die Menschen, die sie im Rahmen eines »Fremdzwang-Selbstzwang-Syndroms« des Zivilisationsprozesses akzeptieren, nicht ohne weiteres verstehen; wenn Reinhart Koselleck[29] die Zeit der Moderne als wesentlich zukunftsorientiert und als Effekt einer Abstraktion, überhaupt der Wirksamkeit realfiktiver Allgemeinbegriffe des 19. Jahrhunderts wie »Vernunft«, »Geschichte« und »Menschheit« versteht; wenn Hans Blumenberg[30] für die Neuzeit eine unschlichtbare Rivalität zwischen Lebenszeit und Weltzeit eine Art »Schere« annimmt, deren »Flügel« zum Zeitpunkt des Nachdenkens schon weit offen sind und für das Verständnis nur nach rückwärts zu konvergieren scheinen, dann zeigt dergleichen Irritationen an, verbleibt jedoch im Raum des Vorbehalts, das Problem wenigstens theoretisch bewältigen zu können. Ohne rückhaltlose Gelassenheit ist dagegen ein Denken der Zeit nicht möglich. Vor allem hat Theorie in der genauesten Bedeutung des Wortes hier keinerlei Chance. Zeit ist unsichtbar. Setzt man sie der Augen-Kontrolle aus, sind die Resultate kontradiktorisch: je mehr Zeitgewinn, desto mehr Zeitverlust; je mehr Unterwerfung, desto mehr Unterworfenheit; je mehr Zeitregie, desto mehr Terror der Termine usf. Die Ökonomie der Zeit, auf die – nach einer Prophetie von Karl Marx –

schließlich alle Ökonomie hinausläuft, ist keine der Vernunft, sondern eine der Einbildungskraft, die auf Bilder verzichtet hat. Hier geht es um den weitesten Bogen, der möglich ist.

Ereignis kommt nicht von Aneignen, sondern von Eräugen. In ihm ist das Auge der betreffende Sinn. Was Wunder, daß eine Umdeutung der Sinnlichkeit erfolgt ist: In aller Bemächtigung, die das Furchtbare eines Ursprungs der Menschheit heimzahlt, spielt das Auge als Waffe (nicht als Organ der Wahrnehmung) die entscheidende Rolle. An einer Geschichte des Auges müßte demonstrierbar sein, wie für die Spanne vom ewigen Kalender bis zum Alltag der kontrollierende Blick nach und nach an Macht gewinnt und mittels einer Verdrängung des Ohrs den Raum parzelliert und die Zeit durch Überregelung zur »Strecke« bringt, sprich: in einen endlos linearen Verlauf transformiert. Visualisierung ist Entmaterialisierung, ist Substituierung der Dinge durch Bilder der Dinge, ist schließlich der Triumph des Imaginären über die Einbildungskraft. Gleichzeitig wird die Affinität der Welt als Bild zum Weltuntergang als Bild herausgearbeitet. Der herrschende Blick drängt auf Vernichtung des Sichtbaren. Er ist mörderisch in seinen Wirkungen.

Man muß sich vorstellen, daß die im Gleichgewicht des Schreckens aufeinander gerichteten Superwaffen »explosive Menhire mit Augen« sind, um die harte Kontinuität der Zivilisation seit der Steinzeit zu begreifen. Dabei hängt die Kette der Abstraktionen vermutlich in einer Logik des Opfers. Das bedeutet nicht nur, daß die Metaphorisierung der Opfergaben vom Menschenopfer über Tieropfer, Pflanzenopfer, Dingopfer, Geldopfer bis zum Zeitopfer eine Verkettung von Zwangszusammenhängen bildet; das heißt auch, daß in jeder Etappe je anders der ursprüngliche Schrecken wiedererkannt und so das Ende mit dem Anfang verknüpft wird. – Könnte es nicht sein – so wäre in Anspielung der fundamentalen Paradoxie der Zeit noch einmal zu fragen –, daß die sterbende Zeit ein Opfer darstellt, in dem die Obsession durch ein katastrophales Ur-Ereignis mimetisch wiederholt und mimetisch getilgt werden soll? Könnte es nicht sein, daß ein imaginärer Tod die Herrschaft des Blicks beendet und damit die Macht des Wahns, man könne gegen das Leben auf der Erde einen Krieg gewinnen? Könnte es nicht sein, daß im Äußersten des toten Raumes die Umkehrformel gefunden werden kann, die der fast gestorbenen Zeit dann doch ihre Schrecken nimmt?

Bei den wenigen Versuchen, das Wesen einer nicht-gemessenen Zeit zu ergründen, fällt auf, wie sehr sich das gewohnte Verständnis von den drei Dimensionen des Raumes und der einen Zeitdimension umkehrt. Im Gegensatz zur Aristotelischen Vorstellung, die Zeit sei eine »Jetzt-Punkt-Folge« aus einem »Noch-Nicht« in ein »Nicht-Mehr« wird zum Beispiel von Eugen Rosenstock-Huessy, von Martin Heidegger und von Leopold Ziegler übereinstimmend der Zeit eine dreifache Gestalt zugeschrieben. Gegenwart, Zukunft und Vergangenheit können nicht auf eine Linie gebracht, aber auch nicht zu einem Kreis zusammengebunden werden. Sie sind Ekstasen, »Aus-Stände« eines unvordenklichen »Ereignisses«, das über den Rückweg des Ohrs, d. h. durch labyrinthische Gänge mit der »zeitigenden Zeit«: der Einbildungskraft, genauer der »imagination fondatrice« korrespondiert. Diese Einbildungskraft *vor* allen Bildern bildet das körperliche Gedächtnis der Menschheit, die inkorporierte zeremonielle Ordnung. Für sich ist sie unscheinbar, da sie sich immer im Rücken des Betrachters befindet. Aber sie hält sich als mimetische Kraft. Als Magie ohne Macht bindet sie die »Zeiten« zusammen: den »Aion«, den »Chronos«, den »Kairos«; als Vermögen zu leiden, vermag sie immerhin deren Auseinanderfall und das Verschwinden der Ewigkeit im Augenblick zu erfahren. Dies scheint der Moment zu sein, der der menschlichen Wahrnehmung gegenwärtig bevorsteht: ein Flechtwerk der Leere, das keiner Erwartung mehr Genüge tut.

Wer daraufhin die Weltschöpfungs-Mythen und die Weltuntergangs-Apokalypsen noch einmal prüft, kann nicht umhin, die Spiegelbildlichkeit von Anfang und Ende der ausgehenden Welt-Zeit zu ent-dekken. Was sich spiegelt, ist die Katastrophe vor und nach der Geschichte, das Ereignis, das anfangs zu datieren gezwungen hat und das schließlich einen falschen Schluß oktroyiert. Das Jüngste Gericht, so wie es als Ende der Zeiten angesagt wurde, wiederholt im Spiegel den Anfang. So betrachtet gibt es keinen eklatanten Unterschied zwischen Theokratie und Technokratie. Was die alte Feindschaft mit der Materie ausgebrütet hat, drängt jetzt dazu, da es menschenmöglich wurde, ein Ende mit der Menschheit zu machen. Was dagegen, vielleicht, ins Gewicht fällt, ist das Zeitopfer, also jene an Wahnsinn, Herzriß und Krebs heranreichende Strategie, dem Tod durch den Tod zuvorzukommen.

Die in der modernen Geschichtskonzeption dominierende Zukunftsorientierung, die zunächst zu einer Dynamisierung der Gesellschaften, dann zu einer Differenzierung der Zeiten geführt hat, provoziert jetzt ihr Gegenteil. Die gesellschaftlichen Bewegungen werden stillgestellt. Die Zeit schrumpft auf eine einzige zusammen, sogar auf eine, die es nicht gibt. Insofern ist die Losung »No future«, die Ciorans Plädoyer für eine Abschaffung der Zukunft noch knapper faßt, eine genaue Absage an die Moderne. Mit den Worten Alexander Kluges[31] könnte dasselbe auch heißen: der Angriff der Gegenwart auf die übrige Zeit. Denn der Verlust der Zukunft bedeutet den Verlust der Vergangenheit, was zum Verstummen führt. Beides korrespondiert mit einer Entleerung der Gegenwart, mit einer Suspendierung der Ewigkeit, die als »erfüllter Augenblick« wirklich war. Trotz der Rückschläge auf allen Gebieten sozialen Lebens hört aber kaum jemand zu. Es wird weitergemacht. Die »Militarisierung der Zeit« findet schleichend statt: alles, was der Geschwindigkeit dient, wird als strategischer Vorteil genutzt. Doch kann die Beschleunigung schließlich nur das »Ende der Zeiten«, keineswegs aber einen souveränen Umgang mit der Zeit erzielen. Die Ablösung der Raumpräokkupation durch die übermächtige Zeit findet ihre Parallele in der Entmachtung des Auges und der Wiederkehr eines (neuen) Hörens da und dort: Zeit ist nicht individuelle Anschauungs-, sondern soziale Anhörungsform, wie Ulrich Sonnemann gegen Kant behauptet.[32] Das ändert alles, auch die Konsistenz des Bodens unter den Füßen.

Vor allem eröffnet eine solche Behauptung die Möglichkeit der Zeitgenossenschaft, einer Keimzelle künftiger Vergesellschaftung. Hätte eine Soziologie der Imagination einen Gegenstand nötig, der sich jenseits der Unversöhnlichkeit ihrer Kritik an räumlichen Grenzen halten würde, dann wäre es diese Assoziation: daß nach dem Ende der Unbescheidenheit und vorbei an Häresie und Wahnsinn diejenigen Menschen zusammengehören, die auf derselben Höhe der Zeit sind.

# Anmerkungen

## Einleitung – Spindel und Spiegel.

1 vgl. Kamper, Dietmar/Taubes, Jacob (Hrsg.): Nach der Moderne. Umrisse einer »Ästhetik des Posthistoire«, Frankfurt/M. 1986
2 vgl. Morin, Edgar: Das Rätsel des Humanen, München 1974
3 vgl. Blumenberg, Hans: Arbeit am Mythos, Frankfurt/M. 1979
4 vgl. dazu vom Verfasser: Das Elend der Einbildungskraft. Kurze Geschichte einer langen Verdrängung, in: Kamper, Dietmar: Zur Geschichte der Einbildungskraft, München 1981, S. 86ff.
5 vgl. Kamper, Dietmar/Sonnemann, Ulrich (Hrsg.): Atlantis zum Beispiel, Neuwied 1986
6 Platon, Politeia, in: ders.: Sämtliche Werke 3 (Übersetzung Schleiermacher), Hamburg 1958, S. 306f.
7 vgl. Pynchon, Thomas: Die Enden der Parabel, Reinbek 1981. Die Affinität zur Hyperkomplexität des Romans ist nicht äußerlich.
8 vgl. Treusch-Dieter, Gerburg: Wie den Frauen der Faden aus der Hand genommen wurde. Die Spindel der Notwendigkeit, Berlin 1983, S. 12ff.
9 vgl. Tholen, Georg Christoph: Wunsch-Denken oder Vom Bewußtsein des Selben zum Unbewußten des Anderen; unveröffentlichte Dissertation, Kassel 1986

Es geht um die »strukturalistische Invasion«, gegen die gerade in der jüngsten Vergangenheit mächtige Verteidigungswälle aufgeschüttet wurden. Eine «dritte Generation« der »kritischen Theorie der Gesellschaft« sieht sich offenbar noch immer genötigt, Abwehrstrategien zu entwickeln, um ein Denken, das auf Differenz statt auf Identität geht, nicht zulassen zu müssen. Dabei wird immer klarer, daß es sich keineswegs um ein fremdes, sondern um ein zurückkehrendes eigenes Denken handelt, dessen Tradition in Deutschland während des Nationalsozialismus abgerissen wurde, nämlich um die verschütteten, tiefsten Gedanken von Marx, Nietzsche, Freud und Heidegger. Es wäre allerdings höchste Zeit, sich diese Gedanken von Lyotard, Foucault, Lacan und Derrida wiedergeben zu lassen.

## 1. Die Transparenz der Verstrickung.

1 vgl. zum folgenden auch: Rötzer, Hans Gerd: Traditionalität und Modernität in der europäischen Literatur. Ein Überblick über den Attizismus-Assanismus-Streit bis zur »Querelle des Anciens et des Modernes«, Darmstadt 1979
2 Condorcet, Marie Jean: Entwurf einer historischen Darstellung der Fortschritte des menschlichen Geistes, hier zitiert nach Hans Peter Dreitzel: Sozialer Wandel, Neuwied 1972², S. 96f.
3 Horkheimer, Max/Adorno, Theodor W.: Dialektik der Aufklärung. Philosophische Fragmente, Frankfurt/M. 1971, S. 7
4 a. a. O. S. 15

5 a. a. O. S. 36
6 a. a. O. S. 37
7 a. a. O. S. 38
8 a. a. O. S. 3
9 Habermas, Jürgen: Technik und Wissenschaft als »Ideologie«, Frankfurt/M. 1968
10 a. a. O. S. 60
11 Habermas, Jürgen: Theorie kommunikativen Handelns, Frankfurt/M. 1981, 2 Bände
12 Habermas, Jürgen: Technik und Wissenschaft als »Ideologie«, a. a. O.
13 zitiert nach dem Abdruck in der ZEIT vom 19. 9. 1980
14 a. a. O.
15 a. a. O.
16 a. a. O.
17 vgl. Habermas, Jürgen: Die Verschlingung von Mythos und Aufklärung. Bemerkungen zur ›Dialektik der Aufklärung‹ – nach einer erneuten Lektüre, in Bohrer, Karl Heinz (Hrsg.): Mythos und Moderne, Frankfurt/M. 1983; ders.: Der philosophische Diskurs der Moderne, Frankfurt/M. 1985
18 Adorno, Theodor W.: Fortschritt, in: ders.: Stichworte. Kritische Modelle 2, Frankfurt/M. 1969, S. 37
19 Habermas, Jürgen: Der philosophische Diskurs der Moderne, S. 390
20 Heidegger, Martin: Die Frage nach der Technik, in: ders.: Die Technik und die Kehre, Pfullingen 1962, S. 26f.
21 Blumenberg, Hans: Säkularisierung und Selbstbehauptung, Frankfurt/M. 1974, S. 77
22 Blumenberg, Hans, a. a. O. S. 60f.
23 Foucault, Michel: Nietzsche, die Genealogie, die Historie, in: ders.: Von der Subversion des Wissens, München 1974, S. 89f.
24 Foucault, Michel: Wahnsinn und Gesellschaft, Frankfurt/M. 1969, S. 367
25 vgl. Blumenberg, Hans: Arbeit am Mythos, Frankfurt/M. 1979, S. 179
26 Blumenberg, Hans: Säkularisierung und Selbstbehauptung, S. 69
27 a. a. O. S. 144
28 a. a. O. S. 165
29 Foucault, Michel: Die Ordnung der Dinge. Eine Archäologie der Humanwissenschaften, Frankfurt/M. 1974
30 Foucault, Michel: Das Denken des Außen, in: ders.: Von der Subversion des Wissens, S. 57f.
31 Blumenberg, Hans: Arbeit am Mythos, S. 294f.
32 Foucault, Michel: Wahnsinn und Gesellschaft, S. 9
33 vgl. Böhme, Hartmut und Böhme, Gernot: Das Andere der Vernunft, Frankfurt/M. 1983
34 Todorov, Tzvetan: Die Eroberung Amerikas. Das Problem des Anderen, Frankfurt/M. 1985
35 a. a. O. S. 155
36 a. a. O. S. 294
37 Foucault, Michel: Archäologie des Wissens, Frankfurt/M. 1973, S. 199f.
38 vgl. Graf, Dietrich: Eingefleischte Metaphern. Die Vergesellschaftung des Individuums an der Nahtstelle von Sprache und Realität; unveröffentlichte Dissertation, Berlin 1986. Graf führt den Nachweis, daß bei aller »Haltung«, »Aufrichtigkeit«, »Selbständigkeit« das Inbild des gekreuzigten, toten Gottes vorrangig ist.
39 Foucault, Archäologie des Wissens, S. 301

## 2. Dissens als Dissens.

1 Eco, Umberto: Nachschrift zum »Namen der Rose«, München 1984, S. 78f.
2 Eco, Umberto: Der Name der Rose, München 1982
3 so in der ZEIT vom 14. März 1986, Horkheimer zitierend
4 Bohrer, Karl Heinz (Hrsg.): Mythos und Moderne, Frankfurt/M. 1983
5 vgl. Kamper, Dietmar/Taubes, Jacob (Hrsg.): Nach der Moderne. Umrisse einer »Ästhetik des Posthistoire«, Frankfurt/M. 1986
6 vgl. Treusch-Dieter, Gerburg (Hrsg.): Religion – Sehnsucht und Schrecken. »Ästhetik und Kommunikation« Heft 60, Berlin 1985
7 Habermas, Jürgen: Die Neue Unübersichtlichkeit, Frankfurt/M. 1985
8 Bohrer, Karl Heinz: Erinnerung an die Zerstörungsmetapher, in: MERKUR, Heft 439/440, S. 727f.
9 vgl. zum Terminus: Vondung, Klaus: Inversion der Geschichte, in: Kamper/Wulf (Hrsg.): Das Heilige. Seine Spur in der Moderne, Frankfurt/M. 1986
10 vgl. Koch, Klaus/Schmidt, Johann Michael: Apokalyptik, Darmstadt 1982; Michaelis, Wilhelm: Die apokryphen Schriften zum Neuen Testament, Bremen 1956[3]; Böcher, Otto: Die Johannes-Apokalypse, Darmstadt 1980; Kautsch, Emil: Die Apokryphen und Pseudoepigraphen des Alten Testaments, Darmstadt 1975
11 vgl. die Einleitung in den genannten Band (Anmerkung 9)
12 Bultmann, Rudolf: Ist die Apokalyptik die Mutter der christlichen Theologie? in: Koch/Schmidt: Apokalyptik.
13 vgl. Meyer, Stefan: »Posthistoire«. Versuch einer historischen Annäherung, in: Kamper/Taubes: Nach der Moderne.
14 vgl. die entsprechenden Aufsätze in: Kamper/Taubes: Nach der Moderne.
15 Baudrillard, Jean: Die fatalen Strategien, München 1985
16 Deleuze, Gilles: Nietzsche und Paulus, Lawrence und Johannes auf Patmos, in: ders.: Kleine Schriften, Berlin 1980, S. 114
17 vgl. zu diesem »Denken des Nicht-Endes« Derrida, Jacques: Apokalypse, Graz – Wien 1985
18 Cioran, E. M.: Über das reaktionäre Denken, Frankfurt/M. 1980, S. 57
19 ders.: Die Lehre vom Zerfall, Hamburg 1953, S. 190
20 a. a. O. S. 84
21 vgl. ders.: Die verfehlte Schöpfung, Frankfurt/M. 1979, besonders das 1. Kapitel »Der böse Demiurg«
22 Die »Kritik«, die ihn jahrzehntelang (!) unbeachtet ließ, sieht sich neuerdings zu Stellungnahmen genötigt. Doch verfolgt sie immer noch neutralisierende Absichten. Eine Ausnahme ist: Fernando Savater: Versuch über Cioran, München 1985
23 Cioran, E. M.: Gevierteilt, Frankfurt/M. 1982, S. 35f.

## 3. Je tiefer im Imaginären, desto näher am Realen.

1 Jorn, Asger: Plädoyer für die Form. Entwurf einer Methodologie der Kunst, München 1987 (in Vorbereitung)
2 Adorno, Theodor W.: Ästhetische Theorie, Frankfurt/M. 1970, S. 114
3 vgl. Habermas, Jürgen: Die Neue Unübersichtlichkeit, Frankfurt/M. 1985
4 vgl. Virilio, Paul: Die Ästhetik des Verschwindens, in Tumult 2, Berlin 1979

5 vgl. Elias, Norbert: Einleitung zu »Über den Prozeß der Zivilisation«, Frankfurt/M. 1977[3]

6 vgl. den im »Merkur« ausgetragenen Streit um Moderne und Postmoderne, der hauptsächlich dieses Thema hat

7 vgl. Adornos lebenslängliches Projekt, das in dieser Hinsicht mit Foucault, aber auch mit Cioran zusammenhängt

8 Baudrillard, Jean: Die fatalen Strategien, München 1985

9 vgl. die diversen Druckfassungen in Hegels, Schellings und Hölderlins Schriften

10 Hegel, Georg Wilhelm Friedrich: Ästhetik (hrsg. von Friedrich Bassenge), Berlin 1985, Band I, S. 21

11 a. a. O. S. 21

12 a. a. O. S. 19f.

13 a. a. O. S. 22

14 a. a. O. S. 110

15 Adorno, Theodor W.: Negative Dialektik, Frankfurt/M. 1970, S. 25. Zu Adornos ästhetischer Theorie ist neuerdings viel Sekundärliteratur erschienen, vgl. z. B. Adorno-Konferenz 1983 (von Friedeburg, Habermas/Hrsg.), Frankfurt/M. 1983; Wellmer, Albrecht: Zur Dialektik von Moderne und Postmoderne, Frankfurt/M. 1985

16 ders.: Ästhetische Theorie, Frankfurt/M. 1970, S. 429

17 a. a. O. S. 251

18 ders.: Minima Moralia, Reflexionen aus dem beschädigten Leben, Frankfurt/M. S. 133f.

19 ders.: »Ästhetische Theorie«, S. 114

20 a. a. O. S. 111

21 a. a. O. S. 104f.

22 Sigmund Freud hatte lebenslänglich Probleme mit dieser Figur, vgl. Laplanche, J./ Pontalis, J. B.: Das Vokabular der Psychoanalyse, Bd. 1, Frankfurt/M. 1973, S. 317ff.

23 Die dramatische Seite des Mythischen stellt gleichsam Figurenkonstellationen auf, die gelesen werden können.

24 Lacan, Jacques: Schriften I, Olten 1973
ders.: Schriften II, Olten 1975
ders.: Schriften III, Olten 1980
Es ist signifikant, daß dieser Autor durch schon fast systematische Rezeptionsverweigerung in Zirkeln überleben muß, die leicht zu Sekten werden.

25 ders.: Die vier Grundbegriffe der Psychoanalyse, Olten 1978, S. 47

26 vgl. insbesondere den frühen Vortrag »Das Spiegelstadium als Bildner der Ichfunktion«, in: ders., Schriften I, a. a. O. S. 61ff.

27 ein Terminus von Gehlen, der etwas anderes meint, nämlich das *erste* Fundament, doch darum geht der Streit.

28 Lacan, Jacques: Seminar über Hamlet. Teilweise abgedruckt in: »The road to Elsinore«. Ein Leseheft zu Hamlet, Schaubühne am Lehniner Platz, Berlin 1983

29 Lacan, Jacques: Der Individualmythos des Neurotikers, in: Der Wunderblock, Zeitschrift für Psychoanalyse 5 und 6, Berlin 1980, S. 66f.

30 a. a. O. S. 68

31 hier zitiert nach Kristeva, Julia: Das Liebesverlangen der Außerirdischen, Teilabdruck aus »Histoires d'amour«, Paris 1983, in: Krafft-Ebing, Richard von, Psychopathia sexualis, München 1984

32 a. a. O. S. 44
33 a. a. O. S. 44
34 a. a. O. S. 49f.
35 vgl. Kamper, Dietmar: Aufklärung – was sonst? in: Merkur 436, Stuttgart 1985
36 Sloterdijk, Peter: Der Denker auf der Bühne. Nietzsches Materialismus, Frankfurt/M. 1986
37 a. a. O. S. 9f.
38 a. a. O. S. 163
39 Ponge, Francis: Das Notizbuch vom Kiefernwald, Frankfurt/M. 1982, S. 7f.
40 ders.: Texte zur Kunst, Frankfurt/M. 1967, S. 104

## 4. Das autistische Neutrum.

1 Comte, Auguste: Rede über den Geist des Positivismus, hier zitiert nach: Hans-Peter Dreitzel (Hrsg.): Sozialer Wandel, Neuwied und Berlin 1972², S. 117
2 Negt, Oscar/Kluge, Alexander: Geschichte und Eigensinn, Frankfurt/M. 1981
3 Bloch, Ernst: Philosophische Aufsätze zur objektiven Phantasie, Band 10 der Gesamtausgabe, Frankfurt/M. 1969
4 a. a. O. S. 133
5 Castoriadis, Cornelius: Durchs Labyrinth. Seele, Vernunft, Gesellschaft, Frankfurt/M. 1981
6 ders.: Gesellschaft als imaginäre Institution. Entwurf einer politischen Philosophie, Frankfurt/M. 1984
7 a. a. O. S. 251
8 Baudrillard, Jean: Der symbolische Tausch und der Tod, München 1982
ders.: Fatale Strategien, München 1984
9 ders.: Im Schatten der schweigenden Mehrheiten, in: Freibeuter 1 und 2, Berlin 1979
10 Hingewiesen sei auf die Tagung des internationalen PEN in New York 1986, die genau dieses Thema hatte und die Beteiligten in erhebliche argumentative Kalamitäten brachte.
11 Shakespeares »Erdenkloß« im Sturm, den Prospero meint, wenn er zu Ariel sagt »Spirit, we must prepare to meet with Caliban«.
12 Kleists Vision, daß die Marionette möglicherweise das Modell eines menschlichen Verhaltens sein könnte, nachdem der Mensch zum zweitenmal vom Baum der Erkenntnis gegessen hat, sollte beim hier gemeinten pejorativen Sinn nicht völlig vergessen werden.
13 Elias, Norbert: Über den Prozeß der Zivilisation. Soziogenetische und psychogenetische Untersuchungen, 2 Bände, Frankfurt/M. 1977³, Einleitung; Elias will die Formel »homo clausus« als »falsche« wissenschaftliche Kategorie verstanden wissen, widerspricht also implizite dem hier geäußerten Verdacht.
14 Horkheimer, Max und Adorno, Theodor W.: Dialektik der Aufklärung, Philosophische Fragmente, Frankfurt/M. 1969
15 vgl. besonders Foucault, Michel: Überwachen und Strafen. Die Geburt des Gefängnisses, Frankfurt/M. 1976
ders.: Geschichte der Sexualität, Bd. I, Frankfurt/M. 1977
ders.: Geschichte der Sexualität, Bd. II und III, Frankfurt/M. 1986

16 Freud, Sigmund: Trauer und Melancholie (1915), in: ders.: Studienausgabe Bd. III, Frankfurt/M. 1975, S. 195ff.
17 Mitscherlich, Alexander und Mitscherlich, Margarete: Die Unfähigkeit zu trauern, München 1967
18 Abraham, Karl: Versuch einer Entwicklungsgeschichte der Libido auf Grund der Psychoanalyse seelischer Störungen (1924), in: ders.: Psychoanalytische Studien, Bd. I, Frankfurt/M. 1971², S. 113ff.
19 vgl. zum Folgenden: Kamper/Guttandin (Hrsg.): Selbstkontrolle – Dokumente zur Geschichte einer Obsession, Marburg 1982
20 Kamper/Guttandin, a. a. O. S. 210
21 Foucault, Michel: Überwachen und Strafen (Einleitung). Ob sich durch Foucaults nachgelassene Schriften dieser hintergründige Impetus wirklich abgeschwächt hat, muß bezweifelt werden.
22 Serres, Michel: Der Parasit, Frankfurt/M. 1981, S. 89
23 a. a. O. S. 194

## Die Höllen Boschs.

1 Man denke auch hier an Karl Heinz Bohrer, der in seinem Aufsatz »Erinnerung an die Zerstörungsmetapher« (MERKUR 439/440) auf den »destruktiven Charakter« Walter Benjamins verweist, um das Befreiende einer Zerstörung der falschen und unwahren Welt gegen den posthistorischen Kult der Langeweile auszuspielen.
2 Sedlmayr, Hans: Der Tod des Lichts, Salzburg 1964, S. 18ff.
3 Bei Benn steht irgendwo »Nur wer halluziniert, sieht das Reale«.
4 Die meiste Literatur über Bosch ist derart, was in seltsamer Diskrepanz zur »Beliebtheit« des Malers steht. Erst neuerdings, in den wiederholten Auflagen der Standardwerke, ändert sich einiges. Vgl. Charles de Tolnay: Hieronymus Bosch, Baden-Baden 1973². Bekannt wurde Panofskys Satz »This, too high for my wit, I prefer to omit«.
5 Sehr genau und aufschlußreich dazu schrieb Hans Richard Brittnacher: Die Faszination am Schrecklichen. Der Kunstwissenschaftler Wilhelm Fraenger (1890–1964) in: Literatur und Erfahrung 12/13, 1983
6 Fraenger, Wilhelm: Das Tausendjährige Reich. Grundzüge einer Auslegung, in: ders.: Hieronymus Bosch, Dresden 1975
7 a. a. O. S. 51
8 Bosch hat hier Hegels spekulatives Konzept vorweggenommen.
9 a. a. O. S. 54
10 Jean Baudrillard verfolgt in seinen neuesten Veröffentlichungen dieses Thema; vgl. Die fatalen Strategien, München 1984
11 Fraenger, a. a. O. S. 44
12 a. a. O. S. 48
13 Der Satz speziell steht in: Geschichte und Utopie, Stuttgart 1965, S. 121; doch finden sich im Gesamtwerk, seit der »Lehre vom Zerfall«, Reinbek 1963, unzählige Belege für die alltägliche Realität der Hölle.
14 Dante Alighieri: Die Göttliche Komödie, Frankfurt/M. 1955, 1. Buch »Inferno«; es sind neun Kreise abwärts bis zum Eisthron (!) Luzifers.
15 Diese Paradoxie bedürfte einer ausführlichen Darstellung, was hier unterbleiben muß: es handelt sich um die Quintessenz der Marxschen Gesellschaftstheorie.

16 Auf diesem Gedanken basiert Baudrillards bisheriges Hauptwerk »Der symbolische Tausch und der Tod«, München 1982

17 Der Grundgedanke, daß die Menschen der Neuzeit unter Führung der Naturwissenschaften sich gleichsam im Weltraum verirrt haben, ist in Eugen Rosenstock-Huessys »Soziologie« ausgeführt.

18 Galileo Galilei: Siderius Nuncius, hrsg. und eingel. von Hans Blumenberg, Frankfurt/M. 1965

19 a. a. O. S. 53f.

20 Nach Fraenger tat dies zuerst Francisco Gómez de Quevedo.

## 5. Das Reale als das Unmögliche.

1 Lacan, Jacques: Die vier Grundbegriffe der Psychoanalyse, Olten und Freiburg $1980^2$, S. 56

2 hier zitiert nach Lipowatz, Thanos: Die Verleugnung des Politischen; unveröffentlichte Habilitationsschrift, Berlin 1986, S. 256

3 vgl. Lepenies, Wolf: Probleme einer historischen Anthropologie, in: Rürup, Reinhard (Hrsg.), Historische Sozialwissenschaft, Göttingen 1977
Honneth, Axel und Joas, Hans: Soziales Handeln und menschliche Natur. Anthropologische Grundlagen der Sozialwissenschaften, Frankfurt/M. 1980
Michalski, Krzysztof (Hrsg.): Der Mensch in den modernen Wissenschaften (Castelgandolfo-Gespräche 1983), Stuttgart 1985

4 Lacan, Jacques: Schriften I, Olten 1973, S. 64

5 Lévi-Strauss, Claude: Das wilde Denken, Frankfurt/M. 1986, S. 284

6 vgl. Kamper, Dietmar: Soziologie und Anthropologie. Ihr Verhältnis in systematischer und historischer Hinsicht, Lehrbriefe der Fernuniversität Hagen, 1986

7 Nietzsche, Friedrich: Der Antichrist, in: ders.: Sämtliche Werke, Kritische Studienausgabe Bd. 6 (hrsg. von Colli und Montinari), München 1980, S. 180f.

8 vgl. die Schriften von Edgar Morin, ins Deutsche übersetzt bisher nur: Das Rätsel des Humanen, München 1974

9 Sonnemann, Ulrich: Negative Anthropologie, Frankfurt/M. $1981^2$

10 Kamper, Dietmar: Geschichte und menschliche Natur, München 1973, S. 164f.

11 vgl. Kamper, Dietmar: Über die Wünsche. Ein Versuch zur Archäologie der Subjektivität, München 1977

12 Lacan, Jacques: Der Individualmythos des Neurotikers, in: Der Wunderblock Nr. 5/6, Berlin 1980, S. 65ff.

13 ders.: Schriften II, Olten 1975, S. 126

14 ders.: Schriften I, Olten 1973, S. 70

15 ders.: Die vier Grundbegriffe der Psychoanalyse, Olten 1978, S. 107

16 a. a. O. S. 83

17 a. a. O. S. 209

18 a. a. O.

19 vgl. a. a. O. S. 47

20 a. a. O. S. 83

21 vgl. Lipowatz, Thanos: Diskurs und Macht. Jacques Lacans Begriff des Diskurses, Marburg/Berlin 1982

22 Lacan, Jacques: Die vier Grundbegriffe der Psychoanalsyse, S. 89

23 a. a. O. S. 66
24 a. a. O. S. 99
25 a. a. O. S. 95
26 a. a. O. S. 102
27 a. a. O. S. 109
28 a. a. O. S. 191
29 a. a. O. S. 213
30 ders.: Schriften II, S. 50
31 ders.: Die vier Grundbegriffe der Psychoanalyse, a. a. O. S. 61
32 vgl. Kamper, Dietmar: Der Körper des Königs, in: ders.: Zur Geschichte der Einbildungskraft, München 1981, S. 205ff.

## 6. Zeichen als Narben.

1 vgl. Lyotard, Jean François u. a.: Immaterialität und Postmoderne, Berlin 1985
2 Lyotard, Jean François: Ökonomie des Wunsches, Bremen 1984, S. 80f.
3 Baudrillard, Jean: Die fatalen Strategien, München 1985
4 a. a. O. S. 219
5 Hölderlin, Friedrich: Sämtliche Werke (Ausgabe Hellingrath) 4. Band, Berlin $1943^3$, S. 225
6 a. a. O.
7 vgl. Kamper, Dietmar/Wulf, Christoph (Hrsg.): Der Andere Körper, Berlin 1984
8 Hegel, Georg Wilhelm Friedrich: Psychologie. Der Geist, in: ders.: Enzyklopädie der philosophischen Wissenschaften, 3. Bd. (Theorie Werkausgabe Bd. 10), Frankfurt/M. 1970
9 a. a. O. S. 264
10 a. a. O. S. 268ff.
11 Eco, Umberto: Zeichen. Einführung in einen Begriff und seine Geschichte, Frankfurt/M. 1977, S. 110
12 Nietzsche, Friedrich: Zur Genealogie der Moral, in: ders.: Werke 2. Bd. (Ausgabe Schlechta), München $1969^6$, S. 817f.
13 a. a. O. S. 802f.
14 Leroi-Gourhan, André: Hand und Wort. Die Evolution von Technik, Sprache und Kunst, Frankfurt/M. 1980, S. 237ff.
15 a. a. O. S. 455ff.
16 vgl. Meyer, Eva: Zählen und Erzählen. Für eine Semiotik des Weiblichen, Wien – Berlin 1983
17 Lacan, Jacques: Schriften I, Olten 1973, S. 138
18 a. a. O. S. 120
19 Leroi-Gourhan, André, a. a. O. S. 477ff.
20 Cioran, E. M.: Gevierteilt, Frankfurt/M. 1982, S. 35

## 7. Zwischen Häresie und Wahnsinn.

1 Rilke, Rainer Maria: Die Aufzeichnungen des Malte Laurids Brigge, Leipzig 1958, S. 263ff.

2 Serres, Michel: Die Thanatokratie, in: Kamper, Dietmar/Taubes, Jacob: Nach der Moderne, Frankfurt/M. 1986 (im Erscheinen), zitiert nach dem Typoskript, S. 7f.
3 a. a. O. S. 29f.
4 a. a. O. S. 43f.
5 Lacan, Jacques: Schriften I, Olten 1973, S. 121
6 vgl. fürs Folgende: Ricke, Gabriele: Schwarze Phantasie und trauriges Wissen, Hildesheim 1981
7 Die Texte werden zitiert nach Friedrich Hölderlin: Werke, Köln 1984 (ausgewählt von Peter Härtling, der seinerseits die Stuttgarter Ausgabe Friedrich Beißners zitiert).
8 Die Prosatexte werden zitiert nach Gérard de Nerval, Aurelia, Sylvia, Stuttgart 1971; die Gedichtzeilen werden zitiert nach Gérard de Nerval: Töchter der Flamme. Das ausgewählte Werk, Freiburg 1953.
9 Die Texte werden zitiert nach Friedrich Nietzsche: Werke (Ausgabe Schlechta), Frankfurt/M. 1972 (5 Bände).
10 a. a. O. Bd. IV, S. 386
11 vgl. Anmerkung 8
12 Die Texte werden zitiert nach Elena Kapralik: Antonin Artaud. Leben und Werk des Schauspielers, Dichters und Regisseurs, München 1977; hier S. 181.
13 a. a. O. S. 185
14 a. a. O. S. 187
15 a. a. O. S. 10
16 a. a. O. S. 299
17 vgl. Barthes, Roland: Fragmente einer Sprache der Liebe, Frankfurt/M. 1984
18 vgl. Cesarano, Giorgio: Der erotische Aufstand, Berlin 1984[2]
19 Barthes, Roland: Die helle Kammer, Frankfurt/M. 1985, S. 84f.; vgl. auch Leopold Ziegler, der lebenslang die dritte Offenbarung des Geistes als eine des Bildes beschrieb.
20 Ein von Eugen Rosenstock-Huessy in vielen Varianten immer wieder konjugierter Grundsatz; vgl. Kamper, Dietmar: Zur Geschichte der Einbildungskraft, München 1981, S. 53ff.

## 8. Zeitgenossenschaft.

1 Derrida, Jacques in einem Gespräch mit Eva Meyer: »Labyrinth und Archi/Textur«, in: Das Abenteuer der Ideen. Architektur und Philosophie seit der Industriellen Revolution (V. M. Lampugnani), Berlin 1984, S. 105
2 vgl. dazu und zum folgenden die Einleitung zum Buch des Verfassers »Zur Geschichte der Einbildungskraft«, München 1981
3 Nietzsche, Friedrich: Nachträgliche Einleitung in die »Geburt der Tragödie«, Stuttgart 1984, S. 9
4 Sloterdijk, Peter: Der Denker auf der Bühne. Nietzsches Materialismus, Frankfurt/M. 1986, S. 147f.
In einer Anmerkung verweist Sloterdijk auf die Auffassung Nietzsches, daß das Unerträgliche bestenfalls »fünf, sechs Sekunden« erträglich sei . . .
5 Nietzsche, Friedrich: Die Geburt der Tragödie, a. a. O. S. 136
6 Sloterdijk, Peter, a. a. O. S. 170
7 a. a. O. S. 182f.

8 Blumenberg, Hans: Schiffbruch mit Zuschauer. Paradigma einer Daseinsmetapher, Frankfurt/M. 1979

9 Giersch, Ulrich: Oszillationen. Das leere Intervall als ästhetische Kategorie, in: Kamper/Taubes (Hrsg.): Nach der Moderne. Umrisse einer »Ästhetik der Posthistoire«, Frankfurt/M. 1986

10 Nietzsche, Friedrich: Werke IV (Hrsg. Karl Schlechta), Ullstein-Ausgabe, Frankfurt/M. 1972, S. 63

11 Panofsky, Erwin: Idea. Ein Beitrag zur Begriffsgeschichte der älteren Kunsttheorie, Berlin 1982[4]

12 a. a. O. S. 5

13 a. a. O. S. 8

14 a. a. O. S. 10

15 a. a. O. S. 19

16 a. a. O. S. 22

17 a. a. O. S. 60

18 a. a. O. S. 71

19 Es ist interessant, daß Panofsky seine kleine Schrift mit dem Autor enden läßt, mit dem Paul Feyerabend kürzlich seine Überlegungen zum Thema »Wissenschaft als Kunst«, Frankfurt/M. 1984, begonnen hat: mit Alois Riegl.

20 Panofsky, a. a. O. S. 70

21 vgl. Kamper, Dietmar/Taubes, Jacob (Hrsg.): Nach der Moderne. Umrisse einer »Ästhetik des Posthistoire«, Frankfurt/M. 1986

22 Ziegler, Leopold: Überlieferung, Buch des Ritus, hier zitiert nach: ders.: Spätlese eigener Hand, München 1953, S. 93f.

23 a. a. O. S. 95

24 a. a. O. S. 96

25 a. a. O. S. 97

26 Virilio, Paul: Der kritische Raum, in: TUMULT 7 Der Planet, 1983

27 vgl. Virilio, Paul und Lotringer, Sylvère: Der reine Krieg, Berlin 1984

28 Elias, Norbert: Über die Zeit, Frankfurt/M. 1984

29 Koselleck, Reinhart: Vergangene Zukunft. Zur Semantik geschichtlicher Zeiten, Frankfurt/M. 1985[4]

30 Blumenberg, Hans: Lebenszeit und Weltzeit, Frankfurt/M. 1986

31 Kluge, Alexander: Der Angriff der Gegenwart auf die übrige Zeit. Drehbuch, Frankfurt/M. 1985

32 Sonnemann, Ulrich: Zeit ist Anhörungsform. Über Wesen und Wirken einer Kantischen Verkennung des Ohrs, in: Kamper, Dietmar/Wulf, Christoph (Hrsg.): Die sterbende Zeit, Frankfurt/M. 1987.

# Nachweise

Die einzelnen Kapitel sind für das Buch neu geschrieben worden. Bei den folgenden Teilen wurde auf bereits publizierte Texte zurückgegriffen, die jedoch von Anfang an ihren Stellenwert für die »Soziologie der Imagination« hatten:

| | |
|---|---|
| Einleitung: | Der schräggestellte Spiegel, in: Kamper, Dietmar/Treusch-Dieter, Gerburg: Obsession und Imagination. Nachträge zu Vorschriften der Geschichte, Tübingen 1985 |
| 2. Kapitel: | Das Ende der Unbescheidenheit. Umberto Ecos Siebentagewerk einer Geschichte, die sich selbst erzählt, in: Leviathan, Heft 3, 1983.<br>Die kupierte Apokalypse, in: Ästhetik & Kommunikation, Heft 60, 1985 |
| 3. Kapitel: | Die Revolution des Orion. Ein Versuch zur Ästhetik des Verschwindens, in: Konkursbuch, Heft 13, 1984 |
| 4. Kapitel: | Der eherne Gang der Dinge und der freie Lauf der Phantasie, in: Pädagogische Rundschau, Heft 1, 1984<br>Parzellierter Raum, zerstückelte Zeit. Die Wirklichkeit der Disziplin, in: Dane, Eßbach, Karpenstein-Eßbach: Anschlüsse. Versuche nach Michel Foucault, Tübingen 1985 |
| Zwischenkapitel: | Die Höllen Boschs. Raumvisionen eines Zeitgenossen, in: Kunst und Kirche, Heft 4, 1983 |
| 5. Kapitel: | Die Ent-Setzung des Subjekts. Jacques Lacans Beitrag zu einer historischen Anthropologie, in: Breyvogel/Wenzel (Hrsg.): Subjektivität und Schule, Essen 1983<br>Das Reale als das Unmögliche, in: Zeta 2, Mit Lacan, Berlin 1982 |
| 6. Kapitel: | Zeichen als Narben. Gedanken zur »Materie« der Signifikation, in: Neuer Berliner Kunstverein: Elementarzeichen (Katalog), Berlin 1985 |

Danksagung

Dieses Buch verdankt sein Entstehen außer den namentlich genannten Einflüssen weiterhin vielen ungenannten Quellen, von denen schließlich einige namhaft gemacht werden müssen:

- der Kollegenkreis in Berlin, Gunter G., Dieter L., Gert M., Konrad W., Christoph W.
- der Briefwechsel mit Friedrich A. K.
- das Hermeneutische Kolloquium Berlin, Norbert W. B., Wolfgang H., Jacob T.
- die Gespräche mit Nicolaus S.
- die Bemühungen Bazon B. um Exempel der historischen Imagination
- die Kolloquien zur Historischen Anthropologie »Logik und Leidenschaft«
- das mutige Verstehen Wolfgang K.
- und schließlich die langjährige, unentbehrliche, sorgsame Mitarbeit von Erika O.